중국은 있다

중국은 있다

**부상한 중국을
대응하는
한국의 전략**

에이원북스
AONEBOOKS

조창완 작가의 〈중국은 있다〉는 중국에 대한 선입견과 편견에 도전하는 의미있는 책입니다.

사드 배치가 이루어진 2017년 당해 9월에 주중대사로 부임했던 때가 생각납니다. 참 어려운 시기였지만, 우리나라의 이익을 생각하면서 일에 매진했습니다. 사드 갈등 봉합, 한중 통화스와프 체결, 정상회담 추진 등 문재인 대통령의 특별 지시도 있었습니다. 힘든 상황이었지만 전략적인 상황을 분석하면서 한가지 한가지 풀어나갔습니다.

중국이 사드 문제로 항의할 때, 저는 중국의 인민들에게 중국의 과학기술에 대한 신뢰를 주문했습니다. 북의 핵과 미사일에 대한 자위적 조치로 배치한 사드를 중국에 대한 겨냥으로 운용 모드를 변경하면 그 즉시 중국이 탐지할 수 있으니 걱정말라고 말입니다.

그로부터 8년이 지났습니다. 중국은 빠르게 성장했습니다. 하지만 윤석열정부가 들어서고 중국의 성장에 대해 어떤 대비를 하는지에 대한 걱정과 우려에 〈2025 중국에 묻는 네 가지 질문〉을 출간하기도 했습니다. 우리가 중국을 알지 않으면 안된다는 간절한 바람 때문이었습니다. 그리고 그 문제는 여전히 살아있습니다. 아니 우리의 눈앞에서 우리를 가장 위협하는 상황이 됐습니다. '중국제조 2025'로 불리는 산업 경쟁력 확보는 국제시장에서 우리를 위협한 지 오래입니다.

더 큰 문제는 우리나라에 존재하는 중국에 관한 많은 선입견과 편견입니다. 가령 문재인 대통령이 정상회담을 위해 베이징을 방문했을 때 서민식당에서 베이징 서민들과 아침을 드신 것은 지금도 베이징 외교가에서 최고의 기획 중 하나로 꼽히는데, 한국에서는 '혼밥'이라는 프레임에 갇혀 있습니다.

문제는 우리가 중국을 상대로 무엇을 얻어낼 수 있는가에 대한 고민입니다. 대사 시절은 물론이고 귀국해 비서실장으로 일할 때도 초격차를 유지할 수 있는 방법을 고민했습니다. 반도체, 배터리와 같은 자본재, 중간재도 중요하고 자동차, 휴대폰, 화장품과 같은 최종소비재도 중요합니다. 또 유연한 비자정책을 활용한 중국인 관광객 유치 등도 고민해야 했습니다. 이를 위해 가장 전제되어야 할 것은 중국을 제대로 바라보는 것입니다. 중국 정치 뿐만 아니라 일반인들의 마음을 알아야 중국과 좋은 미래를 만들어갈 수 있습니다. 한국제품을 구매하는 행위가 비애국적 소비로 중국 인민이 인식한다면 우리 최종소비재의 마켓쉐어는 급전직하할 수 밖에 없습니다.

이를 방지하고 해결하기 위해 최종소비재의 소비 주체와 우호적인 분위기를 조성하는 것은 의미있는 일입니다. '중국인민과의 아침식사'라는 이벤트를 기획한 것을 혼밥으로 매도하면 그 매도가 고스란히 중국에 보도됩니다. 혼밥 매도는 결국 지도층만 사람이고 일반인은 사람이 아니라는 뜻입니다.

조창완 작가의 이번 책은 중국에 관한 우리의 관점을 돌아보게 할 수 있는 의미있는 작업입니다. 중국 생활과 귀국 후에도 중국 전문가로 살아가면서 그가 겪은 현장 이야기는 우리가 알아야 할 중국 상식 가운데 하나입니다.

최근 만큼 중국에 관한 이야기가 다양하게 나오는 시기도 없었던 것 같습니다. 과거 중국에 관해 부정적인 시각을 가진 언론의 중국에 대한 기사를 보면 격세지감을 느낍니다. 중국의 빠른 과학과 산업기술 향상을 쓰나미로 보고, 그 위에 올라타야 한다는 주장을 한다는 것은 불과 몇 년전에는 상상도 하지 못했던 일

중국은 있다

입니다.

반면에 정치인들은 중국에 관해 반인도주의적인 주장을 하기도 하고, 중국인 여행객을 막자는 터무니없는 주장까지 나오는 것이 현실입니다. 누가 국익을 위하는 것인지는 논쟁할 가치도 없습니다. 한국은 작지만 강한 나라입니다. 그 자긍심으로 5천년을 버텨왔습니다.

조창완 작가의 이번 책은 그런 우리나라가 중국에 관해서 가져야 할 세세한 부분부터 전략적인 고려까지 알려준 의미있는 작업이라고 생각합니다. 중국에 관심을 가진 모든 분들에게 일독을 강력하게 권합니다.

노영민 12대 주중 대한민국 대사, 전 대통령 비서실장

　　작가 조창완은 언제나 현장에 있었다. 오마이뉴스에 쓴 중국에 관한 글은 현장 아니면 볼 수 없는 글이었다. '조사 없이 발언권 없다'라는 말을 떠올리게 했다. 한국에 귀국해서는 중국 관련 공직이나 민간기업 임원으로서 현장경험을 정책에 입히고, 풀어내는 중국 이야기는 실감 나게 다가왔다. 그가 페북 등 SNS나 기고 활동을 통해 들려주는 중국 현장의 목소리는 그래서 전문가를 자처하는 우리에게도 메시지가 강했다. 그는 무엇보다 성균중국연구소의 포럼 등 학술 활동에도 참여하면서 공부를 게을리하지 않았던 천생 작가였다.

　　이 책은 사드THAAD와 코로나 팬데믹 등의 곡절을 겪으면서 중국을 보는 내공이 더욱 깊어져 공부에 많은 영감을 받을 수 있었다. 특히 현대 소설로 중국을 이해하기 위해서는 정말 많은 수고와 노력이 필요한데, 그런 깊이와 넓이를 동시에 느낄 수 있어서 새로웠다.

올해부터 중국 담론은 새로운 전기를 맞는 것 같다. "복잡한 문제는 복잡하게 해결해야 한다." SNS에 난무하는 소문에 기초한 이야기들과 '믿고 싶은 것을 믿는' 편견, 선입견에서 벗어나는 데서 출발해야 한다. 이번 책이 이러한 새로운 담론과 공론장의 형성에 많은 메시지를 담고 있다고 생각한다.

이희옥 성균관대 정치외교학과 명예교수, 성균중국연구소 명예소장 오마이뉴스를 창간한 다음 해인 2001년에 중국이 WTO에 가입했다. 창간 전에 취재차 방문한 중국은 필자에게도 궁금증을 불러내는 나라였다. 하지만 기존 언론의 눈으로 읽는 중국은 한계가 명확했다. 그런 가운데 오마이뉴스 중국통신원이 된 조창완 기자가 쓴 글은 오마이뉴스를 넘어, 한국이 중국을 보는 시각을 새롭게 넓혀 주었다고 생각한다. 특히 황사철이 되면 조창완 기자는 현지를 취재해 오마이뉴스에 그해 황사 예측기사를 썼고, 어느 보도보다 정확했다. 그래서 2008년 조기자의 귀국은 아쉬울 수밖에 없었다.

이번에 그의 새로운 책을 읽고, 조기자가 계속해서 중국을 집중해 왔다는 것이 반가웠다. 기자뿐만 아니라 전문공무원, 기업 임원 등으로 일하면서 중국을 통찰력 있게 읽어내는 모습이 발전했다고 생각된다. 또한 그가 단호하게 '중국은 있다'라고 외치는 이유를 분명히 확인할 수 있었고, 향후 한중 관계가 얼마나 중요한지도 알 수 있었다. 많은 이들이 이 책을 통해 중국을 보는 시야를 넓혔으면 하는 바람이다.

오연호 오마이뉴스 대표기자, <우리도 사랑할 수 있을까> 등 저자이 책을 쓰면서 가장 많이 생각나는 단어는 〈조선책략〉이었다. 〈조선책략〉은 1880년 청나라 외교관 황쭌셴黄遵宪이 조선에 '친중국·결일본·연미국'을 주창한 책이다. 당연히 청이야 연합을 주장할 수 있지만, 나중에 조선을 삼키는 일본과 결연하고, '가쓰라-태프트 밀약'으로 일본의 조선 침략을 용인한 미국과 연합하라는 순진한 책이다. 당시 한반도 문제를 제대로 본 사람은 많지 않다. 심지어 이완용조차 처음에는 친미파였다가, 친일파로 돌아섰다.

이렇듯 국제관계는 어렵다. 하지만 개인은 물론이고 국가는 그 속에서 통찰력 있게 세상을 보고, 앞날을 준비해야 한다. 이럴 때 가장 큰 원칙은 큰 흐름을 보고, 그다음을 보고, 세밀한 문제까지 두루 살피는 것이다.

지난 100년, 그리고 앞으로 100년간 우리나라를 둘러싼 가장 큰 변화는 중국의 부상이라고 생각한다. 중국은 강옹건성세(康雍

乾盛世 1662~1795년)가 끝난 지 50년도 되지 않아 '종이호랑이'로 전락해 1차 아편전쟁(1839~1842)과 2차 아편전쟁(1856~1860)에서 굴욕을 당한다. 결과로 홍콩, 마카오가 할양됐고 톈진, 상하이 등에 수많은 조계지가 세워졌다.

이런 중국은 신해혁명(1911년), 공산당 창당(1921년), 해방(1949년), 문화대혁명(1966~1976), 개혁개방(1978~), WTO 가입(2001년), 상하이 엑스포(2010년) 등을 지나면서 크게 변화했다. 점차 '종이호랑이'라는 비아냥을 벗어나더니, '세계 양대 헤게모니'중 한 나라를 지나서, 이제 '중국몽'(中國夢 2049년까지 사회주의 현대화 국가를 완성하고, 경제·군사·문화적 강국으로 부상하려는 전략)을 구체화하고 있다.

그러는 사이에 우리는 중국을 어떻게 봐왔을까. 1992년 수교 이후 한국은 중국이 세계의 공장이 되는 데 많은 역할을 했다. 가전이나 디스플레이는 물론이고 반도체 등까지 중국이 세계적인 기술력을 가지는 데 큰 역할을 했다. 그 대신에 우리나라 무역 흑자의 대부분은 중국에서 나올 수 있었다.

하지만 2017년 트럼프의 대통령 취임과 함께 미중 패권전이 시작됐다. 여기에 우리나라의 사드 도입(2016년 7월 결정), 코로나 팬데믹 봉쇄(2020~2023) 등은 한중 관계에도 큰 악재가 됐다.

혼란스러운 윤석열 정부가 짧게 지나가고, 이재명 정부가 들어섰다. 〈거래의 기술〉의 저자답게 트럼프가 제시하는 수많은 카드는 예측을 불허한다. 벌써 13년째 집권하는 시진핑 역시 속내를 알 수 없다.

그런데 갈수록 명확한 것들도 나오고 있다. 우선 플라자합의(1985년)를 통해 세계적인 강국으로 부상하는 일본을 주저앉힌 미국의 방식이 중국에는 통하지 않는다는 것이다. 중국은 여전히 5% 정도의 성장을 하고 있고, 협력의 범위도 EU, 아프리카, 남미까지 뻗치고 있다.

기초과학부터 우주산업까지 중국의 기술력은 미국에 뒤지지 않는다는 점도 체크포인트다. 중국은 인건비 상승을 극복하기 위해 로봇, 인공지능AI, 드론, 자율주행자동차 등을 가장 빨리 발전시키는 나라 중 하나다. 인건비가 올라가 제조업의 역할을 후발 국가에 넘기는 기존 툴이 중국에서 무너지고 있다. 유엔산업개발기구UNIDO가 내놓은 제조업 생산액으로 봤을 때 중국은 2023년 5조 달러로 2위인 미국(2조 5,000억 달러)에 비해 두 배가 많았다. 그 뒤는 일본(1조 2,000억 달러), 독일(9,800억 달러), 인도(5,600억 달러), 한국(5,300억 달러) 순이었다.

물론 인구로 중국을 추월한 인도가 부상한다고 해도, 제조업에서 그 역할을 할 수 있을지는 장담할 수 없다. 그리고 그 시간 동안 중국은 과학기술 능력을 바탕으로 어떤 변신을 해낼지 누구도 모른다. 그리고 실제로 우리 곁에 '메이드 인 차이나'는 너무 많이 있다. 여기에 딥시크, 전기차, 전기버스, 샤오미, 테무, 트립닷컴 등. 여기에 서울시가 중국 기술을 이용한 자율차를 시범 도입한다는 발표도 했다.

이런 상황에서 중국과 가장 가까운 곳에 위치한 우리나라는 어떤 판단을 해야 할까. 청나라를 배워야 하냐는 글을 쓴 연암 박지원도 임진왜란 때 명나라가 조선을 도와준 은혜를 '정수리부터 발꿈치까지 머리털 한 올이라도 새로 태어난 은혜를 잊지 못할 것이다'라고 표현했다.

문제는 이제 그 명나라가 누군가냐에 있다. 일반의 상식은 당연히 미국일 테지만 이 역시 쉽지 않다.

필자는 꼭 10년 전, 〈달콤한 중국〉을 내놓았다. 김지운 감독의 영화 '달콤한 인생'속 패러독스를 사용해 결코 중국이 달콤하지는 않을 거라는 미래 전망서였다. 안타깝게도 내가 책에서 내보인 우려는 대부분 현실이 됐다. 부끄럽지 않은 것은 그 책이 비교적 중국의 미래를 잘 짚어냈다는 것이다.

그 책 이후로 중국에 관한 책을 내지 못했다. 주로 인문서 형식의 자기계발서를 냈다. 가장 큰 이유는 사드 도입 후 한중 관계가 쉽지 않을 거라는 판단이 컸다. 여기에 예기치 않았던 코로나 팬데믹까지 터져서 국내 중국 관련 관심은 1/10토막이 났다.

이번에 다시 중국에 관한 책을 쓰는 것은 절박함 때문이다. 우리가 이렇게 중국을 이해하는 게 우리나라 미래에 어떤 결과를 줄 것인가를 생각했다.

과거 '가깝고도 먼 이웃'이라는 말을 들으면 일본을 생각했다. 하지만 지금 이 말을 들으면 중국이 생각난다. 우리나라 사람 가운데 중국을 가깝게 생각하는 통계가 이제 20% 정도니, 이상한 말이 아니다.

이제 중국은 더 이상 우리나라의 공장 역할을 해주는 국가가 아니다. 이제 중국은 모든 분야에서 한국을 위협하는 경쟁국가이자 세계에서 가장 큰 소비시장을 가진 국가다. 여기에 모바일 결제 등 수많은 딜레마를 매일매일 던진다.

이 상황을 그냥 바라보는 것도 내 책임을 방기하는 것이라 생각됐다. 그간 내가 가진 중국에 관한 다양한 것들을 다시 복기해 지금에 대입해 봤다. 거기에 소설을 통해 봐온 중국에 대한 이야기도 추가했다. 한국현대사를 이해하는 가장 좋은 방법 중의 하나가 조정래 작가의 대하소설 〈아리랑〉, 〈태백산맥〉, 〈한강〉을 읽는 것이다. 조정래 작가도 한중 관계의 미래를 생각해 〈정글만리〉라는 책을 내기도 했다. 조정래 작가의 심사원려(深思遠慮, 깊게 생각하고 멀리 내다봄)를 잇고 싶었다.

내 중국에 관한 판단에 항상 도움을 주는 아내 하경미와 먼저 이 원고를 읽는 아들 용우에게도 도움이 될 책이길 바란다.

마지막으로 임진왜란 때 조선을 도와준 명나라를 그렇게 은혜롭게 생각한 연암 박지원이 청나라를 보면서 한 말을 덧붙인다.

"다른 사람이 열 가지를 배울 때에 이력은 백 가지를 배워 무엇보다도 먼저 우리나라 백성들에게 이익을 주어야만 할 것이다. 우리나라 백성들의 튼튼한 준비 앞에 저들의 굳센 갑옷과 날카로운 병장기가 맥을 쓰지 못하게 될 때에만 비로소 중국에는 볼 만한 것이 없다고 장담하는 것이 옳을 것이다."

2025년 초동 조창완 올림

차례

1부 ★ 우리는 중국을 모른다

2부 ★ 지금 중국을 읽는 키워드

3부 ★ 한국, 중국과 어떻게 관계를 맺을 것인가

4부 ★ 소설로 읽는 중국 현대사

1부

우리는
중국을
모른다

우리는
중국을 아는가

"즐겨 보는 유튜브를 보니, 중국에서 시진핑이 낙마한 것 같다. 군사위 부주석 장요샤가 완전히 군권을 장악한 것으로 보인다."

"아닐 겁니다. 중국 CCTV 신문롄보나 포털에도 여전히 시진핑 이야기가 나오는데 낙마했다면 그런 보도는 못 나옵니다."

"안정적으로 정권을 교체하는 수순을 밟는 거지. 낙마한 것은 맞을 거야."

"유튜브에서 말하는 사람들은 그냥 아전인수격으로 필요한 내용만 추려서 말합니다. 중국 정권 교체 역사를 봐도 너무 터무니없어요."

2025년 여름 내가 한 중국에 관한 토론은 대부분 이렇다. 과거에도 그랬고, 앞으로도 그럴 것이다. 우리나라에서 중국은 그저 가십거리다. 그러다 보니 가장 중요한 중국의 현상조차 자기 마음대로 본다. 앞선 권력자 장쩌민은 사망 전까지 수차례의 사망설을 뿌리고, 2022년에야 영면했다.

우리나라에서 중국에 관한 이야기의 대부분은 "이랬으면"하는 심리가 있는 것 같다. 여기서는 "시진핑이 실각하고, 중국의 정치가 혼란스러운 게 한중 관계에서 우리에게 유리할 것이다."는 심리가 작용한 것으로 보인다. 정말 중국의 혼란이 한국에 도움이 될지는 잘 생각하지 않는다.

일본이 미국을 넘볼 정도로 국력이 커졌을 때도 한국은 일본을 무시했던 나라였다. 불과 수십 년 전에 36년의 식민지를 겪으며 우리를 점령했던 나라를 무시하는 게 우리 마음을 편하게 했기 때문이다. 외교부가 공표한 2024년 국가별 GDP를 보면 미국은 29조 1,678억 달러고, 중국이 18조 9,478억 달러로 2위다. 중국은 미국의 65% 정도로 추월하고 있다. 대부분의 경제 전망치는 2027~2028년 정도면(혹은 2033년 등 이견 있음) 두 나라의 총생산이 역전될 것으로 본다. 하지만 여전히 한국은 중국을 무시하려는 경향이 많다.

루쉰이 말하던 '정신승리법'일 수 있다. 정신승리법(精神勝利法, method of spiritual victory)은 루쉰의 《아큐정전阿Q正傳》에서 사용된 말이다. '아큐阿Q'는 동네 깡패들에게 얻어맞고는 "나는 아들한테 맞은 격이다. 아들뻘 되는 녀석과는 싸울 필요가 없으니, 나는 정신적으로 패배하지 않은 것이다."는 식으로 자기 위안을 한다. 그러면서 자기보다 힘없는 사람에게는 힘을 행사하고, 홧김에 비구니를 겁탈하려 한다. 루쉰은 당시 중국 민중의 근성을 아큐의 '정신승리법'에 빗대어 비평했다.

1992년 8월에 한중 수교가 이뤄졌으니, 두 나라가 교류한 지 33년이 됐다. 그 사이 한국은 중국을 공장과 시장으로 삼아서 경제의 근간을 만들었다. 꼭 중국으로 인해서는 아니지만 세계 10위권을 넘어, 톱5도 말한다.

그런데 분위기는 심상치 않다. 중국에 팔 것이 없어지면서 중국 수출은 줄고 있다. 상대적으로 미국 수출은 늘었지만, 관세장벽 등 만만치 않다. 중국 대신에 베트남이나 인도 시장을 개척하면서 큰 문제는 없어 보이지만, 세계시장에서 중국은 한국에 도움을 주는 것이 아니라, 경쟁국으로 떠오른 지 오래다. 화학, 철강 등은 중국과 경쟁하면서 방향을 잡지 못하고, 소멸해 가는 위험 상태다. 이런 기간 산업들이 위기면 미래는 더 불투명해진다. 요소수 사태가 그 어려운 미래를 말해준다.

　농업용, 산업용, 경유(디젤) 차량용으로 쓰이는 요소수는 그리 고급 기술을 요구하는 제품은 아니다. 하지만 경제성 때문에 2010년대 초부터 중국산에 의지했다. 그런데 2021년이 넘어 중국 내 석탄이 부족해지자, 중국 정부가 석탄과 더불어 요소수 등 석탄으로부터 만들어지는 물질의 생산과 수출을 통제했다. 이로 인해 요소 수입량의 97%를 중국에 의존하던 우리나라에서 일시적으로 요소 및 요소수의 품귀 현상이 발생하게 된다. 시기에 따라서 10배까지 가격이 폭등하고, 요소수 사용 확인 장치를 조작하는 편법까지 등장했다.

　요소수는 불요불급한 물품이 아니지만 산업의 근간인 희토류는 문제가 달라진다. 배터리 등에 필수인 희토류의 공급 부족은 산업 생태계를 흔드는 중대한 문제다. 미중 헤게모니 싸움에서 중국은 불리할 때, 희토류라는 치트키를 갖고 흔든다. 과정을 떠나서 지금까지는 대부분 통하는 만능키였다.

　중국이 가진 이런 카드들은 얼마나 될까. 중국을 최대의 위협국으로 지목하던 트럼프 대통령은 정작 관세 협상에서 일본이나 한국이 아닌 중국과 가장 먼저 타협을 하는 이유는 뭘까.

중국은 있다

미국은 트럼프가 아니라 어떤 이가 대통령이 되어도 그 나라를 지킬 수 있는 기반을 갖고 있다. 미국 정치권 안에는 중국과 대결하자는 세력도 있지만, 중국의 변화를 감지하고 대중관계를 냉정하게 풀어가자는 세력도 적지 않다. 물론 대통령의 선택에 따라 대중 외교 방식이 달라지겠지만 대결할 때와 협상할 때를 결정하는 수많은 장치들이 있다.

이런 장치들이 작용해 무역협상에서 타결했다는 것은 이미 중국의 제조업적 상황을 인정할 수밖에 없다는 것을 확인하는 것이다. 대외적으로는 강한 목소리를 내도, 내부적으로는 이미 합리적인 외교 절차를 밟는 것이다.

우리나라에서 대중국 교류에는 두 목소리밖에 들리지 않는다. 다시 중국과 교류를 강화해야 한다는 입장과 한미일 경제공동체를 만들어 중국에 대항하겠다는 세력이다. 보통은 진보 세력이 교류 강화를, 보수 세력이 중국에 대항을 주장한다.

하지만 실상을 보자. 중국이 이미 국제무대에서 한국에 요구하는 것은 합리적인 결정만 내려주고, 안보 등 전략 핵심 이익만 건들지 말아 달라는 것이다. 미국은 제조업 등에서 자기 상황을 인지하고, 해외로 이전한 자국기업의 생산기지를 본국으로 복귀

하는 리쇼어링Reshoring 정책에 매진한다. 여기에 한국, 일본, 대만 등의 대기업 공장을 미국에 지으라고 종용한다.

상식적으로 보면 미국 정부의 조치가 훨씬 강압적이라는 것을 알 수 있지만, 우리나라 내부의 인식은 변하지 않는다. 여전히 한미 동맹이 중요하다. 이런 바탕에는 우리나라 사람들의 부정적인 중국관도 크게 작용한다.

반면에 중국인들은 한국인들을 어떻게 볼까. 내가 중국을 처음 방문한 1998년 여름, 나는 중국 일반인들이 나를 보는 따스한 마음을 읽고 중국으로 건너갈 용기를 가졌다. 그해 여름, 수천명이 홍수로 사망한 창지앙(양쯔강) 유람선에서 중국 사람들의 시선은 따뜻했다. 그 후 중국에 10년을 살다가 2008년 귀국했다. 중국 관련 공무원으로 일했고, 다양한 이유로 중국을 왕래했지만, 중국인들이 우리를 보는 시각에 관심을 가질 여유가 없었다.

그런데 2025년 여름, 두 번의 테마여행을 안내하면서 다양한 중국인들을 만났다. 14억 명의 중국인이 본격적으로 중국 여행에 나서면서 이제 중국 여행지는 어디나 인산인해를 이룬다. 특히 여름방학이면 아이들에게 여행을 체험하게 하려는 부모의 과잉 애정이 동원되면서 각 여행지는 밤낮없이 사람으로 붐빈다.

중국은 있다

올여름, 특히 중국인들을 많이 스친 곳은 베이징 징산공원이나 난루오구샹南锣鼓巷, 청더 피서산장, 목란위장이었다. 한글로 쓰인 명찰을 달아선지 그들은 금방 우리를 알아봤고, 대부분 '한구어더韓國得'라고 외쳤다. '한국 사람이구나'하는 말이다. 그 말은 한국 사람이라니 너무 반갑다는 어투로 들렸고, 말을 걸어보면 바로 확인할 수 있었다. 도시의 여행지에서도 그렇지만, 목란위장에서 견마잡이를 하는 네이몽구 몽골족 소년, 소녀들도 마찬가지였다. 목란위장 호텔에서 내게 다가와 반갑다고 사진을 찍자는 한족 소녀와 크루즈로 제주도를 여행한 사진을 보여주는 소녀

목란위장 소녀와 할머니 25년 여름 목란위장의 호텔에서 내가 한국 사람이라는 걸 알고 말을 걸던 소녀와 할머니의 요청으로 찍은 사진

의 할머니, '강남스타일'을 틀면서 같이 춤추자는 캠프파이어 진행자 등 모두가 한국인들에게 반갑게 인사하고 있었다. 청더에서 무란웨이장으로 가는 길에 화장실이 급해서 들어간 시골 슈퍼에서는 화장실을 찾지 못하는 일행을 위해 직원들이 세 차례나 2층을 오르내리는 것을 보고, 참가자들이 감동하기도 했다.

하지만 내가 한국에서 접하는 중국은 어떤가. 현수막으로 중국을 비하하는 내용이나 중국의 한국 선거개입을 주장하는 터무니 없는 문구들이 난무한다. 일반 사람들의 말에도 중국에 대한 비하가 일상화된 상황이다. 한국어를 아는 10만여 명의 유학생이나 중국 동포들은 이런 문구를 보고 어떤 느낌이 들까. 만약 중국의 거리에 한국을 비하하는 현수막이 걸리면 우리는 어떤 기분이 들까.

중국 지도층이 2017년 사드 배치 이후 한국에 대해 급격히 분위기가 나빠진 것은 사실이다. 이것은 중국 군사전략 등으로 그들이 가진 관점이다. 그 이후 한국 대중문화가 중국 정식 채널에서 대부분 사라졌음에도 그들이 한국 사람들에 호의적으로 대하는 것이 너무나 놀랍고 고마웠다.

우리나라에서 중국 여행객들을 보면서 반갑게 '중국 사람들이구나'하는 이들이 얼마나 될까를 생각하면 안타깝기도 하다. 물론 한 사람이 다른 나라 사람들에 대한 시선을 갖는 것은 수많은 이유가 존재한다. 문제는 그 시선의 배경이 정당한 것이고, 타당한 것인가다.

우리나라에서 오랫동안 중국인을 표현하는 말 가운데는 만만디라는 말이 있었다. 만만디慢慢的는 행동이 굼뜨거나 일의 진척이 느림을 이르는 말로 중국 사람들의 여유로움을 약간 비하하는 표현이었다.

지금 중국 사람을 그렇게 보고 있는 이가 있다면 큰 잘못을 하고 있는 것이다. 심지어 이제는 중국 사람들이 착륙한 비행기에서 우리나라 사람들보다 먼저 일어선다.

알고리즘이
중국관을 망친다

1999년 결혼과 더불어 중국으로 간 후 중국에 관한 많은 글을 썼다. 중국에 가서는 YTN 자문위원으로 중국 소식을 보도했고, 오마이뉴스와 KBS 등 '중국통신원'으로 일했다. 2000년 3월부터는 중국에서 발행되는 중국경제신문의 편집국장을 맡아서, 한중 관계를 리드하는 역할을 하고 싶었다. 2001년부터는 〈중국도시기행〉과 〈알짜배기 세계여행 중국〉을 시작으로 2015년 출간한 〈달콤한 중국〉까지 12권의 중국 관련서를 냈다. 또 직접 방송을 제작하기도 하고, 코디네이션도 해서 수많은 중국 관련 방송도 만들었다.

그런 나에게 가장 부담스러운 것은 댓글이다. 지금은 더 심해졌지만, 중국에 관한 글에는 항상 안 좋은 댓글이 달리곤 했다. 나야 괜찮지만, 이 댓글을 보는 중국인들은 어떨까 하는 마음이 들 수밖에 없었다.

더욱이 나는 중국 언론을 상당히 강하게 드잡이를 한 기억이 있어서 그렇다. 내 기준으로 본다면 한국언론은 상당히 많은 정정보도를 내보내야 한다.

2000년 연말, 당시 중국 10대 매체로 꼽히는 '진완바오今晚報'라는 신문에 악의적으로 한국을 비판하는 칼럼이 실렸다. 그해 11월 16일 자에는 '전설과 국민성'이라는 제목의 칼럼이 실렸는데, 내용은 이렇다. 한국인들은 습관적으로 매일 거짓말을 하는데, 그런 습관이 든 원인은 거짓말(궤)을 통해 위기를 모면한 토끼를 두둔하는 '별주부전'같은 전설이 거짓말하는 것을 옹호하는 데서 발생한다는 것이었다. 그런 민족성을 고치기 위해서는 충절과 정절을 중시하는 중화민족을 배우라는 훈수였다.

필자는 이 기사를 간과하면 안 된다는 생각에 편집장을 맡고 있던 '중국경제신문'(한글, 교민신문)에 반박 기사를 싣고, 유학생회와 교민회를 독려했다. 다행히 칼럼이 나온 지 한 달여 만인 12월 22일에 해당 신문에 사과문이 실렸다. 내용은 "본간 11월 16

일 자에 수록된 '전설과 국민성'은 글쓴이의 완전한 작가적 관점일 뿐입니다. 만약에 한국인들의 자존심을 상하게 했다면, 우리 신문은 유감과 사의를 표시합니다."였다.

지금도 10만 명에 달하는 한국 내 중국 유학생이 나처럼 행동한다면 우리나라의 많은 매체들은 사과 기사 싣느라 바쁠 것이다. 더욱이 악의적인 중국관을 드러내는 댓글은 더 말할 나위가 없다.

한국에서 중국에 대한 감정이 나빠진 것은 2016년 7월 8일 박근혜 정부가 사드 도입을 정식 발표한 후다. 2002년 조사 때 중국에 대한 호감도가 66%였는데, 사드 도입 2년 후에는 60% 이상이 비호감을 갖는 것으로 조사됐다. 2022년 퓨리서치센터에서 조사한 결과에 따르면 호감도는 66%에서 19%로 떨어졌고, 비호감은 31%에서 80%로 늘었다. 우리 국민 5명 중 4명이 중국에 비호감인 상황이다.

이런 비호감의 상승은 사드 도입에 따른 중국의 조치와 코로나 팬데믹이 큰 영향을 주었다. 사실 중국에 대한 비호감이 늘어난 내부적인 배경도 있다. 미중 헤게모니 갈등이 심해지면서 미국 등 서방 언론이 중국에 대한 공포감을 일으킨 것도 큰 원인이다. 때문에 한국뿐 아니라 일본 등 다른 나라들도 중국을 부정적으로 본다. 트럼프 대통령 같은 경우는 노골적으로 코로나 원인국으로 중국을 지목했고, 그 반사이익을 누리는 측면이 있다.

우리나라에서 대중국관이 나빠진 원인 중에는 반중 유튜브의 득세와 알고리즘도 큰 역할을 했다. 우리나라 유튜브 중에 중국에 관해 좋은 이야기를 하는 유튜브는 거의 없다. 수많은 유튜브가 반중 감정을 드러내고, 구독자가 60만 명에 가까운 한 유튜브는 8년째 시진핑 실각설을 방송하고 있지만 유튜브 순위는 여전히 상위다.

문제는 그간의 방송들이 시진핑이 무너진다는 뇌피셜(개인적 추측이나 근거 없는 주장을 비꼬는 신조어)을 통해서 만들어진다는 것이다. 물론 중국 내 인사나 파면 등으로 그런 징조가 보일 수 있지만 중국의 상황을 객관적으로 보면 근거가 빈약하다는 것을 금방 알 수 있다. 시진핑은 등장 이후 수많은 암살 위협에 시달린 것으로 알려졌다. 건강 이상설도 끊이지 않았다.

그런데도 13년째 실권을 휘두르는 시진핑이 위기를 맞았다면 그에 맞는 증거들이 있어야 하지만 근거들은 지극히 빈약하다. 시진핑은 장쩌민을 이어서 실권을 잡은 만큼 강력하게 자기 사람들을 심었다. 10년이 넘은 권력은 당연히 부패하기 마련이고, 시진핑도 인사 혁신을 필요로 하는 만큼 제 살 도려내기는 할 수 있지만, 스스로를 무너뜨릴 이유는 없다.

필자는 다른 뉴스는 챙겨보지 않지만, 중국 정부의 공식 뉴스라 할 수 있는 CCTV 신문롄보는 챙겨본다. 매일 밤 7시에 진행하는 신문롄보는 국가의 중요한 사건을 먼저 보도하고, 시진핑, 리창 등 상무위원의 주요한 일정을 보도한다. 7명의 상무위원은 분야별로 대통령과 같은 역할을 하기 때문에 중국에서 가장 중요한 동정이자 방향이다. 이 보도에서는 지금까지 한 번도 이상 없이 시진핑의 동정이 보도됐다. 갑작스러운 정변이 있었다면, 시진핑에 관한 보도가 정상적으로 나올 수 없다.

이런 알고리즘의 문제는 우리나라 사람들에게 중국에 대한 선입견과 편견을 준다는 문제가 있다. 필자는 중국 관련 강의를 할 때 '호리유차 천지현격毫釐有差 天地懸隔'이라는 성어를 꼭 쓴다. '털끝만큼의 차이가 나중에는 하늘과 땅만큼 벌리게 된다'는 말이다. 우리가 잘못 이해하는 사항이 나중에는 엄청난 문제를 만들 수 있다는 말이다. 달을 향해 쏘는 로켓이 지구에서 0.1밀리미터만 벗어나면 달이 아닌 다른 곳을 향하는 것과 같은 이치다.

우리나라에서 반중감정을 자극하는 알고리즘 문제는 특정 프로그래밍 문제나 알고리즘 문제에서 문제의 서사, 조건, 캐릭터 이름 또는 배경 설정 등이 중국을 부정적으로 암시하거나 비하하는 내용으로 해석될 여지를 포함해, 논란이 된 경우를 말한다.

역사적으로 해석될 여지가 많은 남중국해 문제만 해도 우리나라에서는 대부분 중국을 비난하는 방향으로 읽어낸다. 이들은 반중감정을 유발할 수 있는 문화대혁명이나 천안문사건을 통해 중국에 대한 부정적 시야를 드러낸다. 한 나라의 선택은 그 국민들이 선택해서 만들어 간다. 중국도 마찬가지다. 긴 역사를 가진 민족은 근대에 '종이호랑이'라는 평을 들었지만, 공산주의를 선택해 세계 양대 헤게모니가 될 만큼 성장했다.

필자는 귀국 후 중국 전문가 모임인 '중국자본시장연구회'의 회원으로 활동했다. 지난 20년 동안 매달 한 번씩 정기세미나를 하고, 다양한 교류활동도 하는 모임이다. 정유신, 유재훈, 전병서, 김영익, 변웅재, 고영화, 홍원호, 박승찬, 유호림, 최헌규 등 국내 중국전문가로 활동하는 상당수가 모여있다. 필자도 코로나 시기에 '사업 담당 부회장'을 맡았는데, 교류가 막혀서 아무 일도 할 수 없어서, 회원들이 규합해 '애프터 코로나 투자의 미래'(한스미디어 간)를 기획, 출간하는 정도로 만족하고, 고문으로 물러나기도 했다.

중국 전문가 모임이지만 우리 모임 내에서도 중국에 대한 호불호가 갈린다는 것을 느낀다. 그런데 중국에 대해 부정적인 분들의 상당수는 과거에 그렇지 않았다는 기억을 갖고 있다. 그런 그들이 부정적으로 바뀌는 것은 뭔가의 키워드를 만났을 때라는 생각이 있다. 유튜브 등에서 움직이는 알고리즘은 결국 이런 키워드의 연결이다.

문제는 이런 키워드들이 지속적으로 우리나라 사람들의 중국관을 부정적으로 만드는 데 역할을 한다는 것이다. 10년 전에 시진핑 낙마설을 이야기했던 사람이 지금은 논리만 바꾸어서 그런 주장을 하는 것을 부끄럽게 생각해야 한다. 자신이 틀렸던 논거를 사과하고, 다른 논거를 제시하는 게 상식적이지만 그런 사과를 하는 사람은 거의 없다.

민주주의의 발전은 깊이 생각하여 충분히 의논하는 숙의熟議의 과정을 통해서 성장할 수 있다. 우리의 대중국관은 이런 숙의는 생략하고, 그냥 생각 없이 곧바로 받아들이는 것들이 많다는 점은 문제다. 자신이 받아들이는 과정이 온라인 세상의 알고리즘에 의해 통제된다면 그건 분명히 외눈박이의 시선으로 이어질 수밖에 없다. 더욱이 중국에 대한 부정적인 내용들로 꽉 찬 유튜브라면 더욱더 경계하는 게 맞다.

중국은 있다

일반필상 애자필보
一飯必償 睚眦必報

 '일반필상 애자필보'(一飯必償 睚眦必報, 밥 한 끼 먹은 것도 반드시 갚고, 길거리에서 자신을 보고 눈 흘긴 것은 반드시 보복한다)에서 '애자필보'는 사기 史記 '범저채택范雎蔡澤 열전'에 나온 말이다. 길거리에서 자기 보고 잠시 찡그린 것같이 작은 원한도 잊지 않고 기억하고 있다가 나중에 반드시 갚는다는 뜻으로 도량이 극히 좁은 것을 비유하는 말이다. 하지만 이 말처럼 중국에서 은원관恩怨觀을 잘 표현하는 글도 드물다.

 '애자필보'는 전국시대 위魏나라 사람 범수范雎에게서 유래됐다. 범수는 위나라의 대부 수가須賈의 문객으로, 수가를 따라 제齊나라로 출사出使했다. 누구 못지않게 인재를 존중했던 제양왕齊襄

王은 범수의 뛰어난 재능을 알아보고 상을 내렸다. 별 소득도 없이 출사를 마치고 위나라로 돌아온 수가는 상국인 위제魏齊에게 범수가 제양왕과 사적으로 교류한 사실을 고해바치고, 실패의 책임을 범수에게 뒤집어씌웠다.

위제는 범수를 상부相府로 끌고 가서 반죽음이 되도록 두들겨 팬 후, 측간 옆에 거적을 깔고 그곳에 범수를 내버렸다. 술취한 손님들이 거적에 쓰러져 있는 범수의 몸뚱이에 소변을 보았다.

며칠이 지난 후 정신을 차린 범수는 상부의 대청을 지키는 병졸에게 구해 달라고 애원했다. 범수를 가엽게 여겼던 병졸은 술에 취해 있는 위제에게 범수가 죽었다고 거짓 보고를 했고, 위제는 시체를 성 밖에 버리도록 명령했다. 다음 날 위제는 범수의 시체가 없는 것을 알고 전국에 범수를 체포하도록 명령했다.

범수는 절친한 이웃인 정안평鄭安平의 집에 숨어 살면서, 장록張祿으로 이름을 바꾸고 위나라를 탈출할 기회를 노리고 있었다. 정안평은 마침 진秦나라 소왕昭王의 사신으로 위나라에 온 왕계王稽에게 범수를 소개했고, 범수의 재능에 감복을 한 왕계는 비밀리에 범수를 데리고 위나라 도성인 대량을 빠져나와 진나라로 들어갔다.

진소왕은 범수를 중용했고, 범수의 계책을 채택하여 외척인 양후襄侯와 화양군華陽君을 몰아내고 왕실을 튼튼히 만들었으며, 그의 원교근공遠交近攻 계책을 받아들여 먼 나라와 우호를 강화하고, 가까운 나라는 공격해 실리를 취했다. 범수는 진나라의 재상이 된 뒤, 진소왕에게 위나라를 치도록 권했다. 당황한 위나라에서는 수가를 파견하여 진나라가 군사를 거두도록 협상하게 했다. 범수는 신분을 감추고 해진 옷을 입고 수가가 투숙한 여관으로 찾아갔다. 범수를 알아본 수가는 그를 불쌍히 여겨 명주 솜옷 한 벌을 주었다.

다음 날 수가는 진나라 재상을 만나러 갔다가 범수가 재상이라는 것을 알고 웃통을 벗고 꿇어앉아 사죄했다. 범수는 그 자리에서 수가를 핀잔했을 뿐만 아니라, 각국의 사신을 초치하여 성대한 연회를 베푸는 자리에서 수가의 죄상을 일일이 따져 물었다.

범수는 수가가 자신에게 씻을 수 없는 죄를 지었지만, 초라한 행색을 한 자신에게 옛정을 잊지 않고 솜옷을 준 점을 가상히 여겨 용서하겠다고 했다. 그러나 위제는 용서할 수 없다며 그의 목을 가져오지 않으면 위나라의 국토를 짓밟겠다고 위협했다.

위제는 조趙나라를 거쳐 초楚나라로 도망쳤다가 받아주는 곳이 없자 할 수 없이 자결하고 말았다. 한편, 왕계와 정안평은 범수의 천거로 각각 하동河東 태수와 장군이 되었다.

범수는 다시 자기 집 재물을 나누어 일찍이 가난하게 살면서 신세 진 사람에게 일일이 보답을 했다. 밥 한 그릇의 덕에도 반드시 보답했고, 눈 한 번 흘긴 원한도 반드시 갚았다.

중국에서 가장 흔한 스토리텔링은 복수극이다. 개인의 원수뿐만 아니라, 가족의 원수, 민족의 원수를 찾아가서 복수하는 것이 가장 보편적인 스토리고 인기가 많다.

조씨고아趙氏孤兒는 중국에서 가장 대표적인 복수극이다. 이 이야기는 원나라 시대의 잡극 작가인 기군상紀君詳이 사마천의 사기 '조세가趙世家'에 쓰인 조무의 일화를 재구성한 소설이다. 극은 진晉 경공景公 3년(기원전 597년)부터 17년(기원전 583년)까지를 배경으로 한다.

춘추春秋 시기 진晉나라 영공靈公은 조순趙循의 간언을 물리치고 방탕한 생활에 빠진다. 간언을 듣지 않자, 조순은 떠나게 되고, 그의 형제 조천趙穿이 영공을 죽이고 성공成公을 왕으로 추대한다. 그리고 조순의 아들 조삭은 성공의 누이와 혼례를 치른다.

이 일로 대장군 도안고屠岸賈는 조순 가문에 원한을 가지게 된다. 성공이 죽은 뒤 경공이 왕위에 오르자, 도안고는 조순이 영공 시해의 주범이라 하여 조순 가문 300여 명을 몰살한다. 하지만 임신 중이던 조삭의 아내는 성공의 누이였기 때문에 차마 죽이지 못한다. 그 대신 도안고는 조삭의 아내를 자기 집안에 감금했다가 출산하면 아이를 죽일 생각을 한다.

그러나 조삭 아내는 평소 문객이었던 정영의 도움을 받아 아들 조무를 도안고의 집에서 빼내는 데 성공한다. 아이를 빼돌렸다는 사실을 안 도안고는 3일 내 고아를 찾아내지 못하면 고아와 같은 또래인 모든 아이를 죽이겠다며 전국령을 내린다. 정영에게도 고아와 같은 또래의 아들이 하나 있었다. 정영은 공손저구와 의논한 뒤 자기 아들을 고아로 속여 공손 가문에 보낸다. 그러고는 도안고에게 공손 가문에서 고아를 숨기고 있다 신고한다. 결국 정영의 아들은 도안고에게 죽임을 당하고, 정영은 고아를 아들처럼 기르게 된다.

목숨을 바친 정영과 공손저구의 도움으로 고아는 목숨을 건졌고, 도안고는 이러한 사실을 모른 채 고아를 수양아들로 삼기까지 한다. 정영의 도움이 없었다면 조씨 가문을 멸족시켜 주군의 원한을 풀지 못했을 것이라 여겼기 때문이다.

20년이 흐른 뒤, 장성한 고아는 정영에게 모든 사실을 듣고 비분강개하여 복수를 다짐한다. 도공悼公이 즉위하지만, 정권은 도안고가 쥐고 흔든다. 때가 되어 고아는 도안고를 죽이고 가문의 원한을 푼다. 그리고 조무라는 본래 이름도 되찾는다는 이야기다.

조씨고아 등 복수는 중국 드라마나 영화의 가장 기본적인 얼개다. 필자가 최근에 즐겨본 드라마 '주옥의 여인'도 두 주인공이 부모를 죽인 원수를 갚는 게 가장 기본에 깔린 이야기다.

이런 정서는 내국인들과의 이야기만은 아니다. 나는 동행하는 여행자들에게 웬만하면 중국인들에게 좋은 표정을 지을 것을 요청한다.

"중국 사람들은 과거부터 표정에 민감할 수밖에 없습니다. 한반도에서는 정권이 기본적으로 500년을 갔지만, 중국에서 황조가 그렇게 간 일은 거의 드뭅니다. 가장 가까운 청나라는 300년을 못 갔고, 명나라는 276년, 송나라는 319년이었는데, 그것도 남송, 북송으로 나눠집니다. 이렇게 왕조가 빨리 바뀌고, 거기에 변방 유목민족을 접하면서 얼굴을 읽는데 뛰어날 수밖에 없습니다. 여러분은 못 느껴도 표정에 민감하니, 반갑게 대하는 게 모든 면에서 유리합니다."

내가 만난 중국 사람들도 대부분 이 정서에서 벗어나지 않았다. 빈해신구 상무위원장 때 만난 쉬따통徐大彤 위원장은 이후 계속해서 직위가 올라갔는데도 우리를 친구로 대해줬다. 국제수학대회에서 만난 왕샹동 사무총장은 지금은 회장이 되어 있지만, 우리가 요청하는 사항은 가능한 한 빨리 들어주고, 신뢰를 지키기 위해 노력하는 것을 느낄 수 있다. 중국인들은 이익을 중시하는 문화도 있지만, 이익을 위해 신뢰를 버리는 것은 거의 하지 않는다. 결과적으로 그런 행동이 긴 시간에는 손해가 될 수 있다는 것을 뼛속까지 깊게 새기고 있기 때문인 것 같다.

중국은
한국을 공격할까

　중국을 여행할 때 나는 동행들에게 중국 한족 정권이 우리를 공격한 게 언제인지 아느냐를 묻는다. 우리나라 사람들에게 '중국은 한국을 위협하는 나라'라는 선입견이 많기 때문이다. 아마 한국전쟁에서 있었던 중공군에 대한 이미지가 크게 작용한 것으로 보인다. 중공군으로 인해 많은 국군과 유엔군 희생이 있었지만, 침략 전쟁으로 보기는 어렵다. 중국에서 한국전쟁에 개입한 것을 '항미원조抗美援朝'로 부른다. 단동에 있는 한국전쟁 기념관의 이름도 '항미원조기념관抗美援朝纪念馆'이다. 중국에서는 이 전쟁이 미국에 맞서서 조선(북한)을 도운 전쟁이라는 의미다. 또 중국은 1953년 휴전 이후 곧바로 모든 군대를 본국으로 철수했다. 그렇다면 한족이 주도하던 한반도 침략은 언제일까.

"제가 생각할 때, 한족이 한반도를 침략한 것은 607년 수양제 (569~618년)가 동아시아 패권 전쟁을 위해 고구려를 침략한 게 마지막으로 생각됩니다. 이후에 침략한 당태종은 돌궐이나 선비족에 가깝습니다. 고려 때 침략한 거란이나 원은 거란족과 몽골의 유목민족이었고, 금나라나 청나라는 여진족입니다. 한족이 중원을 지배하던 송, 명나라 시대 한중은 바다라는 장벽이 있음에도 좋은 교류를 했습니다."

이 말에 동의하지 않는 사람들도 있을 것이다. 가장 큰 이유는 중국인들이 가진 중화사상 때문이다. 중화사상中華思想은 중국이 세계의 중심이며 문화적 우월성을 강조하는 사상으로, 한족漢族을 중심으로 타민족을 오랑캐로 간주하는 민족주의적 관점을 담고 있다. 하지만 그들이 가진 사상으로만 생각하면 된다. 그것이 공격적으로 나오는가는 또 다른 문제다. 앞에서 이야기했듯이 중국은 주변국을 공격하기보다는 조공의 방식으로 같이 하는 것을 중심으로 한 역사를 갖고 있다.

중화사상의 현대판 버전인 중국몽中國夢에 대한 우려도 크다. 중국몽은 시진핑이 주관해 내놓은 중요한 아젠다 중 하나다. 2013년 국가주석에 오른 시진핑은 중국몽, 일대일로 등을 주요한 아젠다로 내세웠다. 중국몽은 14억 중국 인민을 한족과 소수민족, 연안과 내륙, 빈부 계층을 하나로 묶는 '국가적 통합', 강력한 국가만이 내부적으로 민생을 안정시켜 인민의 행복을 실현할 수 있게 하는 '인민의 행복', 해방 100년인 2049년까지 부강한 사회주의 현대화 국가를 건설하는 '국가의 현대화', 현대화된 '강력한 군대', G2를 넘어 세계 최강국이 되는 '초강대국화'를 말한다.

하지만 한 나라가 비전을 세우는 것을 탓할 수는 없다. 우리나라가 경제개발 5개년 계획 등을 통해 다양한 비전을 제시한 것과 같은 원리다. 미국은 1944년 브레튼우즈 체제를 구축해 달러를 세계화폐로 만들었다. 100달러짜리의 지폐의 원가는 6센트 정도인데, 가장 큰 이윤을 남기는 수단이다. 중국은 2007년 금융 전문가 쑹홍빙宋鴻兵이 출간한 〈화폐전쟁〉을 시작으로 이 체제를 극복하기를 지향했다. 쓰레기를 정제하고, 기름을 써서 만든 물품을 미국으로 수출해 축적한 미국 화폐와 국채 4조 달러를 어떻게 극복할 수 있는가를 고민한 것이다.

물론 중국이 미국을 넘어서는 국가가 될 경우에 어떤 태도를 가질지는 아무도 모른다. 하지만 중국 역시 시간이 지나면서 성장이 완만해졌다. 특히 인도가 인구수에서 중국을 추월하면서 미래에 대한 우려를 갖고 있다. 2024년 중국의 출생률은 1.09로 세계 최저 수준이다.

사교육비 문제 등으로 더 이상 출생률은 올라가지 않을 것으로 보는 게 일반적이다.

이런 상황의 중국은 향후 인공지능과 로봇을 발전시켜서 줄어드는 인구를 대비하기 위해 수많은 투자를 하고 있다는 것을 느낀다.

중국은 지금의 중국을 세우는 과정에서 티벳(시장)과 신장(위구르)의 소수민족과 갈등이 있었다. 특히 티벳의 경우 명백히 공격이 있었다는 것도 사실이다. 하지만 이런 나라들은 진나라 이후 중원의 통일 과정에서 적지 않은 통합과 독립의 여정이 있었던 나라들이다. 반면에 한반도는 몽골이 지배한 원나라 시절에 복속시킨 것이 유일했고, 이 시기에는 오히려 한족이 한민족보다 더 낮은 대우를 받는 시기였다.

30년 전쯤 중국에 있을 때 칭화대 교수가 "동아시아에서 한민족이 중국에 복속되지 않고, 독립된 국가를 이룬 것은 가장 큰 기적 중에 하나다."라는 글을 읽은 적이 있다. 동아시아 인문 역사에 해박한 단재 신채호 선생이 '천고天鼓'라는 중국어 잡지를 만든 취지는 한국과 중국이 힘을 합쳐야만 일본 제국주의를 물리칠 수 있다는 믿음이 있어서다. 안중근 의사의 동양평화론도 독립된 한국이 있어야 동아시아 국가들이 평화롭게 발전할 수 있다는 취지였다.

아이가 중학생 때 필자는 파주에 있는 '적군묘지'를 데려간 적이 있다. 세계적으로 적군의 시신을 수습해 묘지를 만든 경우는 많지 않은데, 과거 우리나라 사람들은 중공군과 북한군의 시신을 수습해 묘지를 만들어 주었다. 한중 수교 이후 여기에 있던 중공군의 묘는 모두 중국으로 이장해 갔지만, 그 터를 남겨 두어서 역사를 기리고 있다. 이렇게 두 나라는 서로를 존중하며 살아왔다.

이런 관점에서 봤을 때, 한족이 지배하던 중국이 우리나라를 침략한 것은 1418년이 지났다. 이때 고구려를 침략한 수양제는 살수대첩에서 을지문덕에게 참패함으로써 왕조가 무너졌다. 당대에도 중국은 베트남과 전쟁을 치른 적이 있다. 1979년 2월이었다. 중국은 이 기억들로 인해 가까운 나라와의 갈등이 자국에 좋지 않다는 뼈저린 기억이 있다.

중국은 한반도 문제에 민감할 수밖에 없다. 지금의 상황도 크게 다르지 않다. 북한 문제가 국제문제로 커지면 결국 자국도 피해를 볼 수밖에 없다는 입장을 잘 알고 있다. 과거 청나라 말기에도 이런 상황은 다양한 관점을 만들기도 했다. 가장 흥미로운 것이 황쭌셴(黃遵憲, 1848~1905)의 〈조선책략朝鮮策略〉이었다.

변법파 출신 외교관인 황쭌셴은 1880년경 강화도 조약 이후 새로운 국제질서와 변혁을 맞이하게 된 조선에게 조언하기 위해 이 책을 썼다고 한다.

이홍장을 따르던 그는 이 책에서 "러시아는 청과 조선에 위협적인 국가이니, 조선은 청과는 당연히 친하게 지내고 일본도 가까운 나라이니 결속해야 하고, 미국과도 연결해서 러시아와 맞서야 한다"는 취지로 썼다. 즉 친중국親中國, 결일본結日本, 연미국聯美國을 말한다.

그가 미국과 손을 잡아야 한다는 근거는 미국은 영국의 폭정에서 독립해 유럽과의 관계가 안 좋으니, 아시아와는 친할 것이라는 이야기다. 하지만 결과적으로 그는 자기 나라인 청나라도 제대로 보지 못했고, 일본의 도약도 잘 파악하지 못했다. 이후 조선 문제에 개입했다가 청일전쟁이 일어나 청나라는 더 위협에 빠졌다.

중국이 모든 측면에서 도약한다고 할지라도 주변 국가를 침략

할 명분을 만들기는 쉽지 않다. 대만에 대한 침략설이 있지만, 나는 그것도 불가능하다고 생각한다. 이미 두 나라 산업은 깊게 연결되어 있다. 또 대만과의 전쟁은 세계적인 반도체 회사인 TSMC의 몰락 등 자국에도 좋지 않은 일이다. 중국이 지금과 같은 방식으로 성장한다면 자연스럽게 대만 경제와의 연결성은 커진다. 이런 상황에서 무리하게 전쟁을 일으킬 가능성이 많지 않다.

그런 점에서 한반도와의 갈등은 더더욱 먼 이야기가 될 것이다. 이런 관계는 북중 관계를 보면 쉽게 알 수 있다. 지난 시간 동안 중국은 국제사회에서 북한을 옹호하는 입장이지, 공격하는 사례는 거의 없었다. 더욱이 지금은 북한이 60여 기에 달하는 핵무기를 가진 국가로 인식되는 만큼 더 갈등하기는 힘들다. 위험한 상태이긴 하지만 한반도는 이제 균형추를 가진 상황으로 보는 게 맞다.

중국은 있다

중국은
몰락할 것인가

23년 2월 우리나라에 번역 출간된 〈중국은 어떻게 실패하는가〉는 전형적인 중국 몰락 예측서다. '미중 패권 대결 최악의 시간이 온다'라는 부제의 이 책은 중국이 몰락할 이유를 아주 설득력 있게 설명한다.

어떤 근거들일까. 저자는 중국이 성장한 배경을 중국에 호의적인 세계, 개혁과 개방 정책, 세련된 전제 정치, 생산성에 최적화된 인구 구조, 풍부한 자원으로 꼽았다. 반면에 몰락의 이유는 인구 재앙, 줄어드는 자원, 제도적 붕괴, 적대적인 지정학적 환경, 수렁에 빠진 중국 경제 등을 꼽는다. 특히 민주주의를 막고, 디지털 권위주의를 확산시키려는 중국의 노력을 위험하게 봤다. 하지만 이 책은 내가 처음 접했던 중국 몰락론들과 큰 차이가 없다. 더욱이 저자는 미국 내에서 국방이나 대외관계, 정보를 담당하는 전략가들이다. 우리나라로 치면 국정원 대공 담당자가 북한을 보는 시각과 유사하다.

중국의 미래에 대한 두 가지 시선은 언제나 팽팽했다. 프랑스 정치사상가 기소르망은 1990년대 초부터 중국의 파국을 예측했고, 그런 논리는《중국이라는 거짓말》등을 통해 설명됐다. 그뿐만 아니라 제임스 베커, 칼 라크루와, 피터 나바로 등도 비슷한 목소리를 냈다. 그들은 중국이 가진 폐쇄사회의 한계·빈부격차·환경문제·민족분열 등 다양한 근거를 제시했다. 반대편의 목소리도 있었다.《메가트렌드 차이나》를 쓴 존 나이스비트를 비롯해 헨리 키신저, 마틴 야크, 짐 로저스 등은 중국의 웅비를 예상했다.

중국이 공산화된 지 80년에 근접하고, 개혁개방을 시작한 지 45년이 되어가는 지금, 이들의 예상 가운데 어느 쪽이 맞았는가를 물으면 당장은 중국의 미래를 밝게 본 쪽이 맞았다고 할 수밖에 없다. 중국의 GDP(국내총생산)는 양적 성장을 거듭해 미국을 추격하고 있다. 고속철도·도로·항만·전철 등 사회 인프라망은 물론이고, 우주항공이나 슈퍼컴퓨터·위성통신에서도 일 년에 몇 번씩 괄목상대하지 않을 수 없게 만드는 힘을 보이기 때문이다.

수많은 석학이 다양한 논거를 통해 제시한 중국의 몰락은 왜 오지 않는 걸까. 그 물음에 가장 현명한 답을 해줄 책으로 나는 《중국의 정치권력은 어떻게 유지되는가》를 꼽고 싶다. 중앙당교 교수를 거쳐 중국 내에서 한반도 전문가로 활동하는 조호길趙虎吉 교수와 산둥사범대 리신팅李新廷 교수가 공저한 이 책은 그동안 이해하기 힘들었던 중국 정치권력의 형성 과정과 중국 특유의 엘리트 승계 방법이나 논리를 상세하게 정리한 책이다.

그리고 이 책을 읽다 보면 무너질 것 같은 중국이 어떻게 유지되고, 어떻게 그들만의 세상을 만들어 가는지 잘 알 수 있다. 책의 앞부분은 공산당이 이끌어가는 중국의 국가체제를 설명한다. 저자는 "중국공산당은 전체 인구의 6~7%를 차지하는 사회 엘리트를 당원으로 흡수해 하나의 유기체로 조직하고 국가·군대, 나아가 사회 각 분야에 침투시켜 당-국가체제를 완성했다."고 말한다.

오늘날의 중국은 현재 1억 명에 달하는 공산당원이 철저하게 리드하는 사회라고 분석한다. 과거 황제의 권한과 과거제도 등을 통해 선발되던 관료는 이제 공산당이라는 조직과 그 시스템에 의해 선발되는 상황이 된 것이다. 그러나 노동자·농민을 근간으로 하는 공산당이 고도화되는 사회에 맞추는 관료 시스템으로 나가지 못하면 그 당도 미래를 담보하기 힘들다. 하지만 중국공산당은 리더그룹을 엘리트로 바꾸는 데 성공했다. 향과급(과장급) 부직에서 국가급 정직에 이르는 10개 직책의 정치 엘리트 그룹은 위임제·선임제·고시임용제·초빙임용제 등 다양한 방식으로 선발된다. 9급부터 5급까지 한 번의 시험에 의해 선발되는 한국과 달리 중국 공산당은 위·아래의 평가 등을 통해 인재를 찾아낸다.

이런 방식을 통해 선발된 현처급(중앙기관 처장급) 이상, 45세 이하의 간부는 대략 5년을 주기로 연수를 받는데, 기간은 최소 3개월 이상이다. 이뿐만 아니라 해외연수 등을 통해 인재로 길러지고, 이들 가운데 성부급(장관급) 예비간부가 배출된다. 이들 역시 도시나 대형 국유 기업·대학·연구소 등으로 들어가 다시 지도자 수업을 쌓게 한다. 이런 절차를 거쳐서 선발된 엘리트들은 최고 학습기관인 중앙당학교 등에서 코스를 통해 더 큰 지도자로서의 가능성을 타진한다.

선발도 중요하지만, 새 엘리트에 대한 관리도 최고의 숙제였다. 특히 시진핑은 "각급 영도간부들이 통일적으로 계획하고 종합적으로 고려하는 능력, 혁신 개척 능력, 인재를 적재적소에 배치하는 능력, 리스크 대응 능력, 안정 수호 능력, 언론과 교류하는 능력 등 여섯 가지 능력을 제고하기 위해 노력"했다고 봤다.

세대교체를 주창한 덩샤오핑 이래 이런 수업 과정을 거친 중국 최고 엘리트들은 일정한 방식을 통해 리더가 된다. 중국 최고 리더그룹에 들어가는 첫 단계는 임기 5년의 중앙위원회에 들어가는 것이다. 중앙위원의 정식 인원은 205명이며, 171명의 후보위원이 있다. 이 리더그룹은 이후 25명의 정치국 위원, 7명의 상무위원 순으로 권력을 행사한다. 중앙위원은 당정기관의 간부, 과학 연구기관의 리더, 대학 출신의 간부, 국유 기업 출신, 군대, 언론 등에서 다양하게 배출된다. 하지만 이 배출의 기준은 상무위원으로 가면 원칙만 있을 뿐 실제로 작용하는 것에 대한 논거를 내놓기 쉽지 않다.

하지만 이 책에서 저자는 이 역시도 원칙은 있다고 설명한다. 우선 상무위원은 정치국 위원에서, 정치국 위원은 중앙위원에서 뽑는 게 원칙이고, 대부분이 부합해 왔다. 또 정성부급(직할시서기 이상) 간부를 5년 정도는 맡는 게 일반적이다. 또 지방 훈련 경험도 필수적 요소인데, 최소한 두 개 이상 지방의 경험을 가지는 것을 중시한다.

이런 절차로 선발한 엘리트들은 다양한 역학 관계에 따라 리더가 된다. 문제는 한 개인이 권력을 장악하거나 영구집권을 막는 것도 중국공산당의 가장 큰 과제였다. 그래서 덩샤오핑은 당

주석제를 없애고, 국가주석이 공산당 그룹을 리드하게 만드는 시스템을 만들었다.

중국의 엘리트 선발 과정은 우리나라에도 시사하는 바가 있다. 한국은 그동안 일제가 시행한 고시제도를 근간으로 엘리트를 선발해 왔다. 이렇게 선발된 엘리트들은 위·아래의 평가나 훈련보다는 다양한 인맥이나 코드에 따라 움직이는 것이 일반적인 상황이었다. 아직도 우리 사회는 중국공산당 시스템에 대한 맹목적인 비난 일색이다. 비난에 앞서서 그들에 대한 지식을 쌓고, 대처하는 게 최선이다. 최소한 상대를 틀리게 보는 게 아니라 다르게 보는 객관적인 관점은 필요할 것으로 본다.

반면에 나는 최근의 중국 관련 전략서들을 주시할 수밖에 없다. 가장 대표적인 책이 아주대 김흥규 교수가 쓴 〈중국패권전략〉이다. 문정인, 조정남, 강준영, 이희옥 등과 함께 국내 대표적인 중국 전략 분석가인 저자는 이 책을 통해 중국의 상황을 잘 풀어낸다.

5장으로 구성된 이 책은 현실 중국을 세밀하게 묘사했다. 미·중 전략전쟁, 군사안보 전략, 경제통상 전략, 과학기술 전략을 집중적으로 조명한다. 저자는 책 전반에서 미국이 중국을 봉쇄하려는 전략적 프레임에 주목한다.

"중국은 인도·태평양이라는 새로운 지리·정치적 프레임을 미국이 주도하는 전략 경쟁의 산물로 간주한다. 중국은 기존의 '아시아·태평양' 개념을 유지·강조하면서 지역 협력과 평화 발전을 강조하는 대안적 서사를 통해 인도·태평양 개념의 일방적 확산을 저지하고 변화시키려 한다."

프라자 합의를 통해 일본의 부상을 저지해 본 경험이 있는 미국은 2017년 1월 트럼프가 45대 대통령에 취임한 후 중국 저지를 본격적으로 시작했다. 이때는 2013년 시진핑이 국가주석이 된 지 5년 차였고, 두 나라는 본격적인 헤게모니 쟁탈전에 들어갔다. 다만 중국이 일본과 다른 것은 '일대일로'를 통해 동쪽이 아닌 서쪽, 즉 러시아 등 동유럽과 아프리카로 영향력을 확대해 갔다는 점이다.

또 자체 우주정거장, 항법위성시스템, 달·화성 탐사 등으로 우주까지 포괄하는 시스템도 구축했다. 물론 군사력까지 갖추어 일방적으로 무너지지 않는다는 것을 보여주기도 했다. 특히 남중국해 분쟁에서 군사력보다는 해경 함정, 민병대 어선 등 비전통적 수단을 활용해 상대방을 압박하는 '회색지대 전략'을 씀으로써 분쟁을 완화했다.

산업적으로는 2015년 5월 리커창 총리가 주도적으로 발표한 '중국제조 2025'를 실질적으로 완성함으로써 올해부터는 제조업 전반에서도 세계적인 경쟁력을 갖게 됐다. 저자의 고민은 여기서 시작된다. 우리가 초격차를 유지할 것이라 믿는 반도체 분야마저 중국에 역전당할 날이 머지않았기 때문이다. 저자는 우리는 도대체 어느 분야에서 중국을 이길 것인지에 대한 질문을 던진다.

문제는 우리가 중국을 어떻게 보는 것인가의 문제다. 저자도 말한다. "중국에 대한 이해는 이제 생존의 문제다. 대한민국만큼 중국에 대해 자세히 관찰하고, 분석하며, 해석할 수 있는 최적의 역사적·경험적 공간과 역량을 가진 국가도 드물다. 그럼에도 대한민국은 여전히 중국에 대해 무지하다. 세계적인 중국 전문 연구소 하나 없다. 누구나 중국을 안다고 생각하지만, 그 객관적인 현실과의 괴리는 상당하다."

중국인들이 중시하는
협俠의 정신은 살아있을까

중국에서 가장 호쾌한 영웅들의 이야기 수호지를 읽어본 적이 있는가. 수호지는 영웅호걸의 다양한 풍모와 저항정신으로 인해 사람들의 가슴을 뛰게 만드는 거대한 서사시다. 108 영웅의 다채로운 캐릭터와 인육 만두 등 손에 땀을 쥐게 하는 이야기들이 일품이다.

마오쩌둥 역시 수호지를 항상 읽었고 그 108 영웅 가운데 '흑선풍' 이규를 가장 존경했다. 이규는 싸움판이 벌어지면 두 자루 도끼를 휘두르며 앞장서는 싸움꾼이었다. 그는 어머니가 호랑이에게 잡아먹히자, '호랑이 일가족' 4마리를 모두 때려잡는 효심의 상징적인 인물이기도 하다.

중국에서 이 수호지의 느낌을 만나고 싶다면 산둥성 양산梁山에 가면 된다. 수호지의 무대인 양산은 산둥성의 서부 중앙에 위치하고 있다. 여행자들도 많이 가는 공자의 고향 취푸曲阜에서 잘 닦인 고속도로로 2시간쯤 달리면 닿는다. 지금의 양산시는 중소 공업도시로 평야에 위치한다. 하지만 소설 속 양산박은 드넓은 호수 속에 자리하고 있다. 그런데 왜 양산박은 중국 중원인 이곳에 자리했을까. 우선 양산박은 교통의 요지다. 북으로 황하가 지나가고, 베이징과 광둥 선전을 잇는 징지우京九線 열차가 지나는 곳이다. 과거에는 강남에서 베이징으로 물류가 지나던 징항운하가 코 앞에 있었다. 수많은 물자가 지나는 만큼 탈취할 수 있는 물건도 많다.

그런데 이런 자리는 큰 약점이 있다. 관군이 침입할 경우 막기가 쉽지 않다는 것이다. 하지만 이런 의문은 양산에 가보면 쉽게 풀린다. 현재의 양산도 평야 한 가운데 50미터에서 150미터까지 우뚝 솟은 절벽으로 둘러싸인 천하의 요새다. 지금은 사방이 평야로 보이지만 사방이 물로 싸여있다면 방어에는 최적지라는 것을 알 수 있다. 특히 아주 깊지 않은 늪으로 된 호수였던 만큼 많은 군사가 이곳에 쳐들어오기가 쉽지 않다는 것을 알 수 있다.

수호전 산채는 100미터 남짓이지만 도시 외곽에 우뚝 솟아있

중국은 있다

다. 직경 1킬로미터의 작은 산이 과연 산채가 될 수 있을까. 지금 그곳을 가보면 사람들은 의아해할지 모른다. 하지만 이곳은 800년 전만 해도 바닷물이 차 있는 곳이었다. 깊이는 그다지 깊지 않았다. 때문에 이 산채에 접근할 수 있는 길은 지금의 출입구인 북관北關의 부두밖에 없었다. 지금도 이곳이 공식 출입구다. 입구에는 양산채梁山寨라는 표지가 있다.

이곳을 올라가면 시인 묵객들이 와서 양산에 대한 감회를 돌에 새긴 글들이 눈에 띈다. 상대적으로 유명한 이들의 글은 보기 힘든데, '호연지기가 산을 감싸고 있네浩氣憾山岳'라는 문구는 눈에 들어온다. 북관을 출발해 언덕을 올라가며 산채를 둘러보면 단금정, 송강마도, 흑풍정을 지나 산채의 중심인 충의당에 닿는다.

중간에 말을 타고 갈 수 있는 구간이 있는 송강마도도 나름대로 살아있는 셈이다. 앞산과 뒷산의 경계인 흑풍구를 지나면 본체가 시작된다. 흑풍구 앞에 있는 흑풍정은 주변을 살펴볼 수 있는 정자다. 정자에서 보면 과연 철옹성의 독특한 모습이 나온다. 평평한 언덕 아래는 가팔라 어지간한 사람들은 오를 수조차 없다. 과거 바다였을 언덕 아래는 배가 고파 산채에 올랐을 백성들의 한을 달래려는 듯 노란 옥수수를 널어 말리는 지붕들이 인상적이다.

흑풍구를 지나 조금 걸으면 108 영웅 중 하나인 이달李達의 상이 있다. 이규의 형으로 후반에 합류한 영웅 중 하나다. 더 오르면 화살의 명수神射 화영花榮의 상이 있다. 그의 상은 '반지의 제왕'에 나오는 레골라스(올랜도 블룸 역)를 닮아있다.

조금 더 가면 송강산채 담장宋江寨墻의 표석이 있다. 800년 된 과거 담장 그대로라고 한다. 이 담장을 지나면 양산박의 중심인 '충의당'이 나온다. 충의당忠義堂은 가운데 주 건물로 취의당聚義廳을 지나야 나온다. 충의당 좌우에는 18반의 무기가 전시되어 있

양산박 취의당 양산박의 중심에 있는 취의당

중국은 있다

는데 무기 하나하나는 성인이 들기 힘들 만큼 무겁다. 최홍만 정도라면 휘둘러 볼 수 있을까, 일반인들이라면 드는 데 만족할 수준이다. 충의당은 상대적으로 높이가 있는 담장에 둘러 있다. 그 담장에 올라 밖을 보면 양산채가 얼마나 방어에 적합한 곳이라는 것을 알 수 있다. 사방을 한눈에 볼 수 있어 어지간한 관군이라고 할지라도 이곳을 칠 엄두를 내기 힘들다.

수호전은 도탄에 빠진 이들이 도적이 될 수밖에 없었던 상황을 소설적으로 잘 묘사했다. 거기에 무송이나 이규의 용맹은 피 끓는 젊은이들에게 의기를 불러일으키기 충분하다. 하지만 수호의 딜레마는 여기에 있다. 바로 국가에 대해서도 반항의 명분을 줄 수 있다는 것이다. 국가를 유지하기 위한 철학인 유교에 비해, 반골의 기질을 키우는 수호전은 부각하기에 문제가 있다. 수호 연구자들은 수호 정신은 국가를 전복하자는 것이 아니라 기본적인 생존권을 찾고, 탐관오리를 징벌하자는 것이라고 말한다. 둘의 차이를 어떻게 구분할지 헷갈린다.

중국 문학과 법에 정통한 경희대 강효백 교수는 저서 '협객의 나라 중국'을 통해 중국인들의 기본 인자 안에 협俠의 정신이 있다고 봤다. 강 교수는 유구한 중국 역사를 통하여 쾌도난마식으로 현실 문제를 과감히 헤쳐 나갔던 협객들이야말로 중국을 이해하는 중요한 코드라고 봤다.

강 교수는 '나를 알아준 사람을 위해 목숨을 바친다'는 기치를 든 '와호장룡'의 진짜 주인공 예양豫讓으로부터 시작한다. 예양은 자신의 주인인 지백智伯이 조양자趙襄子를 치다가 오히려 죽음을 당해 두개골이 조양자의 술잔이 되는 것을 통탄한다. 이에 예양은 "선비는 자기를 알아주는 이를 위하여 죽는다"하고 보복을 맹세한 뒤 죄인으로 가장하여 비수를 품고 조양자의 변소에 잠입하여 그를 죽이려다가 발각된다. 조양자는 그를 의인으로 생각해 풀어주지만, 예양은 다시 옻칠을 하여 나환자로 변장하고, 때를 기다렸다가 조양자가 외출할 때 다리 밑에 숨었다가 그를 찔러 죽이려고 하였다. 하지만 말이 놀라는 바람에 다시 붙들렸고, 그는 한을 품은 채 자결했다.

예양-형가-오자서-자로-관우-황소….
강 교수는 예양으로 시작해 진시황을 죽이려다가 실패한 형가, 아버지와 형의 원수를 갚은 오자서, 공자를 지킨 협객 자로, '사기'로 협의 정신을 살린 사마천, 삼국지의 관우, 당 최후의 혁명가 황소, 태평천국의 바람 홍수전, 수호전 108 영웅 등을 협의 정신이 담긴 사람으로 본다.

그럼, 정말 중국인들에게 이런 협俠의 정신이 있을까? 맞네, 그 르다고 말하기는 참 어렵다. 수년 전 쓰촨에서 한 무술대회 우승 자가 한 가족을 몰살시킨 적이 있다. 자수한 그에게 이유를 물으 니, 아버지가 그 몰살된 가족의 가장에게 모욕받아 어릴 적부터 무술을 익혔고 이제야 복수를 했다고 말해 사람들을 놀라게 했 다. 정말 무협영화에서나 나올법한 모든 일이 현실이 된 사례다.

중국에는 '군자 혹은 사내대장부는 복수를 할 때는 10년 있 다가 해도 늦은 것이 아니다'라는 말이 있어서 복수를 부추긴다. 중국 사람들과 대면하면서 가장 큰 금기가 상대방을 모욕해서 경계심을 갖게 하는 것이다. 때문에 우리나라 공장 관리자들도 공개적인 석상에서 중국인 노동자를 꾸짖는 것은 가장 큰 금기 중에 하나다.

협俠은 개인의 단위에서도 있지만 국가의 단위에서도 나타날 수 있다. 노태우 대통령 시기인 1992년 8월 수교 이후 한중은 상 당히 살얼음판 같은 시기를 겪었다. 김대중, 노무현, 문재인 등 진 보정부 시기에는 큰 갈등이 없었지만, 박근혜, 윤석열 정부에 특 히 위기가 고조됐다. 이명박 정부부터는 주중대사도 실무형이 아 닌 정치형 인사들이 가면서 운신의 폭이 더 좁아졌다. 지금 중국 외교를 책임지는 왕이 외교부장은 '전랑 외교'(Wolf warrior diplomacy

외교관들이 적극적이고 공격적인 태도로 자국의 입장을 강하게 주장하는 외교 방식)

로 불리는 강력한 힘을 중시하는 인물로 협俠을 중시한다. 그들의 생각 속에 있는 '협俠'을 읽어내는 게 무엇보다 중요하다.

기차를 보면
중국이 보인다

　80년대 중반 중국을 여행한 폴 서로우의 '중국기행'은 중국 기차 등 교통수단의 더러움을 묘사하는데 탁월한 실력을 갖고 있다. "그들은 항상 침을 뱉었다… 그들은 양 볼로 바람을 빨아들인 후, 캭! 하고 뱉는다. 그리고 히죽 웃고 입을 다물고는 몸을 뒤로 기댄다… 그들은 절대로 멀리 뱉지 않는다. 기껏해야 선 자리에서 몇 센티 정도인 바로 발 아래 뱉는다." 그 책의 일부를 인용한 것이다. 중국인들의 습관 중에서는 중국 말대로 '시관習慣'이 되기에 황망한 것들이 많은 것이 사실이다. 필자도 10년간 중국에서 생활했지만, 그런 일들을 많이 겪었다. 분명히 우리가 보기에 중국인들에게 비위생적이고, 무질서한 것들이 많은 것은 사실이다. 하지만 꼭 그럴까? 필자는 이런 관점을 가진 이들에게 폴 서로우가 중국인들을 보는 창구였던 기차를 보라고 말하고 싶다.

사실 폴 서로우의 시선은 오리엔탈리즘에 바탕을 둔 서구적 시각의 하나로, 그의 말들은 이미 상당 부분 틀린 이야기가 됐다. 그는 "쿤룬산맥으로 인해 기차는 영원히 라싸에 가지 못할 것"이라고 썼지만, 칭장 열차가 생기면서 기차는 해발 4,767미터의 쿤룬산 입구는 물론이고 5,072미터의 탕구라산 입구를 넘어 달리게 됐다. 머잖아 세계 최고의 고봉인 에베레스트의 옆길을 통과해 인도로 향한다는 복심도 갖고 있기 때문이다.

사실 서로우가 중국 기차에 가진 느낌을 나라고 느끼지 않을리 없었다. 첫 기차 여행길인 98년 10월에 만난 중국 기차는 정말 혼잡하고 어지러웠다. 필자는 그 길에서 위치우위가 탔다는 창사長沙행 기차를 생각했다. 중국 최고의 문화여행 작가인 그는 문화대혁명의 중간에 쫓기듯 기차에 오른다. 아무런 통제가 이뤄지지 않았던 당시에 기차는 요금이 없었다. 대신에 기차는 언제 출발할지, 도착할지 예측할 수 없는 떠도는 말들과 같았다. 그때 위치우위는 운명처럼 창사에 내렸고 뭔가에 끌리듯 악록서원을 방문했다. 악록서원은 주자는 물론이고 왕양명, 왕부지, 증국번, 좌종당 같은 명사가 강학하고 배웠던 곳이다. 마오쩌둥 역시 인연이 있었던 곳이다. 하지만 세상은 문화대혁명의 광풍이 휘감

중국은 있다

고 있었다.

사실 중국 기차의 변화는 덩샤오핑에서 시작됐다. 그에게는 재밌는 기차 일화가 있다. 덩샤오핑은 1978년 일본을 방문해 도쿄에서 교토까지 두 시간여 동안 고속철도 신칸센 열차를 탔다. 기차를 탄 후 일본 측 관리가 자랑스럽게 말하자, 덩샤오핑은 이렇게 응수했다. "그냥 빠르게 달리는 느낌이 듭니다. 우리에겐(중국에) 지금 이런 기차가 가장 적합합니다.就感觉到快, 有催人跑的意思. 我们现在正合适坐这样的车"라고 말했다. 이 말은 국토가 작은 일본보다는 중국에게 어울린다는 뉘앙스로 약간은 자존심을 달랜 발언이라 화제가 됐다. 하지만 덩샤오핑은 이에 멈추지 않고, 중국 기차의 현대화를 실행하는 결정적 계기를 만들었다.

필자 역시 중국 기차가 참 더럽다고 느낀 98년의 취재 여행을 마치고, 1년 후 중국에 살게 됐다. 길이 항상 옆에 있어서 기차는 가장 중요한 교통수단이었다. 그러던 중 2000년에 들어선 지 얼마 안 되어 중국 기차에 뭔가 변화가 생기기 시작했다. 과거에 쓰레기 투기나 흡연을 방관하던 열차 승무원들이 기차 내부를 청소하기 시작한 것이다. 그들은 손님이 버린 쓰레기를 끝없이 치웠고, 담배를 피우는 손님들을 꾸짖었다. 1년쯤 지나자, 고급 침대칸 사람들은 쓰레기 투기를 멈추기 시작했다. 정확하지는 않지만 한 해가 지나자, 일반 침대칸 사람들도 쓰레기 투기를 멈췄다. 그리고 다시 일 년여가 지나자, 일반 칸에서도 쓰레기 투기가 없어졌다. 2006년 정도가 되자 기차에서 쓰레기 투기가 거의 사라졌다. 그리고 일이 년이 지나자, 중국인들이 기차에서 가장 즐기던 해바라기씨 까먹는 습관조차 줄어든 것이 느껴졌다. 아무리 습관이 되어도 껍질을 처치하기 어려운 해바라기씨는 시간을 보내는 데 가장 좋은 수단이라 중국인들이 가장 선호하는 음식이었다. 하지만 쓰레기 처치가 곤란해지자, 수십 년 동안 해오던 습관도 버리는 것을 보고 놀랐다.

중국에서 어떤 질서를 바로잡는 가장 좋은 방식은 벌금을 내게 하는 것이다. 하지만 이건 징벌을 활용하는 것이다. 반면에 중국 기차는 승무원들의 솔선수범으로 좋은 시민문화를 만든 경우다.

기차 내부의 청결 문제가 개선된 것도 있지만 중국의 기차 속도도 중국의 변화를 보여주는 가장 단적인 상징이다. 2000년대에 들어서서 중국 기차는 괄목상대刮目相對라는 말이 어울리게 급변했다. 베이징, 상하이 사이에 서른 시간이 넘게 걸리던 기차는 얼마 되지 않아 없어졌고, 이동 속도는 급속히 빨라졌다.

중국은 있다

현재 중국은 고속철도에서 세계를 리드해 간다고 볼 수 있다. 중국 정부가 고속철도로 규정하는 것은 시속 250킬로미터로 상용 되는 철도다. 이런 기준으로 봤을 때 2024년 12월까지 운영하는 거리는 4만 8,000킬로미터로 세계 고속철도의 74%가량이다.

중국은 8종8횡八纵八横으로 고속철도를 구축하는 플랜을 이미 진행하고 있다. 8종八纵은 중국 남북을 연결하는 8개의 선이다. 우선 ①연해통다오沿海通道로 단둥-따리엔-친황다오-텐진-동잉- 칭다오-렌윈강-난통-상하이-닝보-푸저우-샤먼-선전-베이하이 까지 이어진다. ②징후통다오京沪通道는 베이징부터 지난-난징-상 하이를 잇는 대표적인 구간이다. ③징항통다오京港通道는 베이징- 허저-상치우-허페이-난창-선전-홍콩으로 간다. ④징하~징항아 오통다오京哈~京港澳通道는 하얼빈-장춘-선양-베이징-스좌장-정 저우-우한-광저우-선전-홍콩을 연결한다. ⑤후난통다오呼南通道 는 후허하오터-따통-타이위앤-정저우-샹양-창더-이양-구이린- 난닝으로 연결한다. ⑥징쿤통다오京昆通道는 베이징-스좌장-타이 위앤-시안-청두(충칭)-쿤밍을 연결한다. ⑦바오인하이통다오包银海 通道는 바오토우-옌안-시안-충칭-구이양-난닝-짠지앙-하이코우 (산야)까지 연결한다. 마지막 ⑧란시광통다오兰西广通道는 란저우- 청두-구이양-광저우를 연결한다.

8횡八横은 중국의 동서를 8개로 관통하는 철로다. ①수이만통다오绥满通道는 헤이롱지앙성 북단 수이만허绥芬河-무단장-하얼빈-치치하얼-하이라얼-만주리를 잇는 북극 열차다. ②징란통다오京兰通道는 베이징-후허하오터-인촨-란저우를 잇는다. ③칭인통다오青银通道는 칭다오-지난-스좌좡-타이위앤-인촨을 잇는 도로다. ④류치아오통다오陆桥通道는 롄윈강-쉬저우-정저우-시안-란저우-시닝-우루무치를 잇는다. ⑤옌지앙통다오沿江通道는 상하이-난징-허페이-우한-충칭-청두로 창지앙을 따라가는 고속철도다. ⑥후쿤통다오沪昆通道는 상하이-항저우-난창-창사-구이양-쿤밍을 잇는다. ⑦샤오통다오厦渝通道는 샤먼-롱옌-간저우-창사-창더-장자지에-치엔지앙-충칭을 잇는다. 마지막 ⑧광쿤통다오广昆通道는 광저우-난닝-쿤밍을 잇는 도로다.

고속철도로 연결되는 주요 지역을 대부분 가본 나로서는 이 프로젝트가 얼마나 어마어마한지를 안다. 가령 연해통다오沿海通道는 따리엔에서 선전까지만 해도 전체 길이가 4,000킬로미터인데, 여기에 단둥-따리엔, 선전-베이하이를 합치면 5,000킬로미터가량이다.

기술적인 측면에서도 중국은 세계 최고의 고속철도 강국이다. 현재 시험 운행으로 가장 빠른 속도를 구현한 것은 605km/h

를 달성한 2011년 12월 청동검青銅劍호였다. 두 번째 빠른 속도는 2007년 프랑스 TGV- LGV가 실현한 575km/h였고, 그 뒤는 중국이 3, 4위, 다음이 일본이 1996년 7월에 기록한 JR500형 동해도신칸센东海道新干线이다.

실제 운행 속도 순위에서도 중국의 징후고속철도가 350km/h로 가장 빠르고, 그 뒤를 330km/h인 독일의 ICE-LGV와 320km/h인 프랑스의 TGV-LGV가 잇는다. 상대적으로 한국의 고속철도는 300km/h를 최고속도로 운영 중이다.

나에게 중국 철도에 대한 가장 경이로운 기억은 2006년 7월 1일 개통한 칭장철도를 탄 일이다. 티벳이 주는 수많은 상념들도 있었지만, 해발 5,000미터를 관통하는 철도는 놀라웠다. 두 번째 경험은 2017년 경기일보와 함께 한 '유라시아 열차 탐사단'을 진행하면서다. 나는 평택에서 배를 타고, 렌윈강에서 내린 후 유라시아 대륙 서쪽 끝 포르투갈 리스본까지 열차로 횡단하는 긴 여정을 설계했다. 기차표는 물론 호텔까지 다 예약을 했고, 32일 동안 1만 4천735km를 달리는 이 여정은 무사히 잘 끝났다.

나는 중국 구간을 진행하면서 란저우에서 지아위관까지 가는 기차를 끊었는데, 그 기차는 전통적인 길인 하서주랑을 가는 게

산단군마장 란저우와 지아위관의 새 철로는 하서주랑이 아닌 고산을 지나서 여름에도 만년설이다.

아니라 시닝을 거쳐서 지우추안酒泉으로 갔다. 이 기차는 해발 3,900미터인 강스카스차이폭포岗什卡七彩瀑布나 해발 3,500미터인 산단군마장山丹军马场을 경유해서 색다른 장관을 연출하고 있었다. 그들에게는 이제 높은 산이나 고도는 별로 겁나는 대상이 아닌 것을 느꼈다. 오직 목적지를 향해 갈 수 있는 길만을 생각하는 것으로 보였다.

중국은
패권국가로 갈 것인가

중국의 거대한 행보에 우려가 깊어지고 있다. 달러의 기축통화 유지를 흔드는 금융 주도권 싸움에 중국이 중심에 있고, 군사 대국화에 대한 우려도 커가고 있다. 과연 중국은 세계의 패권을 향해 가는 것일까. 또 중국의 패권주의는 왜 바람직하지 않으며, 세계 평화에 부정적인 것일까. 또 패권주의로 간다면 그 행보는 어디까지 갈 것이며, 세계를 위협하는 수준일 것인가.

1974년 4월 6일 유엔 제6회 특별회의의 중국대표로 참석한 덩샤오핑은 중국을 '제3세계'로 규정하는 한편 중국을 대표해 연설을 했다. "중국은 지금도 아니며, 앞으로도 초강대국으로 가지 않을 것이다.中国现在不是, 将来也不做超级大国 만일 중국이 낯빛을 바꿔서 초강대국으로 변하고 세계에 패권국가를 자처하며 곳곳에서 다른 인민들을 모욕하고 침략하고 수탈한다면 세계인들은 마땅히 중국에 사회제국주의라는 모자를 씌워야 하며, 그 사실을 폭로하고 반대해야 한다."고 말했다. 이를 흔히 '자신의 재능이나 명성을 드러내지 않고 참고 기다린다.'는 의미의 도광양회韜光養晦로 부른다.

이때는 중국이 유엔에 가입한 지 3년 뒤고, 국내적으로는 문화대혁명이 막판에 치달을 때였다. 덩샤오핑 역시 막 복권한 뒤였으며, 2년 후인 1976년 마오쩌둥이 사망했다. 마오가 사망한 후 덩은 화궈펑과의 권력투쟁에서 이긴 후 주도권을 잡아 1980년에 들어서야 개혁개방을 시작한다. 이후 30년 뒤 중국의 패권화는 세계의 화두가 됐다. 과연 중국의 패권주의는 문제가 있으며, 스스로의 말을 뒤엎는 부도덕한 것일까.

2000년대 후반 나는 중국의 한 고위급 외교관을 만나서 심중을 떠볼 기회가 있었다. 이런저런 말이 오가자, 나는 직접적으로 물었다. "미국이 스스로의 탐욕으로 저런 위기를 맞았다. 중국의 입장에서 다시 미국이 재기할 수 있도록 보고만 있을 것인가?" 그는 답했다. "우리가 어떻게 할 수 있는 것은 아니다. 지금 유럽이 어떻게 생각하는가가 중요하다. 우리도 유럽을 주시하고 있다."

이 말을 깊게 보면 두 가지 함의가 있다. 하나는 우리 스스로 나서기보다는 유럽과 함께 미국의 경제 패권에 도전할 것이다. 다른 하나는 우리는 유럽을 부추겨서 미국이 가진 경제 패권을 다분화시킬 것이라는 말이다. 당시 중국은 유럽에 대규모 구매단을 보냈고, 천더밍陳德銘 상무부장(장관)까지 유럽을 방문해 각국의 국채를 사주는 선심공약을 했다. 이로서 위안밍위앤圓明園 유물 경매로 감정이 상했던 프랑스와도 재빨리 화해모드로 돌리는 데 성공했다. 실제로 달러의 기축통화 의문은 중국이 말하는 것도 있지만 이런 이유로 유럽에서 더 큰 목소리가 나오는 것이다.

이런 방식은 중국의 전형적인 외교수법인 이이제이以夷制夷이다. 오랑캐(유럽)로 하여금 오랑캐(미국)를 제어하게 하는 이런 수법은 앞으로도 계속될 것이다.

흥미로운 것은 미국의 입장이다. 미국에서 중국과 수교를 시작한 헨리 키신저는 힐난의 대상이 된 지 오래다. 키신저는 1969년 핑퐁외교로 중국과 교류를 시작했고, 1979년 미중수교를 이끌었다. 이후 2001년 중국은 WTO에 가입해 세계 무대로 나왔고, 25년간 폭풍질주를 했다.

중국은 이미 미국이 부담스러워진 지 오래다. 트럼프도 힘들지만, 바이든 시대처럼 민주당 정부가 들어선다고 해서 달라질 것은 없다. 미국은 이제 자유무역의 선봉장이 아니라, 무역규제의 상징이 됐다. 중국은 시장을 열자고 외친다.

그럼, 중국의 수는 어디까지 갈 것인가. 사실 이 해답은 '화폐전쟁'의 저자 쏭홍빙 같은 중국의 거시경제정책 브레인들에 의해 이미 판이 짜여 있다.

우선 당장은 스스로도 보유한 3.3조 가량의 달러와 미국 국채로도 무력화시킬 수는 없다. 반면에 달러로는 미국의 국책기업(석유회사 유노칼 같은)을 살 수 없다는 것도 깨달았다. 또 달러화의 급격한 붕괴는 공황의 심화를 가져올 수 있다는 것을 알기에 바로 무리수를 둘 필요도 없다는 것을 안다.

사실 지난 100년간 미국은 강력한 군사력과 지도력을 바탕으로 패권국임을 자신했지만 결국 스스로가 만든 기축통화를 갖고도 위기를 맞이했다. 그것은 '금융공학'을 바탕으로 월가 등에서 벌인 돈놀이의 결과다. 돈놀이는 성공했지만, 그 사이 제조업의 기반은 완전히 사라졌다. 그렇다면 외환보유고 등을 바탕으로 2049년에는 세계 최대 국가가 되겠다는 중국의 꿈은 성공할까.

우선 양대 헤게모니로 성장하는 데는 별 지장이 없을 것이다. 그럼 하드파워, 소프트파워의 순으로 보자.

우선 하드파워 측면을 보자. 중국은 미국과 맞짱을 뜰 수 있는 충분한 군사력을 갖고 있다. 중국은 1950년대 핵폭탄을 개발했고, 수소폭탄은 물론이고 군사위성 등을 갖추고 있다. 미국이 완벽한 MD망을 갖고 있다고 하더라도 중국이 정면대응하면 승산을 보장하기 어렵다. 미국으로서는 정면대결은 피하고, 측면을 치면서 중국의 전력이 약해지기를 기다려야 할 처지다. 그런데 장기적으로 군사적인 면을 지켜줄 제조업 등에서는 오히려 중국보다 미국이 훨씬 더 취약하다. 트럼프 대통령이 제조업의 부흥을 시도한다고 하더라도 이미 미국은 제조업의 경쟁력을 상실한 지 오래다. 결국 시간이 갈수록 제조업이 받쳐주는 중국이 더 유리해질 수도 있다는 가정이 나온다. 거기에 중국도 수년 전부터 아프리카 등에서 자원외교를 시작해 미국에 못지않은 자원을 확보한 상태다.

소프트파워에서는 아직 중국이 미국에 약세를 보인다. 전 세계가 갖고 있는 '오리엔탈리즘'과 더불어 '중국 위협론'은 세계에 깊숙이 전제하고 있는 선입견 중 하나다. 앞서 말했듯이 덩샤오핑이 말한 것처럼 패권으로 가지 않는다고 해도 세계는 중국을 위협적인 존재로 보는 데는 이견이 없다. 또 덩샤오핑의 전제에는 "다른 인민들을 모욕하고 침략하고 수탈한다면"이라는 조건이 있는데 이 범위 역시 어디까지인지가 불분명하다. 때문에 세계인들은 중국의 성장을 달갑지 않게 본다. 또 티벳 사태나 파룬궁 사태, 사형제도 등으로 인해 인권 부분에서도 중국은 취약하다는 선입견이 강하다.

사실 중국이 세계의 패권으로 간다면 경제, 군사적인 부분보다는 이런 인식을 어떻게 불식시키고 중국 내부에서도 국가 근간을 어떤 방식으로 민주적인 형태로 가는가가 중요한 전제 중하나가 될 것이다. 또 중국의 문화라는 것이 현재까지는 장이모의 영화 정도로 세계에 인식되어 있는데 어떻게 콘텐츠의 가치나 질을 높이는가도 중국에게는 큰 문제다. 미국은 지난 수십 년 동안 할리우드 영화 속 선의 미국과 악한 상대국을 통해 세계인들에게 '세계의 경찰'이라는 인식을 심어왔다.

이런 미국과 중국의 헤게모니 쟁탈전이 가장 첨예하게 대립하는 곳은 유럽과 동아시아라고 할 수 있다. 유럽은 중국의 원조를 받은 EU가 달러의 기축통화 역할 축소에 열을 올리고 있다면 동아시아에서는 북한을 두고 한국, 미국, 일본, 러시아, 중국 등이 주도권 다툼을 하고 있기 때문이다.

동아시아에서 힘의 대결은 현재 미국 쪽에 기운 한국, 일본과 중국 쪽에 가까운 북한, 러시아 등이 힘과 명분 싸움을 같이 벌이고 있는 형태다. 물론 완벽한 편가르기가 아니라 사안에 따라 급속하게 이합집산의 문제를 벌이고 있다는 것도 이 대립의 큰 특징이다.

그런데 문제는 우리의 역할이다. 현재 우리 정부는 기축통화를 포함한 모든 정책에서 노골적으로 미국을 지지하고 나선 입장이다. 유럽은 물론이고 일본까지 100% 미국의 입장을 지지하지 않는 상황에서 우리나라만이 절대적으로 미국을 지지하는 것은 중국에게는 곤란한 일이다.

중국에 대한 시각을
망치는 언론

2000년 3월부터 나는 중국에서 발행하는 교민신문인 '중국
경제신문'의 편집국장을 맡았다. 신문은 톈진에서 발행했지만, 베
이징이나 선양, 상하이는 물론 광저우, 선전 쪽에도 배포하는 신
문이었다. 그전까지 이 신문은 한국 신문기사를 전제하는 생활정
보지 같은 신문이었다. 내가 편집국장을 맡은 만큼 기존 직원들
에게 글쓰기를 가르쳤고, 외부에서도 좋은 필자를 찾아서 글을
쓰게 했다.

그리고 발간한 첫 신문의 톱기사는 〈한국언론의 냄비근성〉이
었다. 당시는 한중수교가 8년쯤 지난 후로 중국에 진출한 한국
기업인들과 중국 동포들 간의 갈등이 빈번하게 일어나는 상황이

었다. 경찰력이 강한 중국에서 중국 동포(조선족)가 외국인에게 위해를 가하는 것은 쉽지 않다. 하지만 그런 일들이 벌어졌다면 원인이 있을 것이다. 특히 중국 동포를 고용하는 한국인이 갑이지, 고용 당하는 중국 동포가 갑일 수는 없다. 그런데도 우리나라 언론은 대부분 중국 동포가 일방적으로 한국인을 가해하는 것처럼 기사를 썼다. 결과적으로 한국 내에서도 중국 동포에 대한 인식이 나빠지면서 갈등의 골은 커져만 갔다. 이에 나는 상황을 비판하면서 강하게 제목을 뽑은 것이다. 신문이 배포되고 얼마 되지 않아서 회사로 전화가 왔다.

베이징에 몰려있는 우리나라 특파원단의 간사라는 방송사 특파원이었다. 그는 다짜고짜 욕으로 시작했다.

"야, 니가 뭔데 우리보고 냄비라고 하는 거야? 너 그러고도 괜찮을 거 같아?"

나도 그냥 있을 수 없었다.

"알겠는데요. 제가 쓴 기사에 어떤 팩트가 잘못됐는지 말하세요. 잘못된 내용이 있다면 사과를 하든지, 정정기사를 내든지 하겠습니다."

당연히 그는 노발대발하면서, 조치를 취하겠다는 위협을 하고 전화를 끊었다. 사실 정식 특파원 자격도 받지 못한 현지 신문이 공중파 방송의 특파원을 상대하는 것은 계란으로 바위 치기와 같은 일이다. 하지만 나는 믿는 구석이 있었다. 중국 정부는 합리적인 주장에 대해서는 가능하면 간섭을 하지 않는다는 원칙이다.

결국 몇 번 더 항의는 왔지만, 어떤 위해를 가하지 못했다. 이 기사 외에도 따리엔에서 있었던 현대건설의 문제를 기사화 한 적이 있다. 당연히 현대건설은 노발대발했다. 따리엔 특파원으로 있던 기자는 몸까지 숨겼다. 하지만 내용의 문제가 없었기 때문에 무사히 지나갔다. 1년 후 우리 신문은 한중간 항공편과 페리에도 실리고, 직원들도 정식 특파원 자격을 받아서 따리엔, 상하이, 광저우 등 각 지역으로 내려보냈다.

내가 중국에 관한 글을 쓰면서 원칙은 가능하면 선입견과 편견 없이 중국을 보고, 글로 전달하는 일이다. 하지만 우리나라 대부분의 언론사 특파원은 자신들의 사견이나 각 언론사의 중국관으로 중국을 다룬다.

그러다 보니 김희교 교수가 〈짱개주의의 탄생〉의 앞부분에 썼듯이, 중국에서 크리스마스가 사라졌다는 방식의 엉뚱한 기사가 나온다. 특파원들의 기사는 우리나라 사람들의 중국관에 큰 영향을 미친다. 한국 사람들의 중국에 대한 부정적 시각이 늘어난 것도 언론사들의 기사로 인한 것이 적지 않다.

나는 이런 상황에서 한가지 역사적 사건을 항상 떠 올린다. 1931년 7월 2일 조선일보 2면에는 '중국 농민 대거 폭동/삼성보 동포 수난 갈수록 심해져/200여 명 또다시 피습/완성된 수로 공사 전부 파괴'라는 기사와 많은 조선인이 살해됐다고 보도됐다. 서울과 인천에도 호외가 뿌려졌고, 분노한 사람들은 중국인 참살을 시작했다. 이 기사는 김이삼 조선일보 장춘지국장이 현장 취재나 추가 확인 없이 일본영사관이 제공한 정보로 기사를 써서 서울로 보낸 것이다. 이에 분노한 조선인들이 전국 400여 곳에서 1주일 동안 폭동을 일으켜 중국 국민당 추산 142명이 사망하고, 546명이 부상을 입었으며, 91명이 실종됐다. 조선에 있던 7만 명의 중국인 가운데 1만 7,000명이 영사관으로 피신할 정도였다. 이 소식은 다시 만주로 돌아와 감정을 악화시켰다.

'만보산 사건萬寶山事件'은 일본이 이 지역에서 한중간 갈등을 만들기 위해 의도적으로 기획한 사건이다. 일본이 애매한 토지 사용권을 바탕으로 조선인들에게 경작을 요구하자, 한인 농민과 중국인 사이에 충돌이 일어났다. 다행히 피해자가 발생하지 않은 채 중국인 지주와 주민들이 일단 철수하면서 진정되었다. 그런데도 조선일보의 보도로 인해 한중간에 큰 갈등이 벌어진 것이다.

언론의 터무니 없는 보도로 인해 살육전이 있었고, 이후 일본은 1931년 9월 18일 류탸오후 사건柳條湖事件을 통해 만주사변을 일으키고, 대륙을 침략한다.

이렇듯 언론의 의도된 왜곡은 감정 악화뿐만 아니라 민족 충돌도 불러올 수 있는 중요한 일이다. 필자 역시 언론인 출신이기 때문에 중국에서 활동하는 언론인들과 친한 이들이 많다. 이제는 후배들도 특파원들로 중국을 경유하기도 한다.

과거 가장 많은 특파원을 보낸 곳은 연합뉴스다. 베이징뿐만 아니라 상하이, 광둥, 선양에도 특파원을 보내던 시절이 있었다. 그다음으로 많은 특파원을 보내는 곳이 공중파 방송사와 메이저 언론사들이다. 특히 조선일보나 중앙일보는 오랜 중국 특파원 계보가 있어서 전문 지식이 있는 이들이 특파원을 맡기 마련이다. 하지만 조중동 같은 경우 사내에서 미국을 우선하는 기조가 강하다 보니 아무래도 중국 특파원들은 세력이 약하다. 데스크에 의해 부정적인 중국 기사가 선호되는 문화가 크다. 결과적으로 특파원들도 부정적인 기사를 찾기 마련이고, 독자들은 이런 영향을 받게 된다.

이런 상황은 사드 배치로 인해 한중간의 이념전쟁이 발생하면서 더욱 상황이 나빠졌다. 공식적인 사드 도입 이전에 사드가 도입될 경우 어떤 결과를 맺을 거라는 국내 언론의 심층 보도는 거의 없었다. 결과적으로 국민들은 사드가 자주적으로 선택할 사안이라는 인식을 가질 수밖에 없었다. 하지만 중국 정부는 사드가 '중국전략안전이익中国战略安全利益'을 해치는 행위라는 것을 인민일보(2017년 2월 28일) 등을 통해 강력히 말하고 있었다. 이 사안은 국가주석이라 할지라도 양해할 수 없는 중대한 사안으로 규정된 만큼 그 파생력도 큰 문제였다.

하지만 국내 언론은 이 사안을 제대로 보도하지 않았다. 필자는 많은 강연과 기사를 통해 이 문제를 제대로 짚어야 한다고 주장했다. '중국 관계 최대 위협은 '대통령의 입'(오마이뉴스 2016.01.28.)' 등 이런 기사로 강하게 사드 문제를 이해해야 한다고 주장했다.

필자는 사드가 성주에 배치 결정된 직후인 2017년 3월 23일에 '사드 갈등 증폭시키는 한국언론, 아쉽다'라는 제목의 오마이뉴스 기사를 이렇게 썼다.

"그동안 필자는 중국에 대한 우리 언론의 무지를 비판해 왔다. 가령 사드 문제만 해도, 대다수 언론들은 정부와 비슷한 입장을 취하면서 계속해서 헛발질했다. 그런데 중국 정부가 다양한 보복조치를 하자, 이번에도 정부와 호흡을 맞추면서 의도적으로 차이나 포비아를 만드는 상황이다. 이 상황을 현명하게 대처하고 극복해야 하는데, 오히려 이 상황을 더 악화시키는 부정적인 역할을 하고 있는 것이다. 특히 감정적으로 중국을 자극하거나 국민들의 반중감정을 부추긴다. 이런 보도는 그대로 중국에 보도되어 중국 내 반한감정을 더 부추길 뿐이다. 최근 탄핵 이후 중국 정부는 언론을 통해 조장되는 반한감정을 자제시키는 분위기지만, 위챗 등 SNS를 통해 확산되는 반한감정이 여전하다. 이것은 한국언론의 이런 보도 태도와 무관하지 않다."

사드, 코로나 등 수많은 풍상이 지난 지금은 어떨까. 우리나라 사람들의 중국에 대한 부정적 시각이 올라가고, 길거리에 중국을 조롱하는 현수막과도 무관하지 않을 것이다.

2부

지금
중국을 읽는
키워드

리더십:
시진핑을 통해 읽는 중국 지도자

엄밀하게 신중국(1949년~)에서 지도자가 교체된 시기는 몇 번 되지 않는다. 1976년 9월 9일 마오쩌둥(1893~1976년)이 죽고 난 후에 화궈펑(華國鋒 화국봉)을 스치고, 덩샤오핑(1904~1997년)이 힘을 가진 게 첫 번째 교체다. 사망에 의한 교체니, 왕조나 별반 다르지 않았다.

이런 문제를 심각하게 생각한 덩샤오핑은 10년을 주기로 한 후계자 패턴을 만들었다. 5년 임기인 총서기를 두 번 이상 하지 못하게 한 것이다. 이를 보완하는 장치가 '칠상팔하七上八下'다. 67세까지는 임기에 올라갈上 수 있는데, 68세부터는 내려와야下 한다는 원칙이었다. 공산당의 지도자인 상무위원이나 중앙위원 모두에게 이 원칙이 적용됐다.

격대지정隔代指定도 원칙화했다. 현재의 지도자는 차기 지도자를 정할 수 없고, 대신 그다음 지도자를 미리 정해 권력 승계를 투명하게 한다는 전통이다. 덩샤오핑은 1992년 장쩌민(1926~2022년)에게 권력을 넘기면서 당시 만 49세였던 후진타오(1942~ 생존)를 다음 지도자로 지정했다. 장쩌민은 자신의 사람을 후계자로 삼고 싶었겠지만, 덩샤오핑이 후진타오를 미리 낙점함으로써 기존 권력의 독재와 세습 가능성을 차단한 것이다.

그래도 1989년 천안문사건 이후 덩샤오핑에 권력을 받은 장쩌민은 세번째 지도자라고 할 수 있다. 권력을 장악한 장쩌민은 자신이 주도한 10년은 물론이고, 후진타오 시절에도 상무위원회를 장악해 권력을 누렸다. 장쩌민의 그늘이 지겨웠던 후진타오는 2013년 시진핑에게 총서기는 물론이고 중앙군사위 주석까지 넘겼다. 보통 군사위 주석은 총서기를 받은 후 1년 뒤에 넘기는데, 시원하게 자리를 박차고 나갔다고 할 수 있다.

하지만 격대지정은 이어지지 않고 있다. 시진핑이 3연임하며, 차기는 물론 차차기는 더욱 미궁이다. 후진타오는 지난 2022년 10월 열린 중국공산당 제20차 전국 대표대회(당 대회) 폐막식에서 후진타오 전 국가주석이 시진핑에게 항의하는 듯한 행동을 한 후 퇴장해서 말이 돌았다. 사실 그 행사에서 시진핑은 퇴장을 선언해야 했지만, 3연임의 금지를 풀었고, 후계도 지정하지 않았다.

시진핑 주석 역시 격대지정에 의한 지도자 선발 방식의 도움을 받았었다. 2012년 당시 중국 국가 주석이던 후진타오는 자신의 직계인 리커창(1955~2023)을 차세대 지도자로 밀고 싶었겠지만, 격대지정 전통에 의해 2012년 18차 당 대회에서 장쩌민의 후원을 받은 시진핑을 자신의 뒤를 이을 국가주석으로 인정할 수밖에 없었다.

아울러 '격대지정'의 전통에 따른다면 후춘화(1963~ 생존) 중국 부총리가 2017년 19차 당 대회에서 시 주석의 뒤를 이을 최고지도자 후보에 올랐어야 했으나, 결국 무위에 그쳤다. 시 주석이 격대지정 전통을 바탕으로 국가주석에 올랐지만 정작 본인은 이 전통을 어긴 셈이다.

시진핑은 다시 고민에 빠질 수밖에 없다. 이번 임기는 2028년 3월까지고, 전해 10월에는 후계를 명확히 해야 한다. 상무위원도 바꾸어야 하는데, 지금으로서는 전혀 흐름이 없다.

이런 이유가 시진핑을 중국의 실권자 중 하나로 보는 이유다. 시진핑은 혁명원로인 시중쉰(習仲勳 1913~2002년)의 아들이다. 간부 아들로 중난하이에서 편하게 자라던 시진핑은 문화대혁명 시기에 아버지의 고향인 샨시성에 지식 청년으로 가야 했다. 고생했지만 나름대로 극복하여 1975년 칭화대학 화공과에 들어갔고, 졸업 후에는 국무원과 중앙군사위에서 근무했다. 그러다가 1982년 허베이성河北省 정딩현正定县의 부서기로 간부의 길을 걷기 시작한다. 이후 푸젠성에서 진급하다가 2002년 비교적 비중이 큰 성인 저지앙성浙江省의 대리성장이 된다.

이 배경에는 그해 5월 별세한 아버지 시중쉰의 후광이 있었다. 혁명원로의 장례식을 지키는 시진핑이 듬직한데, 아직도 푸젠에 있다는 것을 안타깝게 여긴 원로들이 저지앙성을 시작으로 2007년에는 상하이 당서기라는 요직을 주고, 아울러 상무위원의 타이틀까지 달아준다. 여기에 중앙서기처中央书记处 서기와 중앙당교中央党校 교장까지 맡았으니, 5년 뒤 후계자로 확실히 결정된 상황이었다.

상대적으로 비운의 인물로 꼽히는 보시라이(1949~)나 리커창은 최고권자에 오르지 못했다. 이런 성장 과정을 거친 시진핑은 칭화파(칭화대학 출신의 엘리트 그룹)와 공청단(공청단 출신의 엘리트그룹)이

머, 태자당(공산당 간부의 자제 그룹)이나 상하이파(상하이에서 간부를 지낸 지도자그룹)에도 속하니 실권자가 될 수 있었다. 더욱이 후진타오 가 그림자 지도자의 한계에 대한 염증과 더불어, 자신의 뒤를 잇 는 시진핑은 그런 오류를 반복하지 않기를 바라는 이유에서도 국가 주석과 동시에 군사위 주석까지 주었으니 바로 실권을 잡 은 것이다.

시진핑에게 힘을 더 실어준 것은 당대 정치의 거목인 장쩌민 역시 이미 연로한 상황이었고, 그를 둘러싼 세력 역시 자연스럽 게 차기 지도자를 바란다는 점이었다. 이것이 시진핑에게 유리하 게 작용했다. 또 시진핑의 부인인 펑리위안은 군대에 적을 둔 연 예인으로 군대에 막강한 막후 영향력을 행사한다는 점에서도 군 부 역시 시진핑에게 힘을 실어줬다.

시진핑의 또 다른 강점은 스토리가 있다는 것이다. 시진핑이 중학교를 졸업하던 시절부터 문화대혁명이 본격화됐다. 시진핑 은 아버지의 고향인 샨시성의 농촌으로 갔다. 지금처럼 덩치 크 고 귀공자로 살았던 그에게 노동은 물론이고 크고 작은 벌레들 은 극악한 환경이었다. 결국 석달 만에 몰래 베이징행 열차를 타 고, 돌아오기도 했다. 하지만 그는 돌아가 그 환경을 극복하는 것 은 물론이고, 가스를 이용한 설비를 만드는 등 적극적인 활동을 벌여 현지인들의 칭찬을 받을 만큼 성숙해진다. 이런 과정을 거쳐서 아버지의 정치적 역경에도 불구하고, 공산당에 가입해 정치적 발판을 마련하고, 칭화대학에도 입학하는 유리한 조건을 얻게 된다.

하지만 2025년의 벽두부터 시진핑의 권력 이상설이 나오고 있다. 일단 2028년에 4연임까지는 쉽지 않을 거라는 예측이 작용한 것으로 보인다. 그때면 시진핑의 나이도 75세. 사실 덩샤오핑은 88세인 1992년에 남순강화南巡講話를 통해 정치력을 증명했으니, 75살도 많은 나이가 아니다.

시진핑이 3연임을 할 수 있었던 가장 중요한 논리는 미중 헤게모니 전쟁에서 지속적인 경쟁을 위해서는 선장을 바꿀 수 없다는 국민과 당원의 판단이 있었기 때문이다.

시진핑의 시기를 두고 경제력에 문제가 있다는 주장도 있지만 그렇게만 볼 수 없다. 중국 경제성장률은 여전히 5% 정도로 순항하고 있다. 중국의 2024년 총생산GDP은 134조 9,084억 안(한화 2경 5,650조 원가량)이다. 미화 18조 8,682억 달러로 미국의 29조 16,77억 달러에는 미치지 못하지만 2033년 정도가 되면 역전될 것이라는 게 일반적인 관측이다.

중국은 있다

또 시진핑의 3연임을 도와줬던 미중 헤게모니 경쟁은 쉽게 끝날 수 있는 사안은 아니다. 민주당이 정권을 잡은 바이든 시대에도 미국의 중국에 대한 경계가 풀어지지 않은 것에서 알 수 있듯이 이제 미국은 중국을 확실히 경계하고 있다. 일본에게 그랬듯이 자국 GDP의 30%대에서 주저앉혀야 했는데, 그러지 못했다는 탄식이 나올 수밖에 없는 이유다. 더욱이 중국은 미국을 상대하면서도 자강불식(自强不息·스스로 힘쓰고 쉬지 않는다)의 자세를 잃지 않았다.

중국은 우주뿐만 아니라 군사, 과학, 첨단 기술 등에서 이미 미국을 능가하는 실력을 배양했다. 물론 부동산 위축으로 경제에서 비판받는 측면이 있지만 중장기적으로 중국의 기반을 다지고 있다는 점은 긍정적으로 평가받는다.

지금 가장 관심이 가는 부분은 2028년 3월에 중국 지도부가 어떤 모습이 될 것인가일 것이다. 문제는 지금은 이전처럼 후계 구도가 정해진 게 아무것도 없다는 것이다. 더욱이 3년 후에 총서기가 되기 위해서는 지금은 상무위원에 있어야 한다. 그런데 3년 후에도 68세가 넘지 않은 상무위원은 1명이다. 가장 나이가 젊은 상무위원은 딩쉐샹인데, 1962년생으로 2028년에 65세이고, 두 번째로 젊은 총리 리창李强도 1959년으로 68세가 된다. 다만 두 사람 역시 총서기로 발탁하기에는 지명도나 스토리가 약하다는 것이 문제다.

표1 상무위원

이름	출생연도	출생지	대학	주요 직위
시진핑习近平	1953년 6월	陕西 富平人	清华大	总书记
리창李强	1959년 7월	浙江 瑞安人	中央党校	国务院总理
자오러지赵乐际	1957년 3월	陕西 西安人	北京大	全人大委员长
왕후닝王沪宁	1955년 10월	山东 莱州人	复旦大	政协主席
차이치蔡奇	1955년 12월	福建 尤溪人	福建师范大	中央书记处书记
딩쉐샹丁薛祥	1962년 9월	江苏 南通人	复旦大	国务院副总理
리시李希	1956년 10월	甘肃两当人	西北师范学院	中央纪律委书记

지앙쑤성 난퉁(南通) 출신인 딩쉐샹丁薛祥은 푸단대复旦大에서 행정관리로 박사까지 받은 후 상하이재료연구소上海材料研究所에서 연구원으로 사회에 첫발을 내디뎠다. 능력을 인정받아서 1999년부터 상하이시에서 과학위원회 부주임(국장급)이 된다. 2007년부터 2012년까지 상하이시 비서장을 맡는데, 이때 시진핑의 눈에 띄었다. 2013년 중앙으로 올라오고, 2017년에 중앙정치국 위원, 2023년에 중앙정치국 상무위원에 올랐다.

1959년 저지앙 루이안瑞安 출생인 리창 총리는 젊은 시절 고향의 전기 기계 배수관의 직공으로 일하다가 발탁된 인물이다.

1983년부터는 지역 공청단共青团 간부를 맡았고, 다음 해에는 우리나라 군수라 할 수 있는 루이안현瑞安县 현위 서기를 맡았으며, 2016년에는 지앙쑤성 서기, 2017년에는 상하이시 서기를 맡는 파격 승진을 하고, 2023년에는 중국의 2인자라 할 수 있는 국무원 총리를 맡는다.

최근에 '칠상팔하' 원칙이 많이 무시되는 만큼 리창 총리 역시 상무위원으로 남아있을 가능성도 있다. 물론 한정 부주석이 그렇듯 상무위원에서는 내려오고, 부주석 역할을 맡는 방법도 한 가지 있기는 하다.

산업전략:
올해로 '중국제조 2025'는 완성될 것인가

한 나라에서 10년의 경제 플랜을 만들어 놓고 성공하는 일은 많지 않다. 사실 10년이라는 시간은 정부 차원에서 금방 지나간다. 필자는 2008년 한국에 돌아와 2010년 11월부터 새만금청에서 일했다. 그때 마스터플랜에 따르면 2020년이면 4선석의 신항만도 들어서고, 도시도 들어와야 한다. 하지만 이런 인프라가 언제 만들어질지 아직도 장담할 수 없다. 그만큼 하나의 플랜을 구현하는 게 어렵다는 말이다.

그런 점에서 '중국제조 2025中国制造2025'는 놀라운 계획이었고, 올해로 거의 실현 단계로 갔다는 점은 더 놀랍다. '중국제조 2025'는 2015년 5월 리커창 국무원 총리의 주도로 만들어졌다.

　　　　　　　　　　　　　　　　　　　　中국은 있다

2015년 3월 5일, 리커창은 전국인민대표대회에서 《정부 업무 보고》를 하면서 처음으로 '중국제조 2025' 계획을 제안했다. 이 계획은 중국의 산업 경쟁력 발전이 세계 경제에서 주도권을 잡아 중국이 중간 소득 단계에서 고소득 단계로 나아가는 데 역점을 두었다.

당시에도 중국은 이미 '세계의 공장'으로 불릴 만큼 제조업 기반이 강했다. 하지만 그 내용을 보면 부가가치가 낮고, 오염물질 배출이 많은 경공업 중심이었고, 하이테크 산업은 거의 없었다. 따라서 이 계획은 중국 제조업에서 '중국 창조'로, 중국 속도에서 '중국 품질'로, 중국 제품에서 '중국 브랜드'로 세 가지 주요 전환을 실현하겠다는 목표를 잡았다.

세부적으로도 가장 합리적인 방식을 찾기 시작했다. 우선 '혁신 드라이브'라는 방향을 우선적으로 설정했다. 이를 위해 정부는 제도적 환경을 개선했다. 또 분야와 업종을 초월한 협업을 추진했고, 정부는 다양한 기업이 같이 쓸 수 있는 기초 기술을 개발하는데, 엄청난 자금을 쏟아부었다. 배터리, 반도체가 대표적인 사례로 짧은 시간 안에 미국, 일본, 한국, 독일 등과의 기술격차를 해결해 갔다. 제조 현장에는 디지털화, 네트워크화, 지능화를 진행했다. 당연히 AI, 로봇이 제조업 현장 곳곳에 도입됐다.

두 번째는 품질을 내세웠다. 품질을 제조 강국 건설의 최우선으로 삼고, 기업은 품질 책임을 강화하며, 품질 기술을 선도하고 자체 브랜드 육성을 강화했다. 규정 및 표준 시스템, 품질 감독 시스템 및 선진 품질 문화 구축을 기본으로 한 것이다.

세 번째는 녹색성장(그린), 지속 가능한 발전SDG을 중요시한 것이다. 중국은 과거부터 오염국이라는 오명을 벗지 못했다. 그런데 이 계획은 에너지 절약 및 환경 보호 기술, 공정 및 장비의 홍보 및 적용을 강화하며 청정 생산을 전면적으로 추진했다. 리사이클링의 효율성을 높이며, 녹색 제조 시스템을 구축하고 생태 문명을 기치로 삼았다.

네 번째는 구조 최적화였다. 산업 구조 조정을 제조 강국 건설의 핵심 단계로 삼고, 첨단 제조업을 적극적으로 발전시키며, 전통 산업을 변화시켜 생산형 제조에서 서비스형 제조로의 전환을 추진했다. 산업 공간 배치를 최적화하고, 핵심 경쟁력을 갖춘 산업 클러스터 및 기업 그룹을 육성하며 품질 및 효율성을 향상시켰다.

다섯 번째는 인재에 대한 투자를 게을리하지 않았다. 인재를 제조 강국 건설의 근본으로 삼고, 과학적이고 합리적인 인재 선발, 채용, 양성 메커니즘을 구축하여 제조업 발전에 절실히 필요한 전문 기술 인재, 경영 관리 인재를 신속히 양성했다. 벤처 창업과 벤처 혁신의 분위기를 조성하고, 품질의 합리적인 구조를 가진 제조업 인재팀을 구성하여 인재가 주도할 수 있는 분위기를 만들었다.

'중국제조 2025'가 핵심으로 내세운 산업은 차세대 정보 기술 산업, 고급 CNC 공작 기계 및 로봇, 항공 우주 장비, 해양 공학 장비 및 첨단 선박, 첨단 철도 교통 장비, 에너지 절약 및 신에너지 자동차, 전력 장비, 농업 기계 장비, 신소재, 바이오 의약 및 고성능 의료 기기 등 10개의 핵심 분야다.

그리고 그 목표 연도가 2025년인 올해다. 상황은 어떻게 됐을까. 이 프로젝트를 발표한 지 10년이 된 시기에 게제된 조선일보 특집기사를 보면 무서우리만큼 그 성과는 뚜렷하다.(2025.05.27)

하이브리드차를 포함한 전기차 시장에서 중국의 세계 점유율은 70%이고, 배터리는 60%로 절대적 1위다. 전기차는 강자인 BYD는 물론이고, 샤오미 등도 뛰어들어 기술로 자국 기업끼리 시장을 리드한다. 갑자기 성장한 배터리 회사 CATL은 기아 EV5나 니로에 배터리를 납품한다.

2018년 전략 기술로 추가된 인공지능AI에서는 전통의 강자 바이두와 신흥강자 딥시크 등이 경쟁한다. 중국 검색엔진을 주도하던 바이두를 추격할 기업이 나타나기 힘들어 보였지만, 저장대학 출신들이 만든 딥시크는 순식간에 세계를 경악시켰다. 앞으로 딥시크의 잠재력이 적지 않다는 것도 미래를 다양하게 만든다. 바이두는 인공지능과 자율주행차를 결합하는 작업도 하고 있다. 이미 중국 대도시에서는 자율택시를 운영하고, 자율버스도 상용화한 만큼 이 기술이 어디까지 확대될지는 아무도 모른다.

고속철도는 이미 세계를 주도하는 상황이다. 고속철도는 기준에 따라서 표준이 다를 수 있지만 중국은 시속 250km로 상용 운영하는 것을 고속철도로 본다. 그렇게 봤을 때 2024년 말 세계에 있는 고속철도는 총 6만 5,000km 정도다. 그중 중국은 4만 8,000km를 차지해 세계시장 점유율이 74% 정도다. 이 총길이는 KTX와 SRT도 포함된 수치다. 이 부분은 17만 명의 직원을 두고, 지난해 매출 345억2000만 달러를 기록한 중처그룹(中车集团, CRRC)이 주도한다.

로봇은 세계 산업용 로봇 시장의 30% 정도를 주도한다. 이제는 흔해진 중국의 로봇 마라톤, 격투기 대회에서 볼 수 있듯이 내부 경쟁 단계에 접어들었다. 과거 중국의 인건비가 올라가면 시장 경쟁력이 약화될 거라는 우려는 로봇과 인공지능이 결합하면서 사라졌다. 오히려 일자리가 없어서 실업문제를 고민하는 상황이다.

세계시장에서 태양광은 85%, 풍력 발전은 60% 이상을 차지한다. 태양광은 셀, 모듈, 잉곳 등 모든 분야에서 세계를 주도한다. 풍력도 블레이드, 터빈, 발전기 등 핵심 부품의 생산 능력이 각각 전 세계의 64%, 80%, 73%를 차지한다.

화웨이가 주도하는 5G통신은 세계 시장의 60%를 차지한다. 결국 6G도 비슷한 방향으로 가는데, 크게 다르지 않다. 결과적으로 향후 세계 이동통신을 주도할 경우에 나타날 수 있는 문제를 고민해야 할 것으로 보인다.

DJI가 주도하는 드론 시장은 80% 이상을 차지한다. 드론은 이제 농업 등 산업뿐만 아니라 군사 방면으로도 가장 많이 활용되는 산업이다. 드론의 비밀 운영을 위해서는 위성항법장치가 연결되어야 하는데, 중국은 베이더우北斗라는 자체 GPS망이 있기 때문에 경쟁력이 더 강하다.

상대적으로 반도체 시장에서는 설계 업체(팹리스)가 설계한 반도체를 위탁받아 생산하는 파운드리에서만 6%를 차지해 낮은 비중이다. 가장 큰 원인은 미국의 주도로 중간 설비의 중국 판매를 막았기 때문이다. 중국은 이런 상황에서 SMIC와 화홍 반도체 등을 중심으로 급속한 성장을 해가고 있다. 랜드플래시, D램 등 세계 메모리 반도체 시장은 삼성, SK하이닉스 등이 주도한다. 다만 중국기업들도 2025년 상반기에 세계시장 규모 20%까지 차지할 만큼 약진했다. 중국은 자국의 반도체 기업을 육성하기 위해 단계별로 자국산의 비중을 높이면서 기술력을 쌓아가고 있다.

이런 상황을 분석하면 결국 중국은 올해로 목표한 '중국제조 2025'를 달성했다고 해도 과언이 아니다. 한국으로서 가장 큰 문제는 과거 중국과 시장을 나눠 가진 분야도 빼앗길 수 있다는 것이다. 가령 태양광, 해상풍력도 지금으로서는 중국에 경쟁력을 갖기 쉽지 않은 분야다.

과거 중국산 자동차에 대한 불신이 있었지만, 최근에는 BYD 전기차 씰SEAL 등의 신모델은 관심이 올라가고 있다. 중국에서 선풍적인 인기를 끌고 있는 샤오미 전기차가 국내에 수입될 경우 아직 제대로 형성되지 않은 국내 전기차 시장 판도에도 큰 파장을 줄 것으로 보인다.

중국 제조 2025 핵심 산업 및 성과
글로벌 시장 점유율은 추정치

신에너지차
(전기차 및 전기차용 배터리)

세계 시장 점유율
전기차(하이브리드차 포함): 70%, 배터리: 60%(1위)

대표 기업 BYD(전기차),CATL(배터리)

차세대정보기술
(반도체·태양광)

세계 시장 점유율
파운드리: 6%, 태양광: 85%(1위), 5G통신: 60%

대표 기업 SMIC, 창신메모리, 창장메모리, JCET,
화웨이, 론지솔라

인공지능(AI)
※2018년 전략 기술로 추가

세계 시장 점유율 AI: 20%

대표 기업 알리바바·딥시크·바이두

첨단 선박·해양설비

세계 시장 점유율 조선: 56%(1위,완공 물량 기준)

대표 기업 CSSC

바이오의약·의료기기

세계 시장 점유율 백신: 10%

대표 기업 시노팜·CanSino

농기계

세계 시장 점유율 농업기계: 5~6%

대표 기업 YTO그룹·Lovol

선진 교통시설(고속철도)

세계 시장 점유율 고속철도: 50% 이상(1위)

대표 기업 CRRC

전력 장비

세계 시장 점유율 HVDC 송전 장비: 80% 이상(1위)

대표 기업 국가전력망공사

로봇

세계 시장 점유율 산업용 로봇: 30%

대표 기업 ESTUN·유비테크·유니트리

신소재

세계 시장 점유율 특수강: 12%(1위)

대표 기업 바오우스틸

항공우주장비(민항기·드론)

세계 시장 점유율
여객기: 6%, 드론: 80% 이상(1위)

대표 기업 COMAC(상용 항공기), DJI(드론)

출처: 조선일보, '2025년 제조업 석권"... 10년 전 그 위협, 현실 됐다.'
(2025.05.27)

과학기술:
중국 과학기술의 수준은 얼마만큼일까

세계 과학기술 발전공헌도를 평가하는 지표 중 하나인 글로벌 과학저널 네이처의 '네이처 인덱스' 대학 순위는 해마다 충격을 주는 것 중에 하나다. 가장 큰 이유는 중국의 독주를 예측할 수 없기 때문이다.

이 순위는 과학저널 네이처Nature가 2016년부터 국제 유력 학술지에 발표된 논문들을 바탕으로 발표한 연구기관 순위다. 대학뿐만 아니라 연구소와 같은 정부출연, 사기업, 병원, NGO 연구기관 또한 순위에 포함된다. 국제 유력 학술지 146개에 발표한 논문 기여도, 공저자 수, 학문 분야별 가중치 등을 분석해 연구 성과를 수치로 변환하여 발표하는 것으로, 자연과학 분야에서는 가장 권위 있고 객관적인 지표로 평가된다.

중국은 2025년 순위에서 32,121.81점으로 1등을 차지했다. 22,082.59점인 미국이 2등이었고, 우리나라는 2,017.95점으로 7등이었다. 중국은 2024년 처음 미국을 역전한 이후 격차를 벌리고 있다.

세계 교육기관 순위에서도 중국이 싹쓸이했다. 1등은 하버드 대학교였지만, 2등부터 11등까지는 중국 대학이었다. 중국과학기술대학이 2위, 저장대학이 3위, 베이징대학이 4위, 중국과학원대학이 5위, 칭화대학이 6위 등의 순이었다. 이 순위에서 도쿄대가 20위였고, 서울대는 51위, 카이스트는 73위였다.

기초과학에서 역량은 미래 과학기술의 잠재력을 미리 볼 수 있다는 점에서 충격적인 결과다. 이런 결과는 하루아침에 발생한 것은 아니다. KBS 다큐 '인재전쟁'에서 보여주듯이 중국의 엘리트가 이공계를 향하는 데 반해 의대를 향하는 한국 교육이 빚어낸 결과이기도 하다.

국가별 과학기술 및 혁신 경쟁력을 '네이처 인덱스'로만 규정할 수 없다. 상대적으로 2024년 글로벌 혁신지수Global Innovation

Index, GII는 스위스Switzerland, 스웨덴Sweden, 미국United States 순이었다. 11위인 중국에 비해 한국은 6위로 높았다.

미래 가장 중요한 화두인 AI 투자 및 혁신 경쟁력 규모에서는 미국이 민간 $109 B(2013~2024, 총 $471 B), 정부 약 $328 B(2019~2023)로 1위였고, 중국: 민간 $119 B, 정부 $133 B(같은 기간)로 2위였다.

추세로 본다면 스위스가 GII 1위를 차지해 강력한 연구 및 혁신 생태계 중심을 갖고 있다면, 스웨덴이나 미국은 상위권 혁신국으로서 글로벌 경쟁력을 유지하고 있다. 중국은 GII 11위지만 다수의 혁신 클러스터를 보유하고, AI 및 첨단 분야를 전략적으로 확대하고 있다.

이런 흐름은 향후 어떻게 바뀔 것인지가 가장 관심사다. 필자가 가장 주목하는 것은 중국은 기초과학뿐만 아니라 우주항공 등에서도 독보적인 세계를 구축하고 있다는 점이다. 사실 우주전쟁을 위해서 가장 필요한 것은 우주정거장과 글로벌 포지셔닝 시스템GPS이다.

우리나라는 지금까지 이 부분에서 미국이 구축한 생태계를 이용해 왔다. 하지만 중국은 이미 우주정거장에서 세계를 리드하는 국가다. 세계는 지금까지 국제우주정거장ISS을 주축으로 활동해 왔다. 이 정거장은 미국, 러시아, 유럽, 일본, 캐나다 등 11개국이 협력해 건설한 인류 최초의 다국적 우주정거장으로, 1998년 첫 모듈 발사 이후 현재까지 운영 중이다. 원래 수명은 이미 다한 2024년까지지만 연장해 사용 후 2030년 말에 남태평양 '포인트 네모'에 수장될 예정이다. 이를 대비해 2030년대 초반 민간 우주정거장 건설을 목표로 NASA가 블루오리진 등의 기업과 협력 중이지만 확신할 수 없다.

반면에 중국은 2022년 독자 우주정거장 '톈궁天宮'을 완공하며 ISS에서 독립했다. 중국 우주정거장의 궤도 높이는 400~450킬로미터이며, 경사각은 42~43도이고, 설계 수명은 10년이었다. 이후 지속적으로 우주선을 발사해 2022년 12월 31일에 시진핑이 우주정거장 완성을 선언하기도 했다. 2025년 4월 24일에는 선저우 20호 유인 우주선을 탑재한 창정 2호 F 요20 운반 로켓이 주취안 위성 발사 센터에서 발사되어, 중국 우주정거장에 성공적으로 진입했다.

2024년 10월 15일, 중국 국무원 신문판공실은 기자회견을 통해 《국가 우주과학 중장기 발전 계획(2024-2050년)》을 발표했다.

톈궁 중국이 독자적으로 운영하는 우주정거장 톈궁 구조도

2035년까지 중국 우주정거장을 계속 운영하고, 유인 달 탐사, 달 연구 기지 등의 과학 임무를 진행하며, 약 15개의 우주과학 위성 임무를 진행해 이 분야에서 세계를 선도하겠다는 입장이다.

아직 확실한 우주 전략을 내놓지 못한 미국 등으로서는 중국 을 지켜볼 수밖에 없는 상황이다.

우주기술에 못지않게 중요한 게 글로벌 포지셔닝 시스템GPS이 다. GPS는 일상에서 이동전화부터 공유자전거까지 위치를 규정해 주는 필수 장치다. 물론 군사적으로도 미사일이나 드론의 위치를 규정하는 만큼 GPS의 보유 여부는 전략적으로 중요할 수밖에 없다.

중국은 자체 GPS인 '베이더우 위성 네비게이션시스템(北斗卫星导航系统 약칭 베이더우)'을 이미 구축했다. 중국은 2000년 말, 베이더우 1호 시스템을 구축하여 중국에 서비스를 제공했고, 2012년 말에는 베이더우 2호 시스템을 구축하여 아태 지역에 서비스를 제공했으며, 2020년에는 베이더우 3호 시스템을 구축하여 전 세계에 서비스하고 있다. 베이더우는 글로벌 위성항법시스템으로 전 세계 사용자에게 전천후, 고정밀 위치, 항법 및 시각 서비스를 제공한다. 베이더우는 교통 운송, 농림어업, 수문 모니터링, 기상 관측, 통신 시간 제공, 전력 조정, 재난 구호 및 경감, 공공 안전 등의 분야에서 많은 성과를 내고 있다. 이 시스템을 바탕으로 전자상거래, 모바일 스마트 단말기 제조, 위치 서비스 등이 가능해졌고, 공유 경제, 자율주행차 등도 구축한다. 30개의 위성으로 구성된 베이더우는 전 세계 사용자에게 무료로 서비스를 제공하는데, 2035년까지 수준을 업그레이드할 예정이다. 결과적으로 이 시스템은 국제 이동의 중심 데이터가 된다. 이미 137개국에서 베이더우 위성 항법 시스템과 협력 협약을 체결한 만큼 중국의 관련 영향력은 커질 수 있다는 것이다.

결국 세계는 GPS에서도 미국이 주도하는 GPS나 중국의 베이더우, 러시아(GLONASS), EU(GALILEO)의 시스템 중에 선택해야 하는데, 지금으로서는 미국과 중국의 서비스에 손을 드는 입장이다. 위성 항법 시스템이 지속적으로 작용하기 위해서는 30개의 위성을 안정적으로 관리해야 하는데, 이를 담보할 나라가 많지 않기 때문이다.

이런 상황들은 결국 미중 헤게모니 경쟁에서 한국에게도 다시 선택의 문제를 강요할 수 있다는 점에서 위험하다. 반면에 한국의 전략적 가치가 있기 때문에 두 나라를 잘 연결하는 것도 한국의 몫이 될 수 있다.

일대일로:
일대일로는 정말 실체가 없나

일대일로一帶一路, One Belt One Road가 나왔을 때, 그 의미를 잘 읽지 못했다. 하지만 시간이 지나면서 무릎을 칠 수밖에 없었다.

일대일로는 누가 뭐라고 해도 시진핑이 내세운 전략이다. 2013년 국가주석에 오른 시진핑은 '21세기판 해상 실크로드21世紀海上丝绸之路' 등의 별칭으로 이 프로젝트를 발표했고, 2015년에는 마스터플랜을 내놓는 한편 '일대일로 건설 지도자팀一带一路建设工作领导小组'도 시작했다.

필자가 시간이 지날수록 이 계획에 놀란 것은 이후 벌어진 미국의 중국 봉쇄 전략과도 맞닿아있다. 미국은 트럼프가 45대 대통령으로 취임한 2017년부터 중국을 최대의 경쟁국으로 보고, 저지하려는 노력을 벌였다. 미국으로서는 그 첫 파트너가 한국, 일본, 대만 등 동아시아 국가들이었다. 만약 이 라인이 강해져 중국이 수출을 포함한 교류를 막는다면 중국은 자연스럽게 위축될 수밖에 없기 때문이다.

실제로 이런 봉쇄는 다양한 방면에서 실행됐다. 그런데 중국에게는 이미 하나의 묘수가 있었고, 그 근본이 일대일로였다.

일대일로는 말 그대로 육상과 해상으로 중국과 서쪽을 연결하는 계획이다. 육로는 중국에서 시작해 카자흐스탄, 키르기스스탄, 우즈베키스탄, 이스탄불, 모스크바를 거쳐서 독일 등 유럽을 거친 후, 이탈리아로 들어오는 길이다. 해상 실크로드는 중국 동해안에서 출발해 동남아 국가를 경유한 후 말라카해협을 지나서 인도, 스리랑카를 거쳐 케냐 나이로비를 지난 후 수에즈 운하를 통과해 이탈리아로 들어간다. 결과적으로 이 길에서 벗어나는 지역은 아메리카와 오세아니아밖에 없다. 이 길의 주변국들은 자의적으로 들어올 수 있게 문을 열었고, 한국이나 일본도 중국과 연장선에서 포함될 수 있게 했다.

여기에 말레이시아 옆에 있는 말라카해협이 불편할 것을 대비해 중국 신장에서 파키스탄 과다르항瓜达尔港으로 이어지는 라인도 건설했다. 3,000킬로미터에 달하는 이 라인은 중파경제주랑中巴经济走廊으로 불리는데, 이 길은 도로, 철도, 석유, 가스 및 광케이블 통로를 포함한 무역 회랑이다.

중국은 이 길을 열기 위해 파키스탄에 수력, 풍력, 태양광, 원자력 발전 인프라를 건설하고, 1만 2,400메가와트의 발전 능력을 제공한다. 물론 이 프로젝트는 불안전한 파키스탄의 국내 상황으로 인해 많은 어려움이 있지만, 실질적인 가동을 시작하면서 중국과 인도양을 곧바로 연결하고 있다. 과다르항에서는 중동의 오만이 직선거리로 400킬로미터 떨어져 있고, 사우디 담맘 등도 1,200킬로미터에 있다. 중동에서 석유 등 자원을 가져오고, 자국의 물품을 수출하는데, 최적의 경로가 될 수 있다.

여기에 중국은 '중국-아프리카 협력 포럼中非合作论坛 FOCAC'을 이 개념에 연결시키고 있다. 필자가 중국에 있던 2000년대 초반에 중국 대학에 갑자기 아프리카 출신 유학생들이 늘기 시작했다. 2000년에 시작한 이 포럼은 처음에는 아프리카 53개국간 장관급회담이었다. 하지만 2006년에는 지도자급과 장관급을 같이 하는 방식으로 격상됐다. 2006년 베이징에서 그 행사가 치러졌는데, 아프리카 53개 대통령이 모두 참석하면서 도시 전체가 들썪였다. 이 흐름과 맞물려 다양한 국적의 아프리카 출신 유학생들이 중국에 들어오기 시작했다. 이들은 공대 등 실용적인 분야를 중심으로 중국에 와서 공부를 시작했고, 지금은 각 나라에서 실무자로 활동하는 만큼 무시할 수 없는 흐름을 준 것이다.

결국 일대일로는 국내 언론에서 보도하듯이 부분적으로 어려움도 있지만 미국이 중국의 동쪽을 봉쇄할 때, 살아가는 중요한 역할을 했다.

2023년, 이 사업이 시작된 지 10년 만에 150개 이상의 국가와 30개 이상의 국제기구가 동참했다. 그때까지 중국과 협력 국가 간 연 수출입 총액은 21조 달러를 넘었으며, 협력 국가에 대한 직접 투자는 누적 2,700억 달러를 넘었다.

필자가 이 길을 직접 느낀 것은 2017년 경기문화재단과 경기일보가 진행한 '경기 새천년 유라시아 횡단열차 탐사'의 진행을 맡으면서다. 그해 7월 3일 배로 평택항을 출발해 32일 동안 중국, 카자흐스탄, 러시아, 벨라루스, 독일, 프랑스, 스페인을 철도로만 이동한 후 포르투갈 리스본에서 항공으로 나오는 여정이었다. 총 길이는 1만 4천여 킬로미터였다. 필자는 수많은 점을 고려해 철도표와 호텔 등을 예약했다. 각 현지 전문가를 연결했고, 필자가

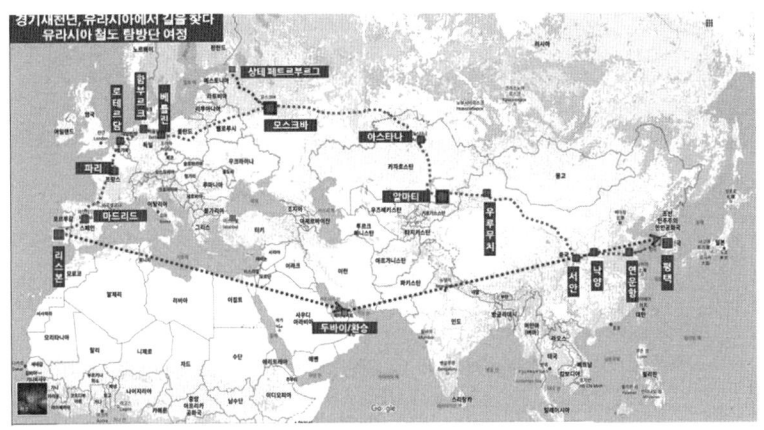

여정 시작부터 카자흐스탄까지의 안내를 맡았다.

　이 여정의 기록을 맡았던 신춘호 피디는 "투루판역 광장에 모택동이 이슬람권 노인들과 악수하는 장면이 걸려 있다. 맞은편에는 시진핑이 위구르 어린이들과 사진 찍은 것이 붙어 있다. 과거에는 민심을 얻기 위해 노인과 찍은 사진을, 지금은 중국이 미래세대 이 지역까지 포용해 나가겠다는 의미를 담은 것으로 봤다. 이런 것을 직접 볼 수 있는 기회가 청년층에 확대돼야 한다. 중국이 일대일로를 통해 영역을 확대해 나가고 있는 가운데 우리 역할을 찾아 나가야 하는 시점이다. 재계나 재단, 언론, 학자 등 각자 역할에 대해 앞으로 고민이 필요하다."

놀라운 것은 중국인들도 그런 미래를 미리 예감하고 있던 것이다. 기차의 시작점인 롄윈강에서 택시를 탔을 때 기사는 조롱하는 어투로 "미국 때문에 꼼짝 못 하지?"라는 말을 했다. 중국은 도시별로도 이 흐름의 주도권을 잡기 위해 많은 공을 들이고 있는 게 그때부터 보였다.

롄윈강역은 스스로 일대일로 출발점이라는 표시를 해두고 그것을 기념하고 있었다. 관심은 따리엔, 톈진, 옌타이, 웨이하이, 상하이 등 동쪽에서 기차가 시작되면 다 같은 흐름이다. 내륙 도시는 스스로가 거점이라는 인식이 강했다. 정저우시에 있는 일대일로 부서를 만났을 때는 정저우시가 거점 도시였고, 시안시를 만났을 때는 시안이 거점이라는 자부심이 강했다.

과거 중원의 중심도시였던 정저우나 실크로드 시대의 출발점인 장안이었던 시안도 당연히 그 자격을 가진 도시다. 우리가 변경 지대인 신장 호르고스에서 본 느낌은 더 강했다. 호르고스霍尔果斯는 중국에서 카자흐스탄 알마티로 넘어갈 때 만나는 국경무역지다.

호르고스는 新실크로드 경제벨트 중심지 중 하나다. 중국과 카자흐스탄 두 나라의 국경 사이 사막과 황무지뿐인 곳에 신기

중국은 있다

루처럼 만들어진 도시가 호르고스이다. 카자흐스탄과 중국이 공동으로 개발하고 있는 곳으로 이미 많은 건물이 면세점을 운영하고 있고, 또 여전히 많은 건물을 건축 중이다. 중국어와 러시아어가 섞여 있고, 경제자유구역 중간에 국경을 상징하는 선은 있지만 아무런 제약 없이 차와 사람들이 오간다. 호르고스는 국경의 오아시스다. 실크로드의 오아시스처럼 사람들이 모여서 물건을 사고팔고 다시 자기 갈 길을 간다. 중국대륙을 거쳐 온 많은 제품이 중앙아시아 곳곳으로 퍼져 나가는 곳이고, 한국상품도 그곳에서 한 자리를 차지하고 있다.

그간 우리 언론은 일대일로가 약소국들의 인프라 건설을 통해 중국이 그 나라들의 지배력을 높이고, 인력 진출을 통해 시장을 장악하는 데만 집중했다. 유튜브에서 '일대일로'를 검색하면 '망해가는 시진핑의 세계 정복 프로젝트, 빚더미에 쌓인 아시아 일대일로' 같은 제목의 부정적 전달 내용이 가장 중심을 차지하고 있다.

개인도 그렇지만, 국가도 아무것도 하지 않으면, 아무 일도 일어나지 않는다. 하지만 어떤 행위를 하면 위험도 있지만 기회도 생길 수 있다. 중국의 일대일로는 큰 모험이다. 중국이 세계 경제 무대로 얼굴을 드러낸 시기는 2001년 WTO에 가입한 이후다. 수

천조 원의 재원이 들어가는 일대일로 프로젝트는 위험할 수밖에 없지만 중국이 처음으로 중원의 위치에 연연하지 않고, 세계로 나가려는 거대한 프로젝트이기도 하다. EU에서 중국으로 수출할 수 있는 물품은 많지 않은 반면, 전기차, 태양광, 풍력은 물론이고 드론, 통신까지 중국산이 시장을 장악하고 있기 때문이다. 한국만큼은 아니지만 EU에서 중국에 대한 부정적인 여론도 높아지고 있다. 아프리카 역시 비슷한 흐름이 있다. 중국으로서는 EU와 협력해 제3시장을 개척하는 방안도 있지만, 이 역시 쉽지 않다. 이미 중국에 진출한 독일, 프랑스 등 EU 국가들의 사업체들도 상황이 좋지는 않기 때문이다.

지속가능성:
환경문제에 해답이 나올 수 있는가

　　우리나라 사람들이 가진 중국에 대한 부정적인 이미지의 상당 부분은 '황사'나 '미세먼지'라는 단어로 시작된다.

　　다이시지에 소설 〈세 중국인의 삶〉 속 「저수지의 보가트」나 「산을 뚫는 갑옷」 속 주인공은 최악의 폐기물 환경에서 살아간다. 「저수지의 보가트」에서 어머니는 전자제품 재활용 공장 노동자로, '나'는 어머니가 폐기물 사이에 피어난 우중충한 꽃 같다고 생각한다. 하루는 건망증이 심해져 병원에 간 어머니가 납중독이라는 진단을 받는다. 길을 잃거나 새벽에 밖을 돌아다니는 등 증세가 점점 심해지던 어머니는 몇 달 뒤 운동화 한 짝만 남기고 실종된다. '나'는 한밤중에 저수지에 총을 내던지는 아버지를 목격하고 그가 범인이라 확신하여 다른 지역으로 도망친다. 그로 부터 몇 년 후, 오랜만에 고향을 찾은 '나'는 믿을 수 없는 진실과 마주한다. 작가는 그들의 지역을 이렇게 설명한다.

"그들이 살고 있는 귀도가 전자제품 폐기물 재활용장으로 변해버린 이후 상황은 급속히 악화되었다. 섬에서 쌀농사가 불가능해지고 채소라 할 만한 것은 전혀 자라지 않게 되자 그녀는 곡괭이도, 쇠스랑도, 삽도, 쇠갈퀴의 갈고리도, 쟁기 보습도, 그 어떤 농기구도 팔 수 없었다."

이 소설만이 아니다. 위화의 소설 〈형제〉에도 수많은 폐기물을 통해 산업의 초기를 만들어 가는 중국이 보인다.

때문에 중국의 미래를 예측할 때 부정적으로 보는 논리 중의 하나가 오염되어 버린 중국 땅 문제를 꼽는다. 사실이다. 2014년 중국환경보호부와 국토안전부가 공동으로 발표한 '전국 토양오염현황조사공보'에 따르면 전체 959만km² 중 경작 가능 면적은 135만km²인데, 그중 26만km²가 심각하게 오염되어 있다고 봤다. 경작면적의 19.3%지만, 이미 식량 부족 국가에 접어든 중국으로는 심각한 상황이다. 주요 오염원은 카드뮴, 니켈, 비소, 수은, 납 등 중금속이었다.

중국은 이런 문제를 해결해 낼 수 있을까. 나는 충분히 가능하고, 관련해 한국에도 기회가 있다고 생각한다.

중국이 토양 문제를 해결해 나갈 것으로 보는 가장 이유는 답이 있기 때문이다. 토양 오염의 원인은 크게 3가지 정도로 본다. 첫 번째 원인은 중금속 오염이다. 2002~2013까지 후난성을 놀라게 했던 카드뮴 오염 쌀 사건이 그 예다. 후난성湖南省, 광둥성廣東省 등에서 채취한 쌀에서 카드뮴이 기준치의 2~3배 검출됐는데, 원인은 인근 광산업과 금속 제련 공정에서 배출된 오염물질이 토양에 축적된 결과였다. '카드뮴 쌀鎘大米' 파동으로 불리며 사회적 파장이 컸다. 카드뮴은 1956년경 일본에서 발생한 '이따이이따이병'처럼 고통을 유발하는 질병이다. 중국에서는 2008년 이후 쓰촨 더양德阳, 광시 양수오阳朔, 광둥 따바오산大宝山, 후난 펑황凤凰, 후난 주저우株洲, 저지앙 수이창遂昌, 저지앙 리수이丽水 등에서 카드뮴 관련 사고가 보고됐다. 이 밖에도 2014년에는 윈난성 구리 광산 주변 토양에서 구리, 납, 아연, 비소 등이 다량 검출되었고, 주민 건강에도 영향을 준 것으로 보인다.

겨울철 비가 내릴 때 중국 경공업 지역인 저지앙 샤오싱绍兴, 성저우嵊州, 지아싱嘉兴 등을 여행하다 보면 토양 오염에 대한 걱정이 생길 수밖에 없다. 공장에서 뿜어내는 매연이 비와 섞여서 그대로 대지를 적시기 때문이다. 다행히 오염도가 나아지고 있다고는 하지만 100여 년간 축적된 오염물은 토양을 점령했다고 해도 과언이 아니다. 이런 토양은 토질 개선을 통해 나아질 수 있지만 근본적인 해결은 쉽지 않은 문제가 있다.

두 번째는 농약과 화학물질 등에 의한 오염이다. 허베이성 농약 공장 사건이 단적인 예다. 장기간 불법으로 농약 원료와 폐기물을 땅에 매립해 토양을 오염시켰다. 결과적으로 인근 농지와 지하수에서 농약 잔류물이 고농도로 발견됐고, 작물 생육 저하와 암 발병률 상승이 보고됐다. 지앙수성江蘇省 화학공업단지 사건도 마찬가지다. 다량의 화학 폐수와 슬러지(오염 물질이 남아 있는 진흙)를 불법 매립해 토양 오염 및 인근 강 하류 생태계 피해를 가져왔다.

이런 중대한 사건 외에도 농업 활동이 계속됨에 따라 경작층이 점차 얕아지는 문제가 발생한다. 경작층은 토양에서 가장 활동적이고 영양소가 풍부한 부분이며, 그 깊이는 작물의 성장과 수확량에 직접적인 영향을 미친다. 그러나 과도한 경작, 유기질 비료 투입 부족과 불합리한 관리 조치는 경작층을 얕게 만들어 토양 비옥도와 작물 성장에 영향을 미친다. 장기간의 심경 및 심토 부족과 빈번한 기계 경작의 압착 및 짓밟힘의 영향으로 경작지 토양의 경작층은 원래 20~30cm에서 약 15cm로 점차 감소한다. 이 높이에서는 차단층이 생겨서 토양에서 수분, 영양소 및 공기의 원활한 작동을 심각하게 방해하고 작물 뿌리의 깊은 뿌리내림 및 확장을 제한한다. 그 결과 토양 수분 저장 능력이 감소하고 가뭄 저항성이 약화되어 토양 영양소의 유효성과 작물의 영양 상태에 영향을 미친다. 중국 정부는 이 문제를 해결하기 위해 역시 대대적으로 토양 정화 작업을 하고 있다.

세 번째는 산업폐기물 및 불법 매립이 원인이다. 광둥, 구이저우 등 상당수 지역에서 불법 전자폐기물 해체 과정에서 납, 크롬, 카드뮴 등이 토양에 축적되어, 어린이 혈중 납 농도가 심각하게 높아지는 '혈납血铅' 사건이 발생했다.

'혈납 사건'은 끝나지 않은 사건이지만 점차 개선되는 상황이다. 이 용어가 일반화된 것은 2009년 8월 쿤밍昆明 동추안취东川区에서 200여 명의 아동에게서 납이 검출되어, 정부가 치료한 것부터 시작되었고, 그간 16건 이상이 보고되었다. 2025년 7월에도 깐수성 톈수이天水 마아즈취麦积区에서 유치원생 233명에게 이상 납중독이 발생했다. 당국은 음식의 문제로 파악해 6명을 체포하는 등 조치를 취하기도 했다.

2015년 중국 전역을 흔들었던 톈진天津 항구 폭발 사고로도 대량의 시안화합물이 누출되어 토양 등에 축적됐다. 결과적으로 장기적인 복원 작업을 하고 있다.

중국 정부는 2024년 11월 환경부 등 7개 부서가 공동으로 《토양오염원 방지 및 통제를 위한 행동계획土壤污染源头防控行动计划》을 발표했다. 생태환경부生态环境部가 중심이지만 발개위国家发展改革委, 공업정보화부工业和信息化部, 재정부财政部 등을 총괄하는 프로젝트다. 중국 정부는 토양 오염의 사전 예방, 과정 관리, 최종 처리 비용을 감안할 때 1:10:100의 기하급수적인 증가를 보인다는 것을 주목했다. 그래서 원천 방제가 최선의 경로라는 것을 파악했다. 2027년을 우선 도달 목표로 설정한 이 계획이 실현될 경우 중국 토지 오염도 새로운 전환의 계기가 될 것으로 보인다.

한국은 물처리 기술이나 토양 처리 등에서 상당한 수준을 이룬 나라로 알려졌다. 한중간은 그간 황사, 미세먼지 등 대기오염 분야에서의 협력만을 중시했다. 이런 협력을 토양이나 물 등으로 확장할 필요가 있다.

중국에서 미세먼지에 경종을 울린 이는 방송진행자 차이징柴静이다. 1976년 산시성 린펀临汾 출신인 차이징은 2015년 대기오염 심층 다큐 '차이징 심층조사, 돔 아래에서柴静调查：穹顶之下'를

차이징 심층조사 방송인 차이징이 자비로 만든 환경 다큐
'돔 아래에서' 포스터

보도해 큰 반향을 일으켰다.

차이징은 2014년 초, 임신 중일 때 뱃속에 있는 아이가 양성 종양 진단을 받았다. 태어난 아이를 돌보는 과정에서 차이징은 미세먼지에 대한 의심이 높아졌다. 자비 100만 위안으로 1년에

175일 동안 미세먼지에 쌓인 베이징을 취재했고, 국제 전문가 그룹을 취재해 이 다큐는 큰 반향을 일으켰다.

중국 정부는 2014년 대기오염과의 전쟁을 선포했다. 베이징시는 매년 초미세먼지 농도를 공포하며 관리해 왔다. 미세먼지를 줄이기 위해 베이징 교외 농촌지역에서 석탄연료의 전환을 빠르게 해냈다. 근교 공장들도 동부 해안으로 이주시켰다. 이주시켰고, 이주 후에도 오염 감독을 철저히 했다. 기존 화석연료차를 전기차로 바꾼 것도 주효했다. 2024년은 중국 승용차 시장에서 전기차 점유율이 처음으로 50%를 돌파한 해다.

그로부터 10년이 지난 베이징은 달라졌다. 베이징시 생태환경국이 밝힌 2024년 대기질 우량일 수(대기질이 국제 표준에 도달한 날·초미세먼지 75$\mu g/m^3$ 이하를 의미)는 290일을 기록했다. 1년 중 79.2%에 해당하며, 기상 모니터링을 시작한 이래 최고치를 경신하고 있다. 심각한 대기오염 발생일 수는 2013년 58일이었지만, 2024년에는 2일이었다.

미세먼지 문제를 해결한 것은 중국에 중요한 기억으로 남을 수밖에 없다. 국민소득이 올라가면서 당연히 삶의 질 문제가 대두된다. 베이징뿐만 아니라 선양, 충칭 등 전통적인 공업도시들도 베이징의 사례를 따라가고 있다.

25년 여름 무란웨이창으로 갔을 때, 일행은 장작불을 두고 벌이는 캠프파이어를 생각하고, 저녁에 마당으로 몰려갔다. 그런데 마당의 중간에는 화톳불 대신에 붉은 조명이 가운데에 자리하고, 위로 드라이아이스 연기가 피어나고 있었다. 외진 몽골에서조차 대기오염을 얼마나 강하게 통제하는지 알 수 있는 자리였다. 기분은 별로였지만, 이 역시 환경대책이라는 생각에 일행은 즐겁게 같이 자리할 수 있었다.

감시국가:
우주에서 땅까지
중국이 못 볼 것은 없다

1999년 9월에 중국으로 거주처를 옮겼다. 타고난 역마살이 있어서 중국을 참 많이도 다녔다. 간 지 1년 만에 KBS '세계는 지금' 영상통신원으로 활동하며 중국을 더 넓게 보는 방식으로 활용했다. 당시 건설 중이던 산샤댐三峽大坝에는 가능하면 매년 방문하기 위해 아이템을 찾곤 했다. 수몰 직전에 굴원(屈原 BC340~278년)의 고향 즈구이秭歸에서 열린 용주龍舟 경기를 취재하기도 했고, 산샤 주민의 귀향을 동행하는 방송을 진행하기도 했다. 2005년 무렵에는 산샤의 중간 지역 우샤巫峽에서 배를 내리면 반갑게 인사하는 이들이 있기도 했다. 이렇게 중국을 다니면서 안전 문제를 걱정하지 않은 것은 아니다. 하지만 난 자신하는 게 하나 있었다.

중국은 있다

"중국의 감시망이 있다면 나를 언제나 본다고 생각한다. 내가 어디로 움직이든 그들은 필요에 따라 나를 볼 수 있다. 거기에 중국 핸드폰이 있으니 더욱 쉽다. 또 중국의 감시망이 어떻게 작용하는지를 안다면 내가 중국의 눈을 벗어나는 게 얼마나 무모한 짓이라는 것을 안다. 나는 그것을 인정하고, 차라리 나를 지켜주는 장치라 생각한다."

실제로 나는 이렇게 생각했다. 물론 철저하게 중국의 역린_{逆鱗}을 건드리지는 않았다. 중국에서 역린은 1989년 톈안먼 사건이나 신장 위구르 등 소수민족 문제, 지도자에 관한 문제로 중국 사회를 위협하는 문제로 생각해 논의되는 것 자체를 금지시킨다. 필자는 이런 상황을 자체적인 문제로 생각해 가능하면 어떤 평가를 하지 않는다. 그건 다른 나라 사람으로서 기본적인 예의라고 생각했다. 가령 한국이나 북한의 역사에서 체제 문제를 두고 외국 사람들이 논평하는 것을 보며 반가워할 사람은 없기 때문이다.

하지만 어디까지 허용되는지는 아주 민감한 문제다. 실제로 필자가 중국경제신문 편집국장을 맡았던 2000년대 초반에 중국 현지에서 발행하는 한글 매체가 1989년 톈안먼 사건을 다루었다가 하루아침에 폐간되는 것을 보기도 했다. 다만 중국 정부는 외국인들이 하는 어느 정도의 일탈은 관여하지 않을 것으로 생각했다. 정식 취재비자가 없는 상태에서 중국경제신문 편집국장을 맡고, 중국 10대 매체로 꼽히는 신문과 싸우고, 현대건설 등 국내 대기업과도 시비가 붙을 수 있었던 것은 중국 권력의 탄력성을 알고 있었기 때문이다.

더욱이 오마이뉴스 등 수많은 매체에 글과 사진으로 중국을 소개하고, 다양한 방송으로 중국을 알리는 역할을 하는 내가 그들의 감시망을 벗어나는 것은 불가능하다고 생각했다. 그래서 나는 그들의 감시망을 든든한 보호망처럼 여기며 살았다.

중국은 공산주의 국가이고, 이 체제를 유지하기 위해서 가장 강력한 정보망을 가지는 것은 상식으로 생각하는 게 맞다. 국내를 주로 관장하는 공안부公安部나 국외를 관장하는 통전부统战部가 얼마나 막강한 조직인지를 익히 알고 있다.

그들이 운영하는 국가 안전 감시망을 대표하는 용어는 톈왕 프로젝트天网工程이다. 엄밀하게 말하면 톈왕은 국내 버전과 국외 버전이 있다. 국내 버전은 중국 내에 2,000만 대 이상의 고화질 CCTV를 설치해서 실시간으로 통제하는 시스템이다. 이는 중국 정부가 표방하는 CCTV 숫자일 뿐 실제로는 수억대의 카메라들이 연동되어 있다. 여기에 초고도화 된 안면인식 기술, AI기술을 접목하니 못 볼 것은 없다. 이 시스템은 안면 정보뿐만 아니라 음성, 홍채 등의 신체 정보와 출입국 정보를 결합한 만큼 중국인뿐만 아니라 외국인들의 정보도 한눈에 볼 수 있다.

광둥성 광저우시广州市의 경우 60만 대 CCTV를 활용해 2023년까지 4,630건의 형사사건을 해결했다고 밝혔고, 펑푸시蚌埠市에서는 1만 6,000대의 CCTV를 활용해 6,882건의 사건을 해결했다고 밝혔다.

톈왕 해외버전은 '중앙 반부패 조정 소조'가 2015년부터 배치한 '해외 도피 부패 피의자'를 찾아내는 감시망이다. 2024년 1월부터 11월까지 '톈왕 2024' 작전에서 도주한 1,306명을 찾아내서 검거하기도 했다.

안면인식과 AI(인공지능)를 결합하는 기술의 발전은 중국 곳곳에서 많은 변화를 주었다. 중국 정부는 기존에 신분증으로 확인하던 방식을 벗어나 안면인식으로 변화시켰다. 공항 출입국은 물론이고 관광지 입장, 모바일 결제 등을 대부분 안면인식으로 가능하도록 했다.

이런 중국의 감시망에 대한 공포를 가장 많이 드러내는 곳은 미국이다. 미국은 2018년 이후 중국의 통신기업 화웨이와 그 계열사에 대한 장비·부품 수출 제한, 통신망 배제, 금융 제재 등을 진행했는데, 가장 큰 명분은 보안·도청 위험 등 안보문제였다. 이런 우려는 일본뿐만 아니라 한국으로도 이어져 통신장비 이슈를 낳고 있다. 하지만 이미 세계 6G 시장의 상당 부분을 화웨이 등 중국기업이 주도하는 것도 현실이다. 저궤도 통신위성, 양자위성 기술에서도 중국은 뛰어난 역량을 가진 만큼 이 부분에서도 강력한 힘을 갖고 있다.

　중국의 감시기술은 우주라고 해서 다르지 않다. 중국은 2016년 축구장 30개 넓이의 세계 최대 전파망원경 톈옌天眼을 완성했다. 지름이 500m, 둘레가 1.6km에 이르는 이 망원경은 푸에르토리코에 있는 미국의 아레시보 천문대보다 2배 정도 크며, 전파수신감도도 2배 이상 높다. 이 전파망원경은 먼 천체와 은하로부터 날아오는 전파를 탐지해 지구와 비슷한 외계행성과 외계 생명체 흔적을 찾는 등 우주의 비밀을 푸는 작업에 사용되고 있다. 하지만 미국이 아레시보 망원경을 만들 때, 탄도 미사일 방어에도 활용했는데, 중국이라고 다를 리는 없다. 더욱이 2020년 아레시보 망원경이 붕괴되어, 중국이 최대 전파망원경을 가진 국가라는 데 이의를 제기할 수 있는 방법은 없다.

중국의 이런 감시망은 조지 오웰의 '1984'나 미셸 푸코의 '판옵티콘' 이론 등을 들어 많은 우려를 내고 있다. 정부의 감시 카메라 설치나 개인 정보 사용 관련 뉴스가 나올 때마다 자주 쓰는 개념인 '빅 브라더'는 '1984'에서 유래됐다. '1984'에서 주로 다루는 것은 국가, 혹은 거대 조직의 주도로 이루어지는 광범위한 통신 도감청, 일상생활 감시 및 통제, 각종 문서 검열, 역사 조작이다. 소련의 스탈린 치하에서 이루어진 국가 차원의 조직화된 광범위한 인권 탄압이 이 소설의 직접적인 모티브가 되었는데, 에셜론 프로젝트ECHELON Project로 인한 미국 NSA와 파이브 아이즈 국가 정보기관의 광범위한 유럽 모든 지역의 상업 통신 도감청 시도, 구글, 페이스북 등과 같은 각종 소셜 네트워크 서비스와 대기업들의 이용자 개인 정보 수집 및 접속 동향 감시 등으로 실현되고 있다. 중국의 '톈왕'도 그 대표작인 사례다.

문제는 스탈린의 사례처럼 이 감시의 주체가 도덕적으로 문제가 있을 때 심각해진다. 또 아무리 긍정적으로 해석한다고 해도, 감시를 즐기는 주권자는 없다. 더욱이 감시방을 운영하는 세력이 악의 세력이 된다면 이로 인한 폐해는 상상을 초월하기 때문이다.

때문에 '2001 스페이스 오디세이'(1968), '터미네이터 시리즈'(1984~), '매트릭스 시리즈'(1999~), '아이, 로봇'(2004), '엑스 마키나'(2014), '트랜센던스'(2014), '미션 임파서블: 데드 레코닝 Part One'(2023) 등은 AI와 결합된 감시자의 문제를 중요한 소재로 활용했다.

지방경제:
중국에는 한국보다 경제규모가 큰 성이 몇 개나 될까

중국에는 한국보다 더 큰 성이 있다. 이 말을 들으면 면적이나 인구를 생각할 것이다. 그렇지 않다. 지역총생산GDP에서도 한국보다 더 큰 성이 이미 2개며, 점차 그 숫자는 늘어난다.

면적으로는 대부분의 중국 성이 한국(10만km²가량)보다 크다. 한국은 홍콩, 마카오를 제외한 31개 중 25번째 크기인 저지앙(절강)과 유사하다. 면적이 가장 큰 신장은 한국보다 16배 크고, 시장과 네이멍구도 12배가량 크다. 인구로 보면 과거에는 한국과 저지앙성 인구가 비슷했는데, 저지앙의 인구가 급증해 지난해 6,670만 명을 기록해 한국보다 많아졌다.

GDP로 봤을 때도 한국보다 큰 성이 이미 2개다. 2024년 상주인구 1억 2,780만 명인 광둥성의 지난해 GDP는 14조 1,633억 8,100만 위안이다. 지금 2025년 8월 기준환율로 보면 한화 2,738조 원가량이다. 2024년 한국의 명목 GDP가 2,556조 8,574억 원이고, 실질 GDP가 2,292조 2,024억 원이니 한국보다 많다. 성별로 보면 2위가 지앙수성江苏省으로 13조 7,008억 위안이고, 산둥성山东省이 9조 8,565억 위안, 저지앙성浙江省이 9조 0130억 위안이다. 위 수치로 보면 광둥과 지앙수성은 한국을 넘어섰다고 볼 수 있고, 산둥과 저지앙은 추격하는 상황으로 볼 수 있다.

　　하지만 한국 사람들은 대부분 중국을 우리나라의 도 정도로 인식한다. 그런 인식은 지자체장이라 해서 다르지는 않다. 필자는 공무원으로 전라북도청, 국토교통부 외청인 새만금개발청, 춘천시청을 경험했다. 전라북도청의 산하기관인 새만금 군산경제자유구역청은 2010년경에 근무했고, 투자유치부터 대중국 교류에도 깊게 관여했다.

　　당시 도지사의 인식도 크게 다르지 않았다. 1992년 한중 수교를 하면서 두 나라는 성과 도별로 자매교류를 맺었다. 최우선은 지역적 대칭성이었다. 가령 수도인 서울과 베이징, 해양수도인 부산과 상하이가 자매교류를 맺는 식이다. 필자가 일했던 전라북

　　　　　　　　　　　　　　　　　　중국은 있다

도는 지앙수성과 자매도시를 맺었다. 각 지역은 교류하면서 격을 맞추는 문화가 있었다. 가령 전라북도 지사가 가면 지앙수성의 당서기나 성장이 나와서 인사를 하고, 대접했다. 당시 지사도 이런 생각을 강하게 갖고 있었다.

하지만 어느 순간부터 지앙수성은 이런 교류에 부담을 낮추는 자세를 보였다. 그럴 것이 지앙수성 서기는 대한민국의 2배 인구와 같은 경제 규모를 가진 지역이니 챙겨야 할 것이 많아서 한국 손님을 챙길 여력이 없어진 것이다. 결국 자존심이 상한 지사는 이후 지앙수성으로의 발길을 거의 끊었고, 실무자 중심으로 교류를 이어갔다. 필자도 2012년경 사절단의 일원으로 지앙수성을 방문했는데, 여전히 좋은 예우를 하고 있었다. 과거에는 서로 필요한 것이 있었을지 모르지만, 인구가 8,600만 명이고 한국과 같은 경제규모를 가진 지앙수성과 인구 170만 명 정도, 총생산 55조 원 정도의 전라북도가 같을 수는 없다.

그런데 이런 교류의 약화로 손해를 보는 곳은 어디일까. 필자는 공무원으로 일하면서 두 지역의 교류로 얻을 것을 많이 고심했다. 만약 지앙수성과 전라북도가 교류를 더 밀접하게 해 지앙수성의 관광객이 전라북도를 더 많이 방문할 수 있게 하면 얻을 수 있는 것은 많다. 난통이나 렌윈강 등에서 출발하는 크루즈선

이 군산이나 새만금신항을 경유하도록 한다면 역시 새로운 부가
가치를 만들 수 있다. 필자가 만난 중국 관리들은 절대 과거의 인
연을 잊지 않았다. 그들이 설사 더 커졌다고 해도 과거의 인연을
중시했다. 설혹 같은 등급으로 대우를 하지 않는다고 해도 만나
서 교류할 수 있다면 이제는 한국 지자체가 얻을 것이 더 많다.

필자가 춘천시에서 일할 때인 2020~2021년은 코로나 팬데믹
으로 국제교류가 원천적으로 차단된 상황이었다. 그런데 춘천은
이미 중국 7개 도시와 자매결연을 맺은 상태였다. 코로나로 당장
은 교류가 어렵지만 '중국에만 6,000만 명 넘는 친구를 가진 춘
천'이란 글을 통해 그 의미를 설명했다. 춘천이 자매결연을 맺은
도시는 항저우, 선양, 따리엔, 창저우, 난양, 바오딩이었고, 웨이팡
과 교류를 준비 중이었다. 이 도시들의 당시 인구 총합이 한국 인
구보다 많은 6,000만 명이었고, 시가 그 가치를 잘 활용할 필요
가 있다는 것이다.

실제로 이런 가치를 잘 활용하는 도시도 있다. 중국 옌타이시
와 교류를 맺은 군산시다. 산둥반도 끝에 자리한 옌타이시烟台市
는 인구 703만 명의 도시고, 군산시는 인구 27만 명가량이다. 두
도시는 1994년에 교류를 시작해 문화, 경제 등에서 꾸준하게 이
어오고 있다. 이런 교류는 한중산업단지로도 이어져 지역 경제에

중국은 있다

도 도움을 주는 상황이다.

때문에 이전과 같은 관점으로 중국 성이나 도시를 보기보다는 다양한 수치를 제대로 분석하면서 방향을 설정해 가야 한다.

중국에는 인구 2,000만 명이 넘는 충칭(重庆 3,212만), 상하이(上海—2,489만), 베이징(北京 2,188만), 청두(成都 2,119만)를 비롯해 1,000만 명이 넘는 도시가 13곳이다.(광저우, 선전, 톈진, 우한, 시안, 쑤저우, 정저우, 항저우, 린이临沂, 동관东莞, 칭다오, 창사, 허페이)

하지만 중국 정부는 우선은 행정단위로 도시를 구분한다. 성급행정구省級行政區로 직할시直轄市, 성省, 자치구自治區, 특별행정구(特別行政區, 홍콩, 마카오)가 있다. 지급행정구地級行政區는 우리나라 도 단위 분류 정도로 보면 되는데 지급시地級市, 지구地區, 자치주自治州, 맹盟 등이 있다. 옌볜조선족자치주도 이런 행정단위다.

현급행정구縣級行政區는 우리나라 시군구 분류로 보면 되는데 시할구市轄區, 현급시縣級市, 현縣, 자치현自治縣, 기旗, 자치기自治旗, 특구特區, 임구林區가 있다.

향급행정구鄉級行政區는 우리나라 읍면 분류 정도로 보면 되는

데 진鎮, 향鄉, 소목蘇木, 민족향民族鄉, 민족소목民族蘇木, 현할구縣轄區, 가도街道로 구분된다.

하지만 더 많이 쓰는 개념에는 선線 도시가 있는데, 이 구분은 인구 등에 상관없이 도시의 운영 수준에 따라 구분하며, 해마다 바뀐다. 때문에 중국 도시들은 한 등급이라도 올리기 위해 많은 공을 들인다.

이 등급은 상하이에 있는 '제일재경주간第一财经周刊' 소속 '신일선도시연구소新一线城市研究所'가 매년 5월에 발표하는데, 중국 정부가 용인하는 상황이라 도시 간에 치열한 경쟁구도를 보인다. 특히 대도시들은 신1선 도시에 들어가는가를 놓고 자존심 대결을 한다. 이 평가에서 베이상광선(베이징, 상하이, 광저우, 선전)은 1선 도시로 절대적이다. 올해도 15개가 신1선 도시新一线城市로 발표됐다. 금년에는 청두, 항저우, 충칭, 우한, 쑤저우, 시안, 난징, 창사, 정저우, 톈진, 허페이合肥, 칭다오, 동잉东莞, 닝보宁波, 푸산佛山이 선정됐다. 지난해 들어갔던 우시无锡가 빠지고, 푸산이 올라온 게 눈에 띈다. 연구소는 선정 이유를 신구의 조화, 도시 브랜드, 도시 인지도, 도시 영향력 등으로 꼽는데, 절대적인 기준은 없다.

2선 도시는 30개인데, 선양 등 각 성 중심도시가 대부분이지

중국은 있다

만 저지앙 진화시金华市 등이 꼽혀서 주목받기도 했다. 보통은 인구 700~800백만 명인 게 일반적이다.

3선 도시三线城市는 70개다. 허베이 탕산시唐山市 등 유명 도시들이 속하는데, 인구는 500만 정도지만 많은 경우 800만 명까지도 올라간다.

4선 도시四线城市는 90개다. 인구 300만 명 정도의 도시가 대부분인데, 옌볜조선족자치주延边朝鲜族自治州가 여기에 속한다. 중국 내에서 독특한 문화도시로 형성된 것 등이 원인이 됐다. 5선 도시五线城市는 128개다. 안후이 츠저우시池州市 등 중국에 관련된 이들에게 익숙한 도시들이다.

이제 중국의 도시가 중요해진 것은 마치 외국의 한 나라처럼 비즈니스의 대상이 될 수 있기 때문이다. 경제규모가 큰 도시들은 이제 서울, 부산에 비해 물가수준도 높다. 반면에 4~5선급 도시들은 아직도 진출할 기회가 충분히 있다. 중국은 도시 간에도 장벽이 있기 때문에 이 점을 잘 활용할 필요도 있다.

투자유치:
중국 투자유치 딜레마

요즘 중국에 가면 마음이 아프다. 롯데는 2012년 중국 선양 북역 프로젝트에 20억 달러를 투자한다고 발표했다. 이 프로젝트는 주택(캐슬), 오피스텔, 롯데호텔, 롯데백화점, 롯데월드, 영화관 등을 포괄한 계획이고, 계획대로 투자됐다. 하지만 공사의 막바지인 2016년 사드 배치 결정과 2017년 3월 성주롯데골프장에 사드가 배치되면서 롯데는 중국의 타깃기업이 됐다. 선양 프로젝트뿐만 아니라 청두, 웨이하이 부동산 프로젝트도 위기를 맞았고, 롯데마트 등도 위기를 맞았다. 이런 투자를 모두 합치면 10조 원은 넘을 것이다.

롯데만이 아니다. 따리엔 인근 창싱다오에 투자한 STX는 2조

원 넘게 투자했지만 배 한 척 진수하지 못하고 헐값에 매각한 후 철수했다.

투자유치를 담당하는 사람으로서는 가슴이 아팠다. "나는 중국에서 몇천억 원 투자유치를 위해 목을 매고 있는데, 수조 원들의 프로젝트가 저렇게 좌절하다니."

내가 2010년 전라북도청 소속인 새만금군산경제자유구역청에 들어가서 맡은 업무는 중국 투자유치와 교류였다. 산업단지, 관광단지, 고군산군도 등의 투자유치를 맡았지만 녹록지 않았다. 우선 산업단지와 관광단지는 토지 자체가 조성되지 않은 상황이었다. 그중 관광단지는 2023년 잼버리 사태가 벌어진 곳이니, 그때는 더 물 반, 땅 반이라고 해도 과언이 아니다. 그래서 나는 스토리텔링부터 시작했다. 새만금과 중국과의 의미 있는 역사적 사건을 정리해 80페이지의 한국어와 중국어 만화로 만들었다. 중국사회과학원에는 '중국 자본의 새만금 투자 가치' 용역을 의뢰해 중국의 시각에서 새만금에 관심을 갖게 했다. 빈하이신구와 우호협력을 맺고, 훗날 한중경협단지를 만들 수 있게 교류를 했다. 중국 '인민일보'에 새만금 특집기사를 내어, 중국인들이 신뢰할 수 있도록 조치도 했다.

코트라에만 의존하지 않고, 중국 인맥을 동원해 새만금 투자자를 찾기 위해 동분서주했다. 대부분의 토지가 조성되지 않은 상태였고, 고군산은 사유지가 많았기에 당장의 투자 가능한 다른 지역을 찾았다. 눈에 들어온 곳이 방조제를 쌓으면서 생긴 해창석산이었다. 나는 산업부 투자유치 공모에 참여해 '새만금 국제 의료관광(헬스케어) 허브 구축 방안'이 선정되어, 투자유치 논리를 만들고, 중국 투자유치 활동까지 겸하기도 했다.

물론 모든 게 쉽지 않았다. 2015년 중국 산둥성 둥잉시에 있는 CNPV와 5,800억 원 투자계약을 맺었다. 3,000억 원은 태양광 제조투자, 2,800억 원은 태양광 발전투자였다. 발전시설을 지을 수 있게 기재부, 산업부, 농림부와 협업을 진행해 다행히 내가 새만금개발청을 나오던 시기에 첫 태양광 발전이 완공됐다.

5년여의 새만금청 시절은 힘들다면 힘들지만, 무에서 유를 창조했던 의미 있는 기억이다. 당연히 투자유치는 내가 가장 중요하게 생각하는 업무다. 현재 우리나라에는 9개의 경제자유구역이 있고, 새만금개발청은 특별청으로 조금 다르다. 이 조직에서 가장 핵심 업무는 투자유치를 하는 것이다.

우리나라에서 투자유치 업무는 슬픈 역사가 많다. 가장 성공적으로 진행됐던 제주 녹지헬스케어단지나 버자야리조트는 상처 투성이다. 녹지헬스케어단지는 의료민영화로 갈등은 있지만 아직 버티고 있는 데 반해, 버자야리조트는 계약을 완전히 파기하고, 제주개발공사가 주관해서 다시 개발하고 있다. 유치를 성공한 담당자의 강의도 들을 만큼 성공적인 사례인데도 이 정도면 진짜 쉽지 않은 일이다. 도 단위라면 도지사가 바뀌면서 투자유치 정책도 바뀌는 일이 잦다. 경제자유구역 등 산업부가 주관하는 투자유치라 해도 시기에 따라 바뀌는 만큼 담당자는 그 변화에 민감할 수밖에 없다. 투자유치 담당자는 그 자체로 서비스업이라 할 만큼 많은 상황을 체크해 투자자를 안심하게 하는 게 역할이기 때문이다.

상대적으로 토지는 적고, 관심 기업이 많은 수도권은 좀 나을 수 있다. 하지만 개발기회가 많은 수도권이라 해도 크게 다르지 않다. 인천경제청이 관할하는 미단시티 복합리조트는 중국 푸리그룹이 진행하다가 멈춰서 흉물로 방치되고 있다. 이런 이유에는 투자자의 문제도 있지만, 사드배치로 인한 갈등, 코로나 팬데믹 등이 중층적으로 작용하고 있다.

"제주도 땅을 중국인들이 다 산다"는 오해도 자리하고 있다. 어떤 투자자도 자신들을 싫어하는 나라에 돈을 투자해서 사업을 하고 싶지는 않을 텐데, 한국도 그런 나라의 범주에 들어갔다. 녹지헬스케어 단지도 국내에서 벌어진 의료민영화 논쟁의 불꽃이 튀어서 쉽지 않은 사업이 됐다. 투자자로서는 투자국 정부의 말을 믿을 수밖에 없다.

중국은 개인이 땅을 영원히 소유할 수 있는 방법이 없다. 소유권은 국가나 농민 집체에 있다.

개인, 기업, 외국인 투자자는 토지 사용권을 유상(임대료, 출양금 납부)으로 획득하여 일정 기간 사용할 뿐이다. 토지 출양出让, Granting of Land Use Rights은 정부가 토지를 공개 입찰, 경매, 협상을 통해 기업이나 개인에게 유상으로 사용권을 부여하는 것인데, 주거용은 최대 70년, 산업용은 최대 50년, 상업·관광·오락용은 최대 40년이다. 물론 이 사용권은 매매, 임대, 저당(담보)도 가능한 준소유권으로 봐도 되며, 원래 설정한 사용 기간에서만 거래된다.

그러니 중국인이 소유하게 되면 영원히 소유할 수 있는 한국 부동산에 관심을 가질 요소는 충분하다. 실제로 제주도에서 중국인 소유 토지 면적은 약 981만m²로 조사된다. 제주도 전체 면적 18억 5,028만m² 중 외국인의 토지 보유 비율은 약 1.18%이고, 중국인이 소유한 땅은 0.53%이다. 가치 있는 상업지역이 많

중국은 있다

으므로 이 역시 적은 면적은 아니다. 하지만 이를 두고 중국인이 제주도 땅을 다 산 것처럼 과장하는 것도 문제다. 나는 이 상황을 설명할 때 이렇게 말한다.

"중국인들이 땅을 사고 말고는 우리가 제도를 만들어서 관리하면 되는 것이지, 중국인을 탓할 필요가 없다. 다른 나라 사람들이 무질서하면 싱가포르처럼 태형을 만들어서 중하게 처벌하면 된다. 더욱이 제주도는 특별자치도여서 제도 만들기가 더 쉽다. 돈 들고 투자하고, 관광 오는 사람을 비판한다면 누가 제주도에 올 수 있겠는가."

또 최근의 흐름은 제주도만 걱정할 처지도 아니다. 관광산업은 우리나라의 중요한 미래 산업 중 하나다. 하지만 국내 대형 여행사들은 코로나 팬데믹 이후에도 힘을 쓰지 못하고 있다. 상대적으로 트립닷컴 같은 중국계 회사가 항공, 호텔 등부터 차근차근 점령하고 있다. 이들이 시스템을 통해 항공을 장악하면 유럽 등 한국에서 출발하는 국외여행도 서서히 장악해 갈 수 있다. 반면에 우리 기업들은 여전히 패키지여행의 향수에 빠져서 새로운 구조조정에 실패하고 있다.

향후 관광산업도 인공지능이 가장 깊게 개입될 수 있는 산업적 특성을 갖고 있다. 이 분야를 선도하는 국가가 중국이고, 중국기업이다. 만약 관광산업을 다른 나라 기업이 주도하게 한다면 많은 곳에서 예속이 나타날 수 있다.

투자유치:
중국 소비 키워드
'휴일 경제'를 이해하자

중국을 돌리는 힘 가운데는 '휴일 경제假日经济 Holiday Economy'가 있다. '휴일 경제'라는 단어는 사람들이 휴일을 이용해 집중적으로 소비하는 행동을 통해 공급을 확대하고 시장을 촉진하며 경제발전을 이끄는 시스템 경제 모델이다. 일부는 휴식을 취하기 때문에 다른 일부는 일할 기회를 얻는다는 개념도 들어있다.

중국의 휴일 경제로 인한 낙수효과는 다양하다. 가장 가까이 있는 한국은 여행, 쇼핑, 문화 등에서 다양하게 연결되어 있는 만큼 생산을 만들어낼 수 있는 절호의 기회가 되기도 한다. 따라서 중국 휴일 경제 이해를 통해 다양한 경제 모델을 제시할 수 있다.

이럴 수 있는 배경은 우선 중국 1인당 GDP의 성장과 휴가에 대한 인식 전환이다. 세계은행이 집계한 중국의 1인당 GDP는 2001년 1065.4달러였고, 매년 6%가량 성장해 2024년에는 13,303.1달러였다. 세계 70위권이지만, 증가속도를 감안하면 무서울 정도로 폭발적인 성장세다. 더욱이 중국 인구는 14억 명이다. 중국의 빈부격차를 생각하면 부유층의 숫자나 소비능력은 가늠하기 어렵다. 이미 2000년부터 중국 유커遊客는 세계 여행 시장의 집중 타깃이었다.

이런 상황을 생각할 때 휴일 경제를 잘 활용하는 것은 주변국들에게 큰 경제효과를 불러일으킬 수 있는 호재다.

중국은 전통적인 장기 휴일이 있다. 우선 설날인 춘지에春節 휴가다. 내년은 춘절이 2월 17일이다. 중국 정부가 공식적으로 인정한 휴일은 2월 14일(토)에서 23일(월)까지 10일이다. 중국은 전통적으로 고향 집에 돌아가 한 해를 넘긴다는 '과년회가過年回家' 문화가 있어서 일찌감치 기업은 휴가를 주어서 집에 돌아갈 수 있게 배려한다. 결과적으로 근 한 달가량이 춘절 휴가다. 다만 이 문화가 약해지면서 이 기간은 여행의 가장 큰 소비시장이 됐다. 중국의 대표적인 겨울 휴양지인 하이난다오의 경우 이 기간 호텔 숙박비가 비수기에 비해 10배 정도 뛰는 것은 기본이다.

중국은 있다

다음 휴가기간은 노동절이다. 2026년은 공식 휴일이 5월 1일 (금)부터 5월 5일(화)까지 5일이다. 이 기간은 중국을 여행하기도 좋기 때문에 내국 여행과 한국, 일본 등 주변국 여행을 선호한다.

다음으로 큰 휴가는 10월 1일 국경절이다. 2026년의 경우 10월 1일(목)부터 10월 8일(목)까지 8일이다. 역시 가을이 시작되는 시기로 여행하기에 좋기 때문에 중단거리 해외여행 인파로 인산인해를 이룬다.

이 밖에도 원단(1월 1일), 청명(음력 3월 18일), 단오(음력 5월 5일), 중추(음력 8월 15일)에 1~2일의 휴일이 추가된다.

하지만 최근에 가장 주목받는 휴가 기간은 학생들의 방학기간이다. 보통 중국의 여름방학은 7월 7일부터 시작해 8월 31일에 끝나고, 겨울방학은 1월 하순에 시작해 2월 상순에 끝난다. 중국은 한국과 달리 새로운 학기가 9월 1일에 시작하기 때문에 이런 방식으로 방학이 진행된다. 중국에서 방학에 대한 개념은 휴휴일 개념과 같이 변하고 있다. 올해 중국 여행 시에 가이드가 한 말이다.

"중국 사람들도 여행에 대한 사고가 확실히 바뀌었습니다. 가장 큰 계기는 2008년 5월 12일에 발생한 원촨대지진汶川大地震입니다. 이때 흔적도 없이 사라진 마을이 적지 않습니다. 이 상황을 보고 중국 사람들은 아웅다웅 사는 게 어떤 의미인지 생각하게

심양구궁 25년 여름 심양 구궁 봉황루를 향하는 인파. 아이들의 방학기간도 중국 여행의 최성수기가 됐다.

됩니다. 그래서 살아 있을 때, 아이들과 여행을 떠나자는 생각이 강해진 거 같습니다. 그래서 아이들의 방학이 되면 크게 작게 짐을 싸고, 도시와 여행지를 찾습니다. 중국 여름방학 기간은 그래서 여행하기 가장 힘든 때가 됐습니다."

중국에서는 이런 사건 전에도 가족 간에 여행 다니는 문화가 많았다. 필자가 여행을 갔을 때도 만나는 대부분의 여행객은 가족 단위였다. 가족 전체가 온 이들도 많지만, 부녀간이나, 모자간

중국은 있다

에도 장기 여행하는 이들을 많이 봤다.

이런 문화가 팽배하니 휴일 경제라는 말이 전혀 낯설지 않다. 이런 휴일 기간에는 중국 내부에서도 거대한 이동을 시작한다. 춘지에 기간에는 이동 인구가 20억 명이 넘고, 주요 영화도 이 기간에 맞추어 개봉한다. 평소 3,000위안 수준이던 상하이 디즈니랜드 호텔 인근 고급 호텔의 숙박비도 이 기간이면 2.5배가량 뛴 8,000위안 수준으로 오른다.

중국 정부는 2024년 춘절 연휴 동안 중국 내 관광객은 4억 명 이상, 소비액은 약 6,000억 위안(한화 120조 원가량)으로 봤다. 이런 효과를 감안해 내수 경기가 둔화할 때 정부는 휴일을 연장하여 소비를 자극한다.

춘지에, 국경절 등은 이제 한국에서도 쉽게 듣는 중국 관련 용어다. 다만 이런 상황을 기회로 만들려는 체계적인 노력을 잘하는 곳을 보지 못했다. 한국관광공사 등 기관 차원에서는 중국에서 이런 시기에 맞추어 한국 행사를 하지만 그 범위나 내용에서도 큰 영향력을 주지 못한다. 그런 점에서 우리나라나 지자체, 관련 기업 등은 체계적으로 중국 휴일 경제를 활용할 수 있는 전략을 짜야 한다.

우선 전략적 목표는 중국 휴일 소비 수요를 흡수하기 위해 중국인들의 대규모 소비 및 해외여행 수요를 한국으로 유입하는 것이다. 또 이 수요를 수도권 중심에서 벗어나 지방 관광지·지역 특산품 소비를 확대하는 지역균형 발전의 기회로 만들어야 한다. 이런 계기로 문화, 관광 교류 확대를 통해 국가 이미지를 제고함으로써 한중 관계 개선 및 소프트파워 강화의 기회로 만들수 있다.

첫 번째는 관광산업 활성화 전략이 필요하다. 중국인 유커를 소구할 수 있는 휴일 타깃형 관광 패키지를 개발한다. 가령 춘절에는 가족 단위, 국경절에는 젊은층·커플 중심 패키지를 기획하고, 쇼핑·미식·한류 문화·헬스케어 관광 등 맞춤형 테마를 만들어야 한다. 기본 인프라도 중요하다. 코로나 팬데믹으로 축소된 한중 직항노선 증설이 필요하다. 골든위크 전후로 LCC(저비용 항공사)와 공동 마케팅하거나, 한정 특가 항공권을 제공하는 것도 방법이다. 각 지자체도 중국인을 위한 스마트 관광 인프라를 구축하는 게 필요하다. 중국어 안내 AI 챗봇, 알리페이·위챗페이의 적용 매장 확대, 5G 기반 AR·VR 관광 체험도 만들어둘 필요가 있다.

두 번째는 소비·유통 연계 전략이다. 면세점·온라인몰 특별 프로모션을 통해 유커를 끌어들여야 한다. 중국 휴일에 맞춰 중국 쇼핑 성향에 맞게 '한국 브랜드 위크' 행사를 개최하는 것도 좋다. K-뷰티, K-푸드 집중 프로모션 패키지를 만들어야 한다.

세 번째는 지역경제 연계 전략을 마련해야 한다. 비수도권 관광벨트를 조성해 중국 유커들이 올 수 있는 범위를 넓혀야 한다. 전통적인 중국인 선호 관광지인 제주도, 자연관광을 중심으로 한 강원도, 음식 문화가 결합한 웰니스와 힐링의 전라도, 쇼핑 한류 등을 특화한 수도권 등을 중국 휴일 특화 관광지로 육성하는 것이 필요하다. 특히 특화된 지방 축제와 중국 관광객을 연계할 수 있다. 필자가 새만금에 있을 때는 과거부터 현재까지 다양한 스토리를 연계해 한중간 우정을 키울 수 있는 스토리텔링을 진행한 적이 있다. 이런 스토리들을 중국 관광객을 위해 정리해 두면, 또 다른 중국 관광객의 관심을 끌 수 있다. 농수산물, 전통주, 전통시장 체험 등을 패키지에 포함하는 것도 미리 작업해 둘 필요가 있다.

네 번째는 문화·외교 소프트파워 전략을 결합하는 것이다. 필자가 우려하듯 사드와 코로나 팬데믹 기간에 한국 문화 콘텐츠가 중국에서 제한되면서 어려움이 많았지만, 이제는 풀리는 상황이다. 골든위크 기간에 한류 콘서트, 드라마·영화 페스티벌을 개최하는 것도 의미가 있다. 한중 청년 교류 프로그램이나 학생·청

년 대상 문화교류 행사를 개최하는 것도 방법이다. 이미 한중 간
은 광역지자체와 성 간, 도시 간 자매결연이 많다. 이 기간을 활
용해 초대하는 것도 생각해봄직하다.

이런 방향은 한 도시가 하기 어려울 수 있다. 문체부·산업부·
외교부·지자체 간 범정부 차원 협의체 구성이 필요하다. 또 씨트
립, 샤오홍슈, 웨이보, 더우인 등 중국 대형 온라인 플랫폼 협업
을 통해서 진행하는 게 효율적이다. 빅데이터 기반으로 수요를
예측하고, 과거 중국 휴일 관광·소비 패턴을 분석해, 교통·숙박·
유통 분야를 각기 최적화시킬 필요가 있다.

정체성:
국경절과 전승절

톈안먼 광장에 처음 간 것은 내 첫 중국 방문길이었던 1998년이었다. 그것도 10월 1일 국경절이었다. 다행히 이날은 퍼레이드가 없었기 때문이지, 이런 행사가 있는 날이면 접근조차 엄두를 내지 못한다. 그래도 인산인해의 그곳에서 '런뚜어'(人多 사람많아)를 실감했다. 이곳을 보고 창장長江 대홍수를 이겨내는 중국 사람들의 모습을 취재했는데, 그 길을 통해 중국에 대해 강한 인상을 가졌고, 다음 해인 1999년 결혼과 더불어 중국에 들어왔으며, 2004년에는 사업의 시작과 함께 베이징으로 이사했다. 이후 수백 번은 그 광장을 지나쳤을 것이다.

그리고 텔레비전을 통해 2025년 9월 3일, 중국 전승절 80주년 열병식이 열리는 그곳을 다시 본다. 만감이 교차한다.

중국에서 9월 3일 전승절은 그다지 부각되는 날은 아니었다. 중국에서 가장 중요한 궈칭지에(國慶節, 국경일)가 한 달 남지 않은 시기인 만큼 부각시키기 부담스러운 시기다. 전승절은 1945년 중화민국 국민혁명군 참모총장 허잉친何應欽이 일본군 지나파견군 사령관 오카무라 야스지로부터 항복문서를 받은 날이다. 다만 중국공산당도 국공연합을 통해 탄생한 팔로군이나 동북항일연군 등으로 항일전쟁에 공이 크니 스스로 부각해도 문제는 없다. 다만 전승절은 2차 대전에서 싸운 일본과 파시스트 국가와의 싸움에서 승리를 기념한 것인데 마치 한국전쟁에서 중공군의 승리를 포함한다는 말은 지나치게 견강부회한 해석이다.

전승절을 부각시킨 것은 시진핑 현 국가주석이다. 2013년 3월 국가주석, 중앙군사위원회 주석 등 실권을 장악한 시진핑은 다음해 전승절을 중국 주요 행사에 넣었고, 70주년인 2015년 9월 3일 행사를 대대적으로 열었다. 이 행사에는 박근혜 대한민국 대통령이 참여해 큰 호응을 받았다. 하지만 다음해인 2016년 7월 사드 도입을 발표하고, 2017년 3월 배치를 결정함에 따라 한중 관계는 엉망이 됐다. 중국으로서는 자국의 주요 행사에 외국 정상을 초청하지만, 이 행사는 사회주의나 글로벌 사우스(Global

중국은 있다

South는 주로 남반구 및 북반구 저위도에 위치한 개발도상국, 즉 제3세계 국가들을 지칭하는 용어)의 주도자들이 주로 참석하는 것으로 한국과는 맞지 않는 부분이 많다.

9월 3일 전승절이 부각됨에 따라 중국에서 대규모 열병식은 끝자리가 5와 9인 해에 자연스럽게 치러지게 됐다. 향후에도 80주년 국경절(2029년), 90주년 전승절(2035년) 등에 치러질 것이다.

2025년 9월 3일에 치러진 전승절 기념식과 열병식은 중국의 향후 국제 전략을 잘 볼 수 있다는 점에서 세밀하게 읽을 필요가 있다.

우선 이 행사에 앞서서 상하이협력기구SCO 정상회의가 9월 1일까지 톈진에서 열렸다. 상하이협력기구SCO는 서방 주도 NATO에 비견되는 모임으로 중국, 러시아, 인도, 파키스탄 등 10여 국이 정회원으로, 최근에 참여한 이란 등 16개국이 옵저버(observer 참관국)로 참석한다. 정회원 국가의 인구수는 세계 인구의 40%, GDP의 25%를 차지하고 발전 속도도 빠르다는 점에서 세계가 주목한다. 이 행사에서 중국은 안보대응센터나 개발은행을 창설하는데 강한 주도권을 행사하고 있다.

이 행사에 참석한 인도 모디 총리가 전승절 열병식에는 참석하지 않는 등 이런 국제활동과 전승절의 의미는 일치하지 않는다. 반면에 상하이협력기구에 참석하지 않은 북한 김정은은 전승절 열병식에 참석하는 방식으로 존재감을 드러냈다.

2025년 9월 3일 열병식은 규모도 있지만 중국의 향후 대외 전략을 보여준다는 점에서도 읽을 게 많은 행사다. 필자가 주목하는 점은 다음과 같다.

첫째 대외적으로 시진핑 주석은 텐안먼 망루에서 옆에 북한 김정은과 러시아 푸틴을 앉혔다. 그리고 중간에 간간이 이야기하는 모습을 보이기도 했다. 두 나라는 각각의 목적이 있다. 북한은 군사는 러시아에, 경제는 중국에 기대는 방식을 취하고 있다. 러시아는 우크라이나 전쟁으로 국제무대에서 고립되지 않게 도와달라는 입장이다. 중국은 두 가지 모두 어렵지 않게 진행해 줄 수 있다. 이제 공산주의 국가에서 완전한 리더로서의 역할을 보여줄 수 있는 행사였다.

두 번째는 우주전 능력부터 전략전 체계까지 과시했다. 중국은 이미 우주전의 능력을 보유하고 있다. 우주전의 필수 요소는 글로벌 위성 항법 시스템Global Navigation Satellite System을 갖추는 것이다. 미국이 주도하는 GPS가 대표적인데, 중국은 향후 지상에서 2센티미터 이내로 오차를 줄이는 위성 항법 시스템 베이더우北斗를 갖고 있다. 여기에 우주선의 전파를 감정하는 역할을 할 수 있는 전파망원경도 톈옌天眼을 비롯해 다양하게 갖고 있다. 여기에 국제우주정거장ISS이 2031년 남태평양에 수장된 후에 중국은 우주정거장 톈궁天宮을 갖고 있는 유일한 국가가 된다.

열병식에서 당연히 주목받을 수 있는 것은 전략무기다. 이번 열병식에는 전 지구를 사정권으로 하는 핵탑재 미사일 둥평東風·DF-5C를 공개했다. 장거리 미사일 DF-61도 첫선을 보였는데, 사정거리가 11,000~12,000킬로미터로 전 지구가 사정권이다. '괌 킬러'로 불리는 DF-26D는 사정거리가 5,000킬로미터다. DF-26D는 동아시아에 주둔할 수 있는 항공모함을 공격할 수 있는데, 중국 최초의 극초음속 무기 시스템인 DF-17이 있다. 마하 12로 비행하는 이 미사일은 삼각뿔형 탄두를 사용해 기존 요격 시스템을 피할 수 있는데, 항공모함 등을 집중 타격할 수 있고 사정거리는 1,800~2,500킬로미터다. 한국 등 사드를 집중 공격할 수 있다. '중국판 PAC-3' HQ-29 요격미사일은 자국 방어체계를 갖춘 무기다.

세 번째는 미래전의 능력을 보여준 것이다. AJX-005 무인잠

수정은 16미터 길이 초대형 무인잠수정으로 핵탑재가 가능하고, 장기 자율작전이 가능하며 미사일 방어체제도 갖추었다. 미국 본토까지 손쉽게 접근해 타격할 수 있는데 그래서 '진주만 폭격기'라는 별칭이 있다. 미국 전역을 사정권으로 하는 잠수함발사탄도미사일SLBM 쥐랑巨浪·JL-3 등 JL 계열 미사일도 나왔다. 이미 드론 시장에서 세계를 장악하는 중국은 무인전투기에서도 페이홍飞鸿 FH 97A 등 다양한 무인공격기가 자체 경쟁을 하고 있다. 이런 무인공격기는 인공지능AI으로 독자적 전술 판단이 가능하고, 유인기와 편대 비행 타격이 가능하며, 스텔스 기능을 강화한다. FH-97은 지금 중국 주력인 젠-20과 연합작전이 가능한 상황이다. 이번 행사에서도 젠殲·J-20S와 J-35A 등 중국의 차세대 스텔스 전투기들이 비행했다.

네 번째는 이번 열병식을 통해 중국 권력 이상설 등 근거 없는 이야기들이 더는 나오지 않길 바란다는 것이다. 중국의 이상설로 살아가는 많은 유튜버들은 지난 10년 넘게 시진핑 실각설을 주장했다. 아마도 시진핑의 건강에 이상이 생기면, 자신들이 예측했다고 할 것이다. 미국이 바이든이든 트럼프든 국체가 큰 문제가 없듯이, 중국도 이미 충분한 시스템을 갖춘 나라다. 비가 올 때까지 제사를 지내는 '인디언 기우제'식 주장은 국민들에게 중국을 잘못 이해하게 하는 문제를 만든다. 이전 열병식 행사에서도 시진핑의 태도나 안색은 안정적이지 않았다. 하지만 시진핑이 장유샤에게 밀렸다거나 군에 대한 지도력을 잃었다는 말은 터무니없다는 것을 누구나 알 수 있었다. 사실 2013년 임직할 때부터 시진핑의 건강설은 항상 문제였다.

2025년 전승절을 치른 중국은 이제 2029년 10월 국경일을 준비할 것이다. 이 시기는 시진핑이 주창한 중국이 세계적 강국이 되는 중국몽中國夢을 20년 앞둔 시점이다. 시진핑이 2028년 3월에 4번째 주석직을 맡는다면, 그 비전을 보여주는 행사로 만들려 할 것이다. 또 시진핑이 모든 직을 내려놓는다고 할지라도 장쩌민이 상무위원 중 다수를 점령해 태상황太上皇 역할을 했듯이 그런 모습일 가능성이 많다. 그때쯤이면 미중 패권 경쟁도 향방을 조금 알 수 있는 시기가 될 것으로 보인다.

인구사회:
중국은 고령화를 극복할 수 있을까

인구는 미래를 보는 바로미터다. 생산은 물론이고, 국가 소요 비용을 한눈에 볼 수 있는 가장 명확한 수치이기 때문이다. 중국은 이 문제를 가장 고심할 수밖에 없는 나라 중 하나다. 이미 출생자보다 사망자가 많은 시기로 접어들었고, 한국에 비견될 정도로 고령화가 빠르게 진행되는 드문 국가이기 때문이다.

유엔의 자료에 따르면 2023년 7월 1일 중국 인구수는 14억 2,258만 명이었고, 이중 유년층(0~14세)은 16.59%, 청장년층(15~64세)은 69.09%, 고령층은 14.32%였다. 이 수치는 지속적으로 변해 2049년 7월 1일이면 인구수는 12억 7,038만 명으로 줄 전망이다. 유년층은 9.93%, 청장년층은 59.68%, 고령층은 30.38%

다. 중국 인구는 2100년 7월 1일이면 6억 3,367만 명으로 지금보다 반토막이 넘게 줄어들 전망이다. 유년층은 7.38%, 청장년층은 46.34%, 고령층은 45.83%다. 이때 인구 피라미드의 모습은 과거 피라미드에서 출토된 이집트 미라를 닮았다. 소멸에 대한 은유 같은 이 모형이 주는 함의는 무엇일까.

계획생육, 독생자녀 제도 등으로 인해 하락세로 접어든 중국 인구는 향후 중국 경제에 어떻게 작용하고, 중국 정부는 어떻게 대응하고 있을까. 2023년 총인구수에서 인도가 중국을 역전했음에도 중국은 큰 흔들림이 없다. 이유는 무엇일까.

우선 중국의 인구 감소는 다양한 문제를 낳는다. 첫 번째는 노동력 부족과 내수 시장 위축이다. 스타트업, IT, 첨단산업 분야의 혁신 역량을 저하시켜 혁신 동력을 약화시킬 수 있다.

두 번째는 당연히 고령화가 따라오기 때문에 연금·의료·돌봄 비용 부담이 급격히 늘어난다. 이로 인한 세대갈등이나 도시·농촌 간 불균형 심화를 가져올 수 있다. 세 번째는 장기적으로 병역 자원이 줄어들어 군사력 유지에 어려움이 생길 수 있다. 네 번째는 가구 수가 줄어들면서 부동산 시장이 침체되어 자산 감소의 문제가 나타날 수 있다.

이런 상황이 곧바로 보이는 것은 중국 대학입시 시험인 까오카오高考 응시자 숫자다. 올 6월 실시한 까오카오 응시자 숫자는 1,342만 명으로 전년에 비해 7만 명 줄었다. 2024년도의 출생아 숫자가 954만 명이니, 향후에 까오카오 응시자 숫자는 갈수록 줄어서 1,000만 명 이하로 떨어질 것이다.

이런 상황의 심각성을 알기 때문에 저출산을 향해 산아정책을 펴던 중국 정부는 출산율을 올리는 방향으로 노선을 틀었다. 하지만 출산율은 좀처럼 올라가지 않고 있다. 중국에서 출생아 수가 가장 많은 시기는 1960년대 후반에서 1990년대 초반까지다. 가장 많았던 1987년에는 한 해 약 2,500만 명이 출생했다. 이들의 지금 나이는 38살 정도다. 이들 세대의 출산 시기는 거의 지나가기 때문에 향후 출산율은 다시 급격하게 떨어질 것으로 전망된다.

그런데 이런 상황에서도 중국에서 저출산에 대한 우려 목소리는 생각보다 낮은 것 같다. 중국에서 출산율을 관장하는 기구는 국가위생건강위원회国家卫生健康委员会다. 이 기구가 한 자녀에서 두 자녀, 세 자녀로 확대를 주도했다. 정부 차원에서 출산장려도 진행하여 2021년 5월부터는 세 자녀를 허용했다. 2025년 1월부터는 3세 미만 자녀 한 명당 연간 3,600위안(약 500달러)을 지원하는 장려책까지 도입했다.

하지만 출산을 기피하는 중국 젊은이들에게 이런 정책이 큰 도움이 될 리는 없다. 또 지금도 출산율을 높이기 위해 강한 정책을 시행한다는 느낌이 들지 않는다.

그런 데는 나름대로 이유가 있다. 우선 자연스러운 인구 감소를 받아들일 수 있도록 제도적, 기술적 장치가 되어 있다. 필연적으로 다가올 노동력 감소를 대비해 자동화, 로봇화, 인공지능화는 이제 대세가 됐다. 중국 노동자들의 인건비가 높아졌는데도 여전히 세계의 공장 지위를 누리는 것은 이런 대비가 되어 있기 때문이다. 이는 군대에서도 마찬가지다. 무인전투기, 무인함정 등 인공지능과 결합된 기술을 보강해 군인 숫자 감소를 대비한 상황이다.

상대적으로 고령화에 대한 대비를 기술로 해결하려는 노력이 보이는 부분이다. 자동화와 인공지능을 통해 부족해지는 노동력을 기술로 대체하려는 시도 역시 중국의 핵심 대응 전략 중 하나다. '세계의 공장'이라는 명성을 유지하기 위해 공장 생산라인 자동화에 막대한 투자를 하고 있다. '로봇 밀도(노동자 1만 명당 로봇 대수)'를 높여 노동 집약적 산업 구조를 기술 집약적으로 바꾸는 산업 자동화 가속화가 대표적인 대책이다. 로봇 및 인공지능AI 산업을 육성하는 것도 주요 대책이다. 정부 차원에서 로봇 산업을 적극적으로 지원하며, 제조업뿐만 아니라 서비스, 의료, 교육 등 다양한 분야에서 인간의 노동을 대체하거나 보완할 수 있는 로봇 기술 개발에 박차를 가하고 있다.

물론 정년 연장 등도 같이 한다. 고령화에 대응하고 숙련된 노동력을 더 오래 활용하기 위해 법정 정년 연장을 점진적으로 추진하고 있다. 현재 남성 60세, 여성 50~55세인 정년을 단계적으로 5년 정도씩 상향 조정하는 방안이 논의되고 있다. 농촌의 잉여 노동력을 도시의 산업 현장으로 유치하기 위한 신형 도시화 전략도 지속적으로 추진 중이다.

이런 문제에 가장 당면한 곳 가운데 하나가 군대다. 중국군은 1990년대 초기에 350만 명대에서 군구軍區 감축 등 다양한 방식을 도입해 축소를 시작했다. 2000년경 280만 명 수준을 거쳐서 일시적 증가기도 있지만 2025년 현재는 약 203만 명 수준으로 유지한다. 중국군 역시 군인 수 감소를 목표로 하되, 무인전투기, 무인잠수함, 로봇 전투개 등 다양한 첨단 군장비를 개발한다.

고령화가 불러오는 부동산 시장의 위축도 빼놓을 수 없

중국은 있다

는 주요한 추세다. 베이징의 코리아타운으로 불렸던 왕징望京의 다시양신청大西洋新城은 2004년 분양가가 평방미터(m²)당 약 4,000~5,000위안 선이었다. 2008년 올림픽 이후 부동산 가격이 급등하며 평방미터당 3만~4만 위안 이상으로 상승했고, 2015년 전후 베이징 부동산 시장의 지속적인 성장과 함께 평방미터당 6만~7만 위안 선에 도달했으며, 2018년 전후에는 10만 위안을 호가하기도 했다. 이후 코로나 팬데믹과 경기침체로 조금 하락해, 현재 비교적 오래된 단지 (A, D, E 등)는 평방미터당 7만 ~ 8만 위안대, 최근에 지어진 단지(B, G 등)는 평방미터당 9만 ~ 10만 위안이다. 예를 들어 한국의 30평대 아파트(100m²)라면 한화로 약 13억 원에서 18억 원에 달한다.

하지만 이것은 베이징 같은 1선 도시 상황이고, 3선 도시 정도도 인구 감소나 경기침체로 인한 영향을 많이 받는다. 중국 고도 중 하나인 허난성 뤄양시洛阳市는 인구 708만 명으로 3선 도시에 속한다. 이 도시의 중간대 아파트 단지인 젠시구涧西区의 지우저우청·루이위앤九洲城·瑞园 아파트는 2017년 m²당 4,000위안대에 거래됐다. 하지만 적지 않은 인구수의 중고급 아파트임에도 현재 가장 고가로 거래되는 가격은 10,000위안 정도로 상승폭이 크지 않다. 물론 이 아파트는 도시 중심에 있는 아파트단지라서 안정적으로 올랐지만, 외곽의 공실 아파트는 값이 형편없이 떨어진 곳도 적지 않다.

부동산 경기의 하락은 결과적으로 소비 심리 위축을 불러오기 때문에 어느 정도 군불을 때야만 안정적으로 국가가 운영될 수 있다. 시진핑 초반기까지만 해도 중국은 매년 10% 가까운 성장을 했다. 하지만 미중 패권 싸움에 따른 중국 봉쇄가 현실화되면서 2024년 중국의 성장률은 5% 정도로 떨어졌다. 물론 이 성장률도 미국보다는 2배나 높고, 이 정도 규모의 국가가 이 정도 성장하는 것은 상당한 것이다. 문제는 이런 성장률과 인구 감소 등이 맞물리면서 미래 성장 가능성에 대한 불안을 낳기도 한다.

어느 정도의 출산율이 중국에게 불안감을 주지 않는 정도인지에 대한 공감대는 아직 부족한 상황이다. 통상 지금 인구를 유지할 수 있는 최소한의 출산율은 2.1명 정도 본다. 유엔 인구기금UNFPA의 자료에 따르면 2024년 중국 합계출산율TFR은 일본(1.15명)과 비슷한 1.09명이다. 0.75 수준인 한국보다는 높지만, 상당히 낮은 수치다. 다만 이 수치를 1.5 정도로 관리할 수 있다면 지나친 인구 급감을 피할 수 있다. 하지만 '아이가 많으면 복도 많다多子多福'는 말은 약화되고, 지나친 양육 부담에서 벗어나 개인의 행복을 추구하는 방향으로 흘러가는 게 현실이다. 이런 생각의 변화와 이를 극복하기 위한 첨단 정책의 결과가 어떤 모습일지 관심이 간다.

중국은 있다

3부

한국,
중국과
어떻게 관계를
맺을 것인가

★★★★★★★★★★★★★★★★

중국인은
한국인을 좋아한다

2025년부터 다시 중국을 본격적으로 다니기 시작했다. 고민하는 무역 문제의 가능성을 보기 위해 잠시 베이징을 다녀온 것을 시작으로, 여행 인솔을 위해 베이징과 청더, 네이멍구 접경 무란웨이장을 다녀왔고, 선양과 백두산, 고구려 유적지가 있는 지안(집안)을 다녀왔다.

그리고 내가 든 놀라운 판단 가운데 하나는 지금 '중국인은 한국인을 좋아한다'는 것이다. 이전엔 이런 느낌을 받은 적이 없다. 필자는 1998년 잠시 취재차 중국을 여행했고, 1999년부터는 10년 정도 톈진과 베이징에 살았다. 이후 코로나 팬데믹이 벌어진 2020년 1월까지 수없이 중국을 다닐 때 느낀 것과는 다른 느낌이었다.

어디서 나는 그런 확신을 가졌을까. 처음 놀란 것은 베이징 징산공원景山公園이었다. 징산공원은 구궁(자금성)의 뒤편에 있는 해발 94.2미터의 나지막한 동산이다. 금나라 때부터 만들어진 유서 깊은 곳인데, 이곳에 가면 구궁(자금성)을 한눈에 볼 수 있을 뿐만 아니라 중국 지도자들의 공간인 중난하이도 볼 수 있다. 내가 그곳에 들어섰을 때는 이전에 볼 수 없었던 수많은 인파로 사람들을 뚫고 가기도 힘들 정도였다. 중국의 초중고는 보통 7월 10일경에 방학을 시작해 8월 중순이나 말까지 여름방학을 하는데, 이 기간은 중국의 학부모들이 아이들에게 다양한 것을 보여주는 기간이 됐다. 내가 중국에 머물 때와는 비교도 되지 않는 어마어마한 인파가 여행지마다 인산인해를 이루고 있었다.

가는 비가 촐촐히 내리고 있는 징산공원을 오르는 우리 여행단은 대부분 한글로 된 목걸이 명찰을 차고 있었다. 그런데 그 길에서 만난 대부분의 중국인들은 우리를 보더니 '한구어더韩国的'라고 말했다. 그 말에서 나는 '한국 사람이구나. 반갑다'라는 뉘앙스를 느꼈고, 반갑게 웃어주는 것으로 화답하거나, '맞다'는 말로 응답했다.

이런 현상은 다른 곳에서 다르지 않았다. 신채호, 이회영 선생이 생활했던 후통에 자리한 난루오구샹南锣鼓巷은 베이징의 가장 핫플레이스 중 하나로 발 디딜 틈 없이 사람들이 많은 곳이다. 이곳에서 만난 중국 사람들의 반응도 같았다. 길에서 부딪히는 사람들도 한국 사람이라는 것을 알고 웃어주는 것을 보고 놀랐다.

연암 박지원의 '열하일기'의 배경인 피슈산좡(피서산장)에도 어마어마한 인파가 있었다. 이곳에서도 중국인들은 대부분 우리를 보고, 반갑게 웃으면서 대했다. 가장 놀라운 것은 외국인들이 별로 가지 않는 무란웨이장木蘭圍場을 들렀을 때다. 우리 일행은 한 시간 정도 네이멍구 아이들이 견마잡이를 하는 말을 타고 초원을 돌았다. 18세 전후인 아이들은 우리가 한국 사람이라는 말에 너무나 반갑게 대했다. 한국 연예인을 이야기하고, 단체를 리드하는 학생은 마장마술을 보이면서 우리에게 반가움을 표시했다.

우리를 맞은 호텔은 몽골식으로 환영 의식을 하고, 캠프파이어를 했다. 7살쯤 된 호텔 사장의 딸과 할머니는 쭈뼛쭈뼛 내 곁으로 오더니, 한국 사람이냐고 물었다. 내가 그렇다고 하자, 이런저런 궁금증을 이야기했다. 그러더니 사진을 찍고 싶다고 해서 같이 사진을 찍었다. 얼마 후 소녀의 할머니는 크루즈로 다녀온 제주도 관광 사진을 보여주었다. 내가 용두암이라고 말하자 반갑게 말하면서 그렇다고 응답했다. 나는 여행단을 안내하고 있었기 때문에 늦게까지 양꼬치구이를 사는 등 이리저리 호텔을 전전하고 있을때, 소녀가 웃어주며 했던 말이 기억난다.

"아저씨, 너무 부러워요. 한국말도 하고 중국 말도 하고, 너무 좋겠네요. 저도 다른 나라 말을 해서 더 많은 사람들을 만나고 싶어요."

캠프파이어를 진행하는 진행자는 행사 중간에 한국 여행객들을 환영한다면서 싸이의 '강남스타일'을 틀어주었다. 중국 전역에서 온 관광객들은 말춤을 추면서 같이 분위기를 즐겼다. 그들의 환대하는 마음을 받아서 그랬는지 우리 여행단은 가장 늦게까지 캠프파이어장에 남아서 노래를 부르고 놀았다.

한 주 후, 우리는 고구려 유적지인 지안(집안)에 들렀다. 지안은 관광객도 많지 않고, 중국인들 역시 한중 역사 갈등으로 인한 감정 때문인지 잘 내색을 하지 않았다. 하지만 백두산에 들렀을때 만난 중국 관광객들은 역시 반가운 얼굴로 한국 사람이라고 말했다.

좀 의아할 수밖에 없다. 2016년 7월 박근혜 정부가 사드 도입을 발표하고, 다음 해 3월부터 성주에 사드가 도입되면서 한중 관계는 악화일로를 걸었다. 중국 정부는 산업은 물론이고 관광을 제어하면서 중국 내 한국에 대한 분위기는 나빠졌다. 거기에 한국 문화 콘텐츠의 중국 내 방송을 불허하면서 한국에 대한 감정이 나빠졌을 것이라던 내 생각과는 달랐기 때문이다.

물론 중국에서 정치 등에 관여된 사람들은 앞서 말한 한국에 대한 입장이 맞을 수 있다. 하지만 일반 라오바이싱(老百姓, 일반 국민을 평하는 호칭)에게는 그런 느낌을 받기 힘들었다.

내가 처음 중국이라는 나라를 선택할 수 있었던 것도 그런 이유에서다. 나는 1998년 10월 1일 전후로 중국을 취재했다. 궈칭지에(국경절)를 맞은 톈안먼 광장을 보고, 나는 대홍수의 중심도시 우한武漢으로 갔다. 밤새 가는 우한행 기차 속에서, 중국 사람들만 있는 창지앙 여객선 속에서, 취푸를 거쳐 오는 기차 안에서, 나는 중국 사람들이 이방인들에게 친숙하다는 것을 느꼈다. 그들은 나에게 먼저 맥주를 권했고, 오리머리 요리를 권했다.

그들은 1997년 처음 CCTV에 방영되어 폭발적인 인기를 끈 드라마 '사랑이 뭐길래'를 통해 한국 문화에 관심을 보이면서 한국에 대한 호감을 표현했다. 극 중에 나온 대발이 아빠처럼 한국 남자들은 다 그렇게 가부장적인가를 물었다. 이후 한국 드라마나 아이돌은 중국에서도 폭발적인 인기를 끌었다. 중국 축구광球迷이 1억 명에 달하니, 박지성의 인기도 어마어마했다.

이런 인기에 2016년부터 시작된 '사드 갈등'이 찬물을 뿌린 것은 말할 필요도 없다. 사드 도입을 결정했을 때 필자가 가장 우려한 것은 중국에서 한국에 대한 적대감이 느는 것이었다. 또 한국 문화 콘텐츠가 방송되지 못할 경우에 화장품 등 한국 제품에 대한 판매도 급감할 수밖에 없다는 것이었다.

그로부터 10년이 지난 지금은 어떨까. 중국 내에서 공식적으로 한국 드라마나 대중음악의 유통이 금지됐지만, 다행히 반한 감정은 생각보다 크지 않다. 한국 드라마에 대한 선호가 있는 중국에서는 비공식 라인으로 '오징어 게임' 등 한국 드라마를 소비했고, BTS와 블랙핑크 등 한국 아이돌의 인기도 여전하다.

사드 도입 전인 2015년 BBC의 조사에서는 66.1%의 중국인이 한국에 대해 우호적이라고 응답했다. 이후 사드로 인한 갈등이 고저기를 넘은 2021년, 라이스 대학교, 브리티시 컬럼비아 대학교, 리콴유 공공정책대학원 학자들이 실시한 설문조사에 따르면 중국인의 49%가 한국에 긍정적이었고, 43%가 한국에 대해 부정적인 견해를 보였다.

하지만 중국 일반인의 한국에 대한 인식이 나에게는 이런 조사보다 훨씬 긍정적으로 느껴졌다. 이런 인식이 있었기 때문에 지금도 10만여 명 가까운 학생들이 한국에서 공부하면서 미래를 설계하고 있다.

그런데 한국 사람들에게 중국 사람은 한국 사람을 어떻게 생각할 것 같냐는 질문을 하면 상당수가 부정적으로 볼 것 같다는 느낌을 말한다. 이유는 유튜브에서 만나는 상당수의 콘텐츠에서 중국인들이 한국에 대해 부정적으로 이야기하는 내용을 봤기 때문이다.

'한국인인 척하는 중국인', '한국을 부정적으로 이야기하는 중국 인플루언서' 등 한국 사람들의 감정을 자극하는 콘텐츠가 상당 부분을 차지하기 때문이다. 또 중국을 유학했던 한국 학생들도 중국인들이 한국에 대해 부정적으로 본다는 콘텐츠를 제작하는 경우가 많다. 결국 한국인들의 중국관은 부정적으로 바뀔 수밖에 없다.

필자가 이번 여행지에서 만난 중국인들은 대부분 베이징 사람이 아니다. 상대적으로 대도시에 사는 사람들은 한국에 대해 경쟁의식도 있고, 부정적 견해가 높을 가능성이 있다. 하지만 중국의 일반 라오바이싱은 한국에 대해서 여전히 긍정적으로 보고 있다는 것을 알 수 있다. 사드나 팬데믹으로 멀어진 한중 관계에 가장 긍정적인 요소다. 하지만 이런 상황이 어떻게 바뀔지는 모르는 일이다.

한국인은
중국인을 싫어한다

1780년 7월 청나라가 세계에서 차지하는 총생산은 지금 미국이 차지하는 세계 총생산GDP 보다 컸다. 그 길에서 연암 박지원을 만나 하룻밤 교류를 한 심양의 골동품 상인 전사가는 이별 편지에 이렇게 썼다.

"오늘 당신을 황성으로 떠나보내면서 다시금 두고두고 부탁드릴 말씀은 이방의 점잖으신 분으로서 후일 고국에 돌아가시더라도 행여 무턱대놓고 중국에는 사람다운 놈이 없다고 오해하고 말씀하지 말아 주십사는 것입니다. … 여기 문안 편지 한 장을 동봉했사오니, 북경 듭시는 날은 한림원으로 허 태사란 분을 찾으시고 제 이름을 말씀하시면서 이 글월을 전해 주십시오. 그가 만약 당신과 저 사이가 이렇게 가까운 줄 알게 되면 간대로 외면

하지는 않을 것입니다. "《《열하일기》 중에서, 리상호 옮김, 보리 간)

전사가는 연암이 심양에서 우연히 만나 필담을 나눈 사람 가운데 한 명이다. 그가 연암에게 중국 사람을 좋게 봐 달라고 진심으로 부탁하는 것은 지금의 중국인들과 별반 다르지 않을 것이다. 이미 중국 골동품 보는 법을 가르쳐준 전사가는 골동품 목록과 유리창 상인에게까지 소개서를 써주면서 이 글을 쓴 것이다. 한중 수교 33년간에 많은 한국 사람들이 중국을 방문하면서 어떻게 중국을 보고, 어떻게 중국을 전했는지는 중요하지 않다. 지금 우리가 중국을, 중국인을 어떻게 보고 있는지를 생각해 보자. 연암은 당대 최고의 문필가이자 학자였기에 그를 만난 중국 사람들은 그 만남을 기뻐했다. 그러면서 부탁한 것은 중국에 대한 선입견과 편견을 버려달라는 것이었다. 안타깝게도 지금 우리나라 사람들은 전사가의 마음을 알지 못한다.

'한국인은 중국인을 싫어한다.' 좀 껄끄러운 명제일 수 있지만 확실한 사실이다. 동아시아연구원EAI이 실시한 '2025 양극화 인식조사' 결과에 따르면 한국 국민의 71.5%가 중국에 대해 부정적 인식을 갖고 있는 것으로 나타났다. 일본보다도 훨씬 높고, 북한과 버금간다. 연구원은 중국에 대한 부정적 인식을 유발한 요인으로 사드 보복, 역사 문제에 따른 갈등, 중국 지도자에 대한 비호감, 미세먼지 등 다양한 외부 요인들이 복합적으로 작용한 것으로 분석했다.

일상에서도 쉽게 확인할 수 있다. 중국에서 유학 와 한국인과 결혼하고, 한국 대학에서 강의를 하고 있는 한 중국인 지인이 '중국 유학생은 100% 잠재적 간첩'이라는 현수막을 페북에서 보고 놀란 적이 있다. 낯선 일이 아니다. '한국인 1등급은 의대 탈락, 중국인 6등급은 의대 장학금' 등의 터무니없는 주장은 물론이고, 한국 투표에 중국이 개입했다는 현수막은 이제 흔히 볼 수 있다.

이런 상황이 갑자기 생긴 일은 아니다. 중국인이 가장 많이 한국을 찾은 해는 사드 배치가 결정되던 2016년이었다. 이 해 한국을 찾은 중국 관광객은 807만 명이었다. 필자가 항상 타는 지하철 1호선에서는 중국어로 대화하는 유커遊客를 쉽게 볼 수 있었다. 다시 중국 관광객이 늘고 있지만 중국인들도 한국 문화를 배우고 오는지 그때처럼 큰 소리로 대화하지 않는다. 그때 필자는 중국인들의 대화를 듣고, 반가운 표정을 짓는 한국 사람을 본 적은 없다.

단순히 시끄럽고의 문제는 아니었다. 그때도 이미 우리나라 사람들에게는 중국에 대한 부정적 시각이 팽배했다. 이런 인식은 앞의 중국에 대한 호감도에 나타나듯이 더 나빠졌다.

2000년부터 오마이뉴스 등 다양한 매체에 중국에 관한 글을 썼다. 가장 힘든 것은 댓글을 보는 것이었다. 긍정적인 기사든 부정적인 기사든 대다수에는 보기 힘들 만큼 많은 중국 비하 댓글이 달렸다.

그것은 지금도 별반 다르지 않다. 중국 관련 기사에는 부정적인 댓글이 대부분이다. 그런 댓글을 한국인만 보는 것은 아니다. 현재 한국에 있는 10만여 명에 가까운 중국 유학생이나, 이미 한국에서 학업을 한, 더 많은 한글이 가능한 중국인들이 이 댓글을 볼 수 있다. 물론 200만 명에 달하는 중국 동포들은 더 쉽게 이런 댓글을 봐왔다.

자신이 좋아했고, 호감이 있어서 유학 온 나라의 사람들이 자신의 나라를 이런 관점에서 보는 것은 어떤 느낌일까. 필자는 앞서서 중국 매체가 한국인을 비하했을 때, 조직적으로 항의해 사과를 받아낸 이야기를 했다. 중국인들도 이런 방식으로 대처한다면 어떨까.

그럼, 우리나라 사람들의 반중의식은 어떻게 해서 생겨난 것

중국은 있다

일까. 앞서 조사처럼 사드 보복, 역사 문제에 따른 갈등, 중국 지도자에 대한 비호감, 미세먼지 등이 큰 원인일 것이다. 여기에 중국인들의 제주도 땅 매입 등 우리나라 언론에 부정적으로 소개된 것들이 주된 이유다.

하지만 사안 하나하나를 분명히 깊게 점검할 필요가 있다. 만약 이 문제의 깊은 내면을 읽어내지 못하면 그 결과로 다가올 미래도 예측하지 못해서 더 큰 위기를 맞기 때문이다. 중국 상황을 잘 읽지 못하면 병자호란 등으로 인한 '삼전도의 치욕'은 되풀이될 수 있고, 청일전쟁처럼 우리나라를 불바다로 만들 수도 있기 때문이다.

2016년 7월 사드 배치 결정과 2017년 3월 성주골프장 배치 이후에 중국이 한국에 강경한 조치를 한 것은 분명하다. 필자는 사드 배치 이전과 이후에 이 문제를 이렇게 말한다.

"사드 배치 결정은 100% 우리가 할 수 있는 자주국방의 문제입니다. 누구도 간섭할 수 없는 스스로의 선택입니다. 하지만 사드 배치 결정으로 가져올 상황에 대해서 우리가 제대로 알았는지는 문제입니다. 중국은 수없이 사드는 미국이 주도하는 MD(미사일방어체제)의 일환이니, 한국은 신중해 달라고 말했습니다. 중국이 가장 중요시하는 전략적 핵심 이익에 반한다고도 말했습니다.

그런데 그해 황교안 총리가 시진핑 국가주석을 만났을 때, 결정하지 않았다고 말하고는, 1주일 후에 배치를 발표했습니다. 저는 사드 배치가 가져올 손실을 연 117조 원으로 추측했습니다. 하지만 국내 언론이나 연구소 등은 이런 피해를 무시했습니다."

필자의 예측은 현실이 됐다. 100조 원이 아니라 수천조 원의 손실이 될 수도 있다. 이미 중국 내 한국기업은 대부분 퇴각했고, 100만 명에 달하던 재중 한국인들도 이제 10~20만 명 정도로 추산된다. 10만 명에 달하던 중국 유학생 숫자도 이제 1~2만 명 정도로 추산된다. 한국 유학생들로 성업하던 베이징 우다오코우 ^{五道口 베이징 대학가}가 위축된 것도 한국 유학생이 줄어든 방증이다.

물론 그 원인에는 중국 정부의 조치도 있다. 중국에서 유학한 한국 학생들의 취업비자 등을 제한하면서 중국에서 유학해도 할 것이 없게 만들었다. 거기에 한국기업들이 중국에서 철수하면서 한국 유학생 출신들의 취업길도 더 막막해지니, 유학할 이유도 없다. 사드가 한중 관계에 다운이었다면, 코로나 팬데믹은 KO펀치가 됐다. 이 상황은 중국에 대한 부정적 인식을 더욱 키웠다.

'동북공정', '김치', '한복', '단오' 등 역사문제도 중국에 대한 부정적인 인식을 키운 사례다. 동북공정은 2002년부터 2007년까

중국은 있다

지 중국사회과학원이 주관해 진행한 고구려, 발해사를 중국사로 편입시키기 위한 프로젝트다. 윈난에서 진행한 '서남공정' 등과 마찬가지로 소수민족 역사를 포괄하려는 계획이다. 더욱이 고구려의 주된 유적이 있는 환런桓仁, 지안集安이나 발해 유적이 있는 둔화敦化나 둥징청東京城이 중국에 있어서 한국으로서는 치명적일 수밖에 없었다. 지안에 방문 당시 장수왕릉이나 광개토대왕릉비의 한국어 해설이나 촬영을 막을 때 우리나라 사람들은 분노할 수밖에 없었다. 당연히 고구려사를 우리 역사로 인식해 온 우리나라 사람들은 분노할 수 있다. 하지만 더 통탄할 일은 한민족의 주된 활동 범위가 한국과 더불어 북한, 중국 동포로 분리되어 있는 상황을 탓하는 게 먼저다. 필자는 중학교 시절에 민족사학자이자 교육자인 안호상(安浩相, 1902~1999) 장관이 하신 '공자의 선조인 설이 동이족이니, 공자도 우리 민족이다'라는 말에 큰 호감을 가진 적이 있다. 물론 한반도 역사나 고구려, 홍산문화를 연구하는 이들은 그런 주장을 많이 한다. 하지만 필자는 되묻는다.

"그럼, 우리가 중국과 한민족이라면 같이 합쳐야 하는가."

중원을 점령한 여진족의 금金이나 청淸, 거란족의 요遼나 몽골족의 원元 등 유목민족은 다 중국과 합쳐졌다.

한민족은 언어나 역사에서 분명히 한족과는 다른 정체성을 가져왔고, 5천 년 동안 나름대로 경계를 갖고, 유지해 온 기적의

광개토대왕릉비 광개토대왕릉비는 과거 비각 안에서 일
체의 사진을 금지하다가 최근에는 허락했다. 다만 내부에
서 중국어 해설은 가능한데, 한국어 해설은 안 된다.

나라다. 더욱이 일본처럼 바다로 떨어진 것이 아니라 육지로 이
어져 있으니 더욱 놀라운 동아시아의 특이한 사례다. 그런 정체
성을 가진 한국인들이 중국을 미워하고, 경계하는 것은 자연스
러운 결과물로 볼 수 있지만, 최근에는 그런 역사에 왜곡된 언론
의 시각이 더해져 더욱 그 감정이 심해진 게 사실이다.

특별한 일이 없다면 앞으로 중국의 방한 관광객은 꾸준히 증가할 것이다. 중국인들은 필자가 '일반필상一飯必償 애자필보睚眦必報'에서 이야기하듯이 모든 것에서 은원이 확실하다. 그들을 보고 지금처럼 화를 내는 게 맞는지는 우리의 미래와도 직결한다. 병자호란에서 삼전도의 치욕을 당한 것이 1637년이다. 불과 388년 전이다. 국제정세를 읽지 못해 청일전쟁에 청나라와 일본을 끌어들여 나라를 풍전등화로 만든 것도 130년 전이다. 우리가 중국을 싫어할 수 있지만, 그런 결과물이 역사적 비극으로 되풀이될 수 있다는 것은 좀 더 신중히 생각할 필요가 있다.

연암에게
중국 보는 법을 배운다

2025년 여름, 필자 회사가 진행한 열하기행을 다녀온 이지선 선생님은 후기에 이렇게 썼다.

"저에게 중국은 불편하고 어려운 국가입니다. 중국에 대한 우리나라 사람들의 보편적인 감정 또한 좋지 않은 편인 것도 사실입니다. 물론 이 감정을 이해는 해야 해요. 그 감정의 뿌리란 정말이지 깊거든요. 우리 선조들은 중국이 아주 강성할 때조차도 독립 국가로 남기 위한 투쟁을 멈추지 않았습니다. 그 과정에서 켜를 거듭하며 쌓인 대륙에 대한 긴장과 불안은 때로 분노로 번지기도 했습니다. 게다가 최근 중국이 가는 길은 우리 민족의 트라우마를 간간이 자극하는 것도 사실이니까요.

중국은 있다

그런데 바로 그 완고한 사람들 속에서, 아니 더 심하게 완고한 사람들 속에서, 연암은 욕먹을 각오를 하고 말했습니다. 똑바로 보라고. 배울 건 배우라고. 소경이야말로 편견 없이 볼 수 있는 평등안을 지닌 것 아니겠냐고. 다시 생각해 보자면, 그땐 백오십 년 가까이 '감히 우리 국왕의 무릎을 꿇린 청나라'에 대한 적개심이 지속되던 시기였습니다."

연암이 신의주를 지나 압록강을 넘은 것은 1780년 6월 24일이다. 연암이 오기 전에 청나라를 방문한 홍대용의 〈을병연행록〉(乙丙燕行錄, 1776년 입국)이나 박제가의 〈북학의〉(北學議 1778년) 등 다양한 기록이 있었지만, 연암의 관점은 그들과 달랐다.

연암은 우선 중국에서 본 물건 중에 말똥과 깨진 기와장이 가장 귀하게 보인다고 썼다. 조선에서는 짐승의 똥이 오물이었지만, 청나라에서는 잘 말려서 연료가 되고, 깨진 기왓장은 담장을 꾸미는 장식이나 도구가 되기 때문이다. 이 밖에도 벽돌 문화 등 연암은 배울 것은 배워야 한다는 강한 의식을 가졌다.

연암은 '관내정사關內程史'나 '이제묘기夷齊廟記'를 통해 아직도 자신들을 명나라의 후계로 자처하며 실학을 멸시하고 북벌론이라는 허상에 빠져 있는 당시 조선 사대부를 비판한다.

역시 이 여행에 같이했던 강미향 선생님도 소감에 이렇게 썼다.

　　그러나 연암은 달랐다. 그는 청을 단순한 오랑캐로 보지 않았다. 그 땅을 걸으며 그는 새로운 제도와 문물을 보고 배우려 했다. 『열하일기』에서 그는 "천하의 사물은 변하지 않는 것이 없으니, 옛것만을 붙들고 새것을 버리는 것은 그릇된 일이다"라고 적었다. 청 황제의 연호 '건륭'을 거침없이 쓴 것도 당시로서는 파격이었다. 그 때문에 그는 비난을 받았으나, 연암은 공허한 명분보다 실질을, 굳은 관습보다 개혁을 택했다. 그의 사유는 조선 사회의 굳게 닫힌 창문을 열어젖히는 바람 같았다.

　　교사인 나 역시 연암의 정신에 깊이 공감했다. 외형보다 본질을, 관성보다 새로움을 추구하는 교육자가 되어야겠다고 다짐했다. 『열하일기』에서 연암이 하인 창대와 장복을 친구처럼 대하며 "천하에 귀하고 천한 사람은 없나니, 다만 서로 다른 일을 할 뿐이다"라고 쓴 대목이 떠올랐다. 그의 사유는 조선 사회의 낡고 경직된 사대주의와 관습의 틀을 흔들었다. 그때는 틀렸지만, 지금은 맞다. 그래서 지금 재평가받고 있고 박수밀 같은 학자들이 연구하고 있는 것이 아닌가 생각된다.

　　연암 일행은 성경(선양), 산하이관 등을 거쳐 연경燕京에 닿지만, 황제는 그곳이 아닌 러허(熱河, 지금의 청더)에 있었고, 조선 사신도

　　　　　　　　　　　　　　　　　　　　중국은 있다

빨리 도착하라는 전갈이 온다. 일행은 100여 명 만을 추려서 급히 러허로 향한다.

그 길에서 연암은 '일야구도하기一夜九渡河記'나 '야출고북구기夜出古北口記' 같은 명문을 쓴다. 필자는 2000년부터 20여 차례 정도는 청더를 방문했지만, 연암의 '일야구도하기'가 상당히 과장된 문장으로 느껴졌다. 그 길에 미원密雲을 지나는 차오허潮河 같은 강도 있지만, 그렇게까지 물살이 험하고, 그렇게 강이 많아 보이지는 않았기 때문이다. 그런데 올해 7월 말 그곳을 지나면서 연암이 그렇게 글을 쓸 수 있다는 것을 처음 실감했다. 우리가 베이징을 떠날 때, 베이징은 큰비가 오지 않아서 홍수라는 말이 실감 나지 않았다. 하지만 미원쪽을 지나자, 강에는 거대한 홍수가 발생했고, 수많은 마을이 잠겨 있었다. 아침 뉴스를 통해 이 지역 홍수로 인해 30여 명이 사망했다는 보도도 접한 상태였다.

그때의 홍수가 이 정도까지는 아니었겠지만, 주변에 있는 옌산산맥의 물들이 이 지역으로 모일 경우에는 충분히 엄청난 홍수로 느껴졌을 거라는 것을 예상했다. 연암은 그 길을 통해서 또 다른 깨달음을 얻은 후 글로 표현한다.

"하지만 이것은 물을 알지 못하는 것이다. 요하遼河가 일찍이 울지 않는 것이 아니라 특히 밤에 건너보지 않은 때문이니, 낮에는 눈으로 물을 볼 수 있으므로 눈이 오로지 위험한 데만 보느라고 도리어 눈이 있는 것을 걱정하는 판인데, 다시 들리는 소리가 있을 것인가. 지금 나는 밤중에 물을 건너는지라 눈으로는 위험한 것을 볼 수 없으니, 위험은 오로지 듣는 데만 있어 바야흐로 귀가 무서워하여 걱정을 이기지 못하는 것이다.

나는 이제야 도道를 알았도다. 마음이 어두운 자는 이목이 누累가 되지 않고, 이목만을 믿는 자는 보고 듣는 것이 더욱 밝혀져서 병이 되는 것이다. 이제 내 마부가 발을 말굽에 밟혀서 뒤차에 실리었으므로, 나는 드디어 혼자 고삐를 늦추어 강에 띄우고, 무릎을 구부려 발을 모으고 안장 위에 앉았으니, 한번 떨어지면 강이나 물로 땅을 삼고, 물로 옷을 삼으며, 물로 몸을 삼고, 물로 성정을 삼으니, 이제야 내 마음은 한번 떨어질 것을 판단한 터이므로, 내 귓속에 강물 소리가 없어지고, 무릇 아홉 번 건너는데도 걱정이 없어 의자 위에서 좌와坐臥하고 기거起居하는 것 같았다"(열하일기 리상호 번역, 보리 판)

연암에게 지금의 중국을 보여드리면 어떻게 읽을까. 당시 청나라는 세계 최고의 부자 국가였다. 건륭제 때만 해도 청나라 GDP는 세계 1/3을 차지했다고 분석한다. 전성기의 미국이 세계 GDP의 1/4 정도이니, 그때 청나라가 얼마나 강성했는지 알 수 있다. 하지만 청나라는 100년도 되지 않아서 아편전쟁을 통해

　　　　　　　　　　　　　　중국은 있다

종이호랑이로 전락했다. 이후 중국은 수많은 곡절을 겪고, 지금은 GDP 20조 달러 정도로 세계 경제의 주축 중의 하나가 됐다.

이런 상황에서 연암의 눈으로 지금 중국을 본다면 어떨까. 사실 우리나라는 지난 사반세기 동안 우리가 중국을 앞섰다는 자긍심을 갖고 있다. 한국은 1988년 서울올림픽을 통해 도약했고, 세계가 인정하는 선진국에 들어섰다. 한국은 중국이 베이징 아시안게임을 치르던 1990년에 많은 도움을 주었고, 춘천 중국 민항기 착륙 등을 통해 양국 관계를 회복해 1992년 8월 정식 수교했다. 1992년 중국의 1인당 국내총생산GDP은 420달러로 한국(8128달러)의 5.2% 수준이었다. 하지만 이후 중국은 급성장하면서 올해 1인당 명목 GDP는 13,688달러로 한국 34,642달러의 40%에 근접했다. 두 나라의 경제성장률을 감안하면 이 수치는 갈수록 근접해진다.

더욱이 기초과학이나 우주항공, 제조업 경쟁력 등에서 중국은 입지를 넓혀 가는 데 비해 우리나라는 기존의 수위를 차지하던 분야에서 밀려나는 상황이다. 연암이 당시 밖을 보는 가장 큰 기준은 명분이 아닌 실질이었다. 또 배워야 할 것이 있다면 자존심을 버리고, 과감하게 배우는 자세를 잃지 않았다. 또 창복과 장대 등 하인들에게도 겸손한 자세였다. 열하일기를 안내하던 한

열하기행팀 2025년 여름 테마여행으로 찾은 청더 열하 발원지에서 단체 사진

양대 박수밀 교수는 그 점을 높게 평가했다.

"신분제가 철저했던 조선시대에 연암은 열하일기의 조연을 정사인 사촌 박명원 등이 아닌 하인 창복과 장대 등으로 설정했다. 아랫사람들의 이름조차 올리지 않던 시기에 연암은 두 인물에게 가장 생명력 있는 캐릭터를 부여했다. 그게 연암의 정신이다."

그런 연암의 생각으로 지금 중국, 중국인을 어떻게 볼지 묻는다면 답은 명확하다. 다시 중국을 진실된 눈으로 봐야 한다.

중국은 있다

중국 동포를
어떻게 볼 것인가

이번 여행길에 백두산과 고구려 유적지를 안내한 중국 동포인 박가이드는 한국에 대한 깊은 애정을 가지고 있었다. 경상도가 할아버지의 고향이라는 박가이드는 근로자로 한국에 들어와 '관광통역사'를 딴 후 한국과 중국에서 가이드 생활을 하고 있었다. 뒤늦게 결혼해 이제 유치원생인 아이는 한국말을 제대로 배우게 하고 싶어서 올해 처가가 있는 김포에 정착하겠다는 확고한 의지를 갖고 있었다. 중국 동포에 대한 호칭도 솔직하게 말했다,

"미국이나 일본에 있는 교민들은 재미교포나 재일동포로 부르면서, 우리를 '조선족'으로 부르는 것은 듣기에 좋지 않습니다. '조선족'은 중국 정부가 55개 소수민족을 부를 때, 우리 민족을 부르는 호칭인데, 우리나라에서도 그렇게 부른다면 맞지 않습니

다. 다른 표현보다는 '중국 동포'라고 부르는 게 일반적인 호칭이니 그렇게 부르는 게 맞습니다."

당연한 말이다. 역사의 긴 줄기로 보면 중국 동포들이 탄생한 것은 비극적인 우리 근대사와 같이한다. 중국에 우리나라 사람들이 거주하기 시작한 것은 1869년 기사년 대기근과 조선 말 사회상의 혼란이다. 매관매직이 생기면서 관리의 수탈이 심해지자 드넓은 농토가 놀고 있는 만주로 넘어가 농사를 지었다. 다행히 청나라 정부도 부족한 일손을 덜어줄 일손으로 한반도 이주민을 허가하기 시작했다.

청나라가 강성할 때는 출입조차 어려웠으나 대기근이 들었던 1869년 기사년 재해 이후부터 우리 민족은 하나둘씩 만주로 건너가 생활 영역을 넓혀 나갔다. 3년간 이곳으로 건너간 사람이 6만 명이고, 그 가운데 함경북도에서 넘어간 사람은 26,000명이나 된다. 이후 우리 유민과 중국인의 마찰을 막기 위해 간도間島라는 지명이 만들어졌다. 우리 민족의 만주 유입은 1910년 경술국치로 인해 더욱 빨라졌다. 수많은 사람이 일제 치하에 들어간 우리 땅을 벗어나 만주로 건너갔던 것이다. 뜻있는 조선인은 초반기에 제거 대상이었기 때문에 중국을 해방의 근거지로 삼을 수밖에 없었다. 하지만 만주 역시 만주사변을 거치면서 상황이 복잡해졌다. 중일전쟁 이후에는 더욱 혼란스러워졌다.

1945년 해방은 만주에서 살아가던 많은 우리 민족에게 변화의 시간이었다. 많은 이가 짐을 꾸려 고향으로 돌아왔으나 그에 못지않은 이들이 동북에 남았다. 이곳에 남은 이들 대부분은 대기근 이후에 건너온 이북 출신이었다. 이들은 휴경지와 같았던 이곳에 벼농사 같은 새로운 생산 기반을 만들어 부를 축적했고, 생활의 기반도 잡았기 때문이다.

해방 후 한반도는 복잡한 정세의 연속이었고 중국도 마찬가지였다. 1949년 공산화되기까지 복잡한 형세가 지속된 것이다. 이 과정에서 주목할 만한 인물이 나왔다. 바로 초대 연변조선족자치주 주장을 지낸 주덕해朱德海이다. 주덕해는 공산화 전부터 우리 민족 예술을 부흥하는 문공단을 만들고, 교육, 언론, 농업 등에서도 독자적인 기구를 만드는 데 최선을 다한 인물이다. 문공단은 후에 '연변가무단'이 되었고, 동북조선인민대학은 '연변대학'이 되었다.

당시 인구로 보나 정치적 지형으로 보나 자치주 성립은 쉽지 않았다. 하지만 1921년부터 1982년까지 길림성에서 희생된 열사 36,000명 가운데 연변 열사가 14,756명이고, 그 가운데 13,843명

주덕해 기념비 옌지에 있는 주덕해 기념비

이 중국 동포(조선족)로 무려 93.8퍼센트였다. 당시 중국 동포 숫자
가 100만여 명에 지나지 않았으니 희생된 숫자를 감안하면 조선
족자치주 성립은 당연한 일이었다.

　그러나 중국의 혁명 열사 가운데 하나였던 주덕해 주장이 문
화대혁명 때 호북성으로 피신했다가 비극적으로 숨을 거두었듯
이 중국 현대사도 만신창이었다. 대약진운동 실패로 인한 기근,

소수민족을 차별하는 문화대혁명 등은 중국 동포 사회에도 큰 시련이었다. 그래서 중국 동포들은 문화대혁명 때 총을 들었고, 이에 무장투쟁을 한 유일한 소수민족이 되었다. 그만큼 중국 동포 사회는 독특한 성격을 지니고 있었다.

해방 당시 100만 명가량이던 중국 동포 인구는 200만 명가량으로 늘어났고, 이제는 동북뿐만 아니라 연해 지방은 물론이고 네이멍구, 깐수 등 서북부 지역까지 널리 분포해 있다. 또 중국 동포들은 언어를 지켰을 뿐만 아니라 문화도 지킨 소수민족 가운데 하나이다. 그리고 중국 정협 부주석을 지낸 조남기 장군을 비롯해 소수민족 사업을 총괄하는 국가민족사무위원회 이덕수 주임(장관급), 중국 공군을 세운 인물 이영래 공군 중장, 록스타 최건, 20기 중공 중앙 후보위원이 된 이현옥 장군 등 수많은 인물이 배출되었다.

이런 동포 사회에서 가장 큰 격랑은 1992년 한·중 수교였다. 한·중 수교로 우리 기업의 중국 진출이 봇물 터지듯이 이어지자, 한국어와 중국어에 능숙한 중국 동포들도 일자리가 늘어나 대도시로 급속하게 이주한 것이다. 친척 방문 방식과 일자리를 찾아 한국으로도 인구가 급속하게 유입된다. 200만 명 교포 대부분이 동북 3성에 거주하고 있었으나 20여 년 만에 그 인구는 3분의 1

로 떨어지고 말았다. 부모가 떠난 자리를 조부모가 대신하는 조손가정이 늘어난 것은 물론이고 한국어를 가르치던 '조선족 학교'도 급속히 폐교되어 갔다. 중국 내 문맹률이 가장 낮았고 교육과 과학을 주도하던 교포 세력은 더 이상 남아 있지 않았다.

30여 년의 시간은 중국 교포를 변화시키기에 충분한 시간이었다. 그러나 이들은 한국과 중국은 물론이고 일본이나 유럽 등 어디를 가더라도 살아남을 힘을 가지고 있다. 가사도우미나 식당, 막노동판 세계에서 교포를 만나는 일은 이제 쉽지 않다. 이렇게 인구 200만밖에 안 되는 소수민족이지만 중국 동포들은 교육 수준이나 능력에서 탁월한 힘을 보여주고 있다.

중국 동포의 삶은 현대판 디아스포라라 할 만큼 역동적이었다. 특히 지난 20년간은 그 변화가 너무 컸고, 200만 명 교포가 살기에 중국도 너무 컸다. 그래서 지금은 모두 섬처럼 살면서 한족 문화에 편입되어 가고 있다. 한·중 수교가 이루어지기 전에 중국 정치나 경제, 문화, 과학 등에서 우리 동포의 역량이 컸다면 지금 차지하는 위상과는 확연하게 달랐을 것이다. 그렇다면 한·중 수교 이후 동포 사회에 들어온 한국이라는 인자가 '독'이 되었을까, '약'이 되었을까. 역사는 어떻게 판단할지 자못 궁금하다.

역시 한국 사람들도 중국으로 진출이 늘었다. 사드로 인한 갈등이 발생하기 전 중국에 있는 한국인들의 숫자는 100만 명을 상회했다. 나 역시 그중에 하나였다. 1999년 결혼과 함께 아내가 유학하던 중국으로 건너온 필자는 2004년 베이징과 서울에 사무실을 두고, 여행사를 창업하면서 중국을 중심으로 살았다. 가족은 베이징에 살았고, 아이도 베이징에 있는 한국국제학교 유치원에 입학했다. 이렇게 중국에서 정착한 한국인들을 빗대어 속칭 신선족(新鮮族, 새로운 조선족)으로 부르기도 했다.

필자는 이런 흐름을 빗대어 2006년 10월 오마이뉴스에 '신라방, 고려영, 박씨촌… 그리고 신선족'이란 글을 쓰기도 했다. 중국 속 한국 민족의 정체성에 관한 글이었다. 지난 천 년 동안 중국에서 살아간 우리나라 사람은 내게 상당히 중요한 문제였다. 그래서 나는 역사를 따라가며 중국 땅에 정착한 이들을 만났다. 이제는 아무런 흔적조차 없는 신라방, 지명만으로 남아있는 고려영高麗營과 고려보高麗堡 마을, 그리고 우리말은 잃어버렸지만 중국에는 없는 성씨라 우리나라 국적을 회복한 박씨촌朴氏村 주민 등이 바로 그들이다. 하지만 중국에서 가장 넓게 퍼져 있는 우리나라 사람은 흔히 '조선족'으로 불리는 '중국 교포'이다.

그리고 나도 새로운 조선족인 신선족이 될 상황이었다. 그런데 개인적으로 2008년 가족이 한국으로 귀국하면서 이런 상황은 끝났다. 그렇지만 한국에서도 중국 동포 사회를 가장 가까이서 볼 수 있다. 대림동이나 건대 앞 동포 중심 상권은 물론이고 1호선 남쪽 지역에는 상당수의 동포 집중지역이 생겼다. 필자가 사는 인천 백운역의 남쪽 마을에도 동포 상권이 생겨서 마라탕도 즐길 수 있고, 중국 생필품도 가끔 이용한다.

그런데 우리나라 사람들 대부분이 아직도 중국 동포들에 대해서 선입견과 편견을 갖고 있다는 것을 느낀다. '황해' 등 동포들을 거칠게 표현한 문화 콘텐츠와 중국에 대한 부정적 견해가 혼합되어 나타난 현상으로 보인다. 하지만 필자는 중국 동포들을 한국어와 중국어는 물론이고 영어, 일어 등을 갖춘 이 시대 디아스포라의 상징적인 존재들로 생각한다. 훗날 중국 동포들이 우리나라에 갖는 인식이 한중 관계에 큰 영향을 미칠 수도 있다는 생각이다.

중국은 있다

농업과 관광은
한국의 블루오션이 맞을까

　얼마 전 백두산에 가면서 지린성의 몇 지역을 돌아봤다. 백두산이 위치한 장백산맥을 끼고 있는 산들이다. 바이산시에 속한 우숭현抚松县은 고속도로 변에 수없이 '중국인삼의 고장中国人参之乡'이라는 야립광고가 펼쳐져 있었다. 실질적으로 우숭뿐만 아니라 중국 인삼의 10대 생산지는 모두 지린, 헤이룽지앙, 랴오닝 등 동북 3성에 있다. 드넓은 중국에서 가장 귀한 약재인 인삼이 나는 곳이 이곳인 이유는 장백산맥의 기운만이 제대로 약성이 있는 인삼을 길러내기 때문이다. 인삼만은 아니다. 다른 약재 등도 이 지역 제품을 가장 높게 보기 때문에 통화시通化市는 '백초의 왕百草之王'을 표방하면서 부가가치를 높이는 관련 산업을 키우고 있다.

인삼의 최적지는 중국일까. 그렇지 않다. 인삼을 재배하기 최적의 환경은 한반도다. 과거부터 금산, 풍기, 강화, 개성 등이 인삼의 고장인 것도 그 이유다. 특히 지금 중국에서 인삼을 가장 많이 생산하는 헤이룽지앙 지역은 겨울에 영하 20도 이하로 내려가는 게 다반사라 인삼을 재배하기 위해서는 훨씬 강화된 보온시설을 해야 한다. 반면에 한국은 어느 지역이나 좋은 인삼을 생산해 낼 수 있다.

그런데도 한국은 정관장 등 특정한 인삼 업체가 활동할 뿐 그 이상의 확장성을 보여주지 못하고 있다. 지금으로부터 10년 전인 2015년 2월 시사저널에 세계적인 투자자 짐 로저스의 인터뷰가 실렸다. 제목이 '한반도 블루오션과 관광과 농업'이었다. 한중 무역 상황을 항상 체크하고, 우리나라의 대중국 미래 먹거리를 고민하는 나에게는 눈을 번쩍 뜨게 하는 내용이었다.

짐 로저스는 워런 버핏, 조지 소로스와 함께 세계 3대 투자귀재로 불리는 투자자다. 그는 특히 한국, 중국 등 동양을 통찰력 있게 봐 온 투자자로 〈세계에서 가장 자극적인 나라〉 등 그가 한국에 관해 쓴 책이나 글을 보면 쉽게 알 수 있다. 그는 대부분의 글에서 한국은 농업과 관광을 중시해야 한다고 조언했다. 또 광산업, 어업, 의류산업의 중요성에 대해서도 강조했다.

그의 이런 말을 들으면, 우리나라 사람들은 좀 의아하게 생각한다. 우리 식탁의 상당 부분을 중국산이 차지한 지 오래고, 한약재 등도 중국산에 익숙하기 때문이다. 그렇다면 짐 로저스는 뭘 몰라서 엉뚱한 말을 한 것일까.

필자는 2019년 국내에서 농수산품 수입 수출을 총괄하는 농수산물유통공사 고위급 관계자들과 중국 베이징과 따리엔을 방문했다. 방문길에 중국 농업 기반 시설이나 농수산 식품의 유통을 보면서 짐 로저스가 말한 시기가 멀지 않았음을 실감했다. 아울러 이런 인식은 미래를 준비하는 우리나라의 입장에서 꼭 챙겨야 할 필요가 있었다. 로저스가 한 말을 제대로 인식해 준비한다면 농업과 수산업은 네덜란드 등에서 그렇듯이 한국의 미래를 만들 수 있지만, 제대로 준비하지 못한다면 지금처럼 뒤처진 산업으로 치부될 수 있기 때문이다.

인구 595만 명으로 중국 도시 인구 순위에서 50위 정도인 따리엔大連市은 중국에서 가장 살기 좋은 도시로 꼽힌다. 바다와 산이 잘 어우러져 있으며 아름다운 해양도시이자 관광도시로 이름이 높다. 따리엔 샨빠광장三八廣場에 있는 까르푸家樂福에는 손님들로 넘쳐났다. 그곳에서 필자의 발길을 붙든 곳은 신선식품 매장과 쌀 매장이었다. 놀란 것은 쌀 가격이었다. 보통 5킬로그램 단위로 팔리는 쌀은 보통 50위안에서 최고 160위안이었다. 한국에서도 먹는 자포니카는 물론이고 안남미로 불리는 인디카종도 비슷했다.

당시 한국에서 비싼 편에 드는 '농협 임금님표 이천쌀' 10킬로그램 들이가 4만 원에 팔리고 있는 것에 비하면 중국의 쌀값은 훨씬 비싼 것이다. 중국에서 10킬로그램에 320위안(한화 5만 4,000원가량)에 팔리는 아키바리 쌀도 한국에서는 훨씬 싼 3만 1,000원 정도에 거래되고 있기 때문에 이런 상황은 이미 보편적인 흐름으로 보는 게 맞았다.

쌀 뿐만이 아니었다. 양파나 마늘 같은 양념류나 감자 등 채소류도 한국과 거의 차이가 없었다. 중국 농산물의 가격이 한국과 비슷하게 올라온 것은 이미 상식이 되어버린 상황이다.

중국에서 쌀 가격은 어떻게 형성될까. 필자 일행은 중국 농수산식품의 유통을 총괄하는 중량그룹中粮集團의 쌀 가공기지를 방문하면서 중국 농산물 가격의 흐름을 일부 파악할 수 있었다. 중량그룹은 2023년 자산 규모 7,307억 위안(한화 144조원 가량) 포브스 중국기업 순위에서 29위(2023년)로 미국, 브라질에 식량 전용 항구를 갖출 만큼 거대한 기업이다. 자체적으로 쌀과 식용유 중심인 브랜드 푸린먼을 비롯해 샹쉐, 창청와인, 따위에청, 멍뉴 등 10여 개 브랜드를 거느리고 있다.

중량그룹의 쌀 부문을 총괄하는 곳은 본부지만 그 중심기지는 주요 쌀 생산기지이자 동북 3성의 관문항인 따리엔에 있다. 고구려의 비사성이 있었던 따헤이산大黑山에서 내려다보이는 따리엔신항 내 중량그룹 쌀 가공부는 생산, 관리, 저장, 유통 등 모든 과정이 초현대식으로 갖추어져 있었다. 도정공장에는 로봇까지 갖추어져 있었다. 필자와 동행한 한국의 전문가 그룹 역시 이미 한국의 관리 능력을 넘어섰다는 데 의견을 같이했다. 내부에는 실험실 등을 완벽하게 갖추고 있는 상황이다.

이곳에서 처리하는 쌀은 연 500만 톤으로 400만 톤 정도인 한국 전체 생산량을 넘어선다. 내부에는 자체적으로 만든 10여 개의 브랜드가 전시되어 있었다. 브랜드별 가격을 물었더니, 5킬로그램에 50위안부터 160위안까지 팔린다고 했다.

우리가 먹는 자포니카종의 중국 주산지는 랴오닝, 지린, 헤이롱지앙 등 동북 3성 지역이고, 인디카종은 후난, 지앙시성 등 남부지역이다. 중국의 1년 총 쌀 생산량은 2017년 2억 1,267만 톤으로 한국의 50배가 넘는다. 중국 역시 쌀은 과다생산으로 인해 수출이 가능한데, 2017년에는 86만 톤 정도를 수출했고, 수입처는 코트디부아르나 터키, 세네갈 등이었다.

그럼, 쌀의 가격은 어떻게 결정될까? 중량그룹 자체 데이터는 물론이고, 국제시장을 분석해 결정된다. 중국 정부는 쌀, 콩 등 주요 곡물의 가격을 안정화시키기 위해 따리엔에 국제상품거래소를 설치해 운영하고 있었다.

쌀이 따리엔을 통해서 거래된다면 채소류는 칭다오나 엔타이, 웨이하이, 수광 등 산동성 지역이 생산과 거래의 중심지다. 따리엔 까르푸에서 팔고 있는 채소의 원산지도 대부분 산동성 수광시壽光市였다. 산동반도의 중북부에 위치한 수광시는 웨이광시 관할 자치시로 채소하이테크시범단지, 생태농업관광단지 등이 말해주듯 중국 채소류의 중심기지다. 특히 최근에는 유기농 농업을 중심으로 급속히 발전하는 지역이다.

중국 농업의 최근 흐름은 유기농은 물론이고 스마트팜 등 4차산업혁명과 결합한 농업에서도 빠른 발전을 거듭하고 있다. 스마트팜은 입지 환경이 중요한 요소가 아니어서 스마트시티 발전을 선도하는 저지앙, 항저우 등지가 중심이 되고 있다. 성정부 산하 농업데이터센터가 농업에 빅데이터, 사물인터넷, 지리정보 시

　　　　　　　　　　　중국은 있다

스템 등 IT기술을 결합하고 있다. 또 허마센셩이라는 첨단 식품 유통망을 갖춘 알리바바도 헤이룽지앙 성정부와 스마트팜, 인클루시브 금융普惠金融, Inclusive finance 등을 포함한 협력을 체결했다. 또 다른 대형 유통업체 징동京东 역시 지난해 5월 농업기업인 베이다황北大荒그룹과 스마트팜 조성 협약을 체결하는 등 중국 역시 스마트팜은 대세가 됐다.

그럼, 이렇게 빠르게 성장하는 중국 농업을 두고, 짐 로저스는 왜 한국의 미래 산업이 농업이라고 했을까. 그간 중국의 곳곳을 다녀본 필자가 로저스의 말에 공감하는 것은 중국이 따라올 수 없는 한국의 지역적 특성에 있다.

중국은 960만 평방킬로미터의 육지를 갖고 있다. 하지만 중국에선 땅 위로 흐르는 물을 먹어도 아무런 탈이 나지 않는 지역은 손에 꼽는다. 한국과 가까운 동북 3성이나 후베이성 선농지아, 후난성, 쓰촨성, 푸젠성 일부를 제외하고는 석회질 등으로 인해 지표수를 먹으면 안 된다. 물 뿐만이 아니다. 중국은 역사적으로 한국의 특산품인 고려인삼을 자체 생산하기 위해 수많은 공을 들였다. 특히 산동성은 고려삼을 자체화하기 위해 노력했으나 큰 성과를 보지 못했다. 이러는 사이 정관장 등 한국 인삼제품은 인기를 더 키워가고 있다.

중국 마트에서 만나는 중국 농수산제품의 가격이 한국과 격차를 줄이는 것은 현지의 인건비 상승 탓도 있지만 중국 하이엔드 소비층의 증가에도 원인이 있다. 대도시에 아파트 몇 채를 갖고 있어 자산이 수십억 원씩 되는 소비자들은 가능하면 안전하고, 영양가 있고, 몸에 좋은 식재료들을 찾는다. 약재 역시 비슷하다. 한국 인삼의 효능이 좋듯이 당귀나 오가피 등 모든 약재가 한국에서 생산될 때, 더 좋은 효능을 기대할 수 있다. 한국 은행잎이 다른 나라에서 생산된 은행잎보다 20배에서 100배나 많은 약을 생산하듯이 다른 약재들도 그런 약성의 차이를 갖는 경우가 많다.

따라서 한국 정부가 체계적으로 농수산물이나 약재를 관리한다면 농업은 한국의 미래산업이 될 수 있다. 반도체나 조선, 스마트팜 등은 기술의 발달로 인해 중국이 한국을 추월할 수 있지만, 한국이라는 땅이 가진 가치를 추월할 수는 없기 때문이다. 수산물의 경우 땅이 작용하는 것보다는 영향이 작을 지라도 한국의 섬을 활용한 수산물들은 중국이라는 시장에서 더 큰 힘을 가질 수 있다.

그럼, 한국 농업이나 수산업이 어떤 방식으로 발전해야 미래산업이 될 수 있을까. 현재 한국 농업의 중심지는 관련 공기업들이 이전한 전남과 전북이다. 특히 무안공항과 목포신항 등을 갖춘 전남 서남부 지역은 한국 친환경 농산물의 50%와 수산물의 60%, 해조류의 90%를 생산하는 지역이다.

하지만 이곳의 농업은 아직 영세한 수준을 벗어나지 못했고, 주로 쌀 생산 중심으로 진행되고 있다. 게다가 급속한 노령화로 인해 생산성 자체를 잃고 있으며, 다양한 경작지가 사라지고 있다. 이런 전남 지역에는 중국 하이엔드 층을 대상으로 한 농업단지의 육성이 가능하다. 이들을 상대로 하는 상품은 친환경, 유기농 등으로 특화할 필요가 있다. 또 종자부터 생산, 관리, 가공, 유통의 전 과정을 QR코드로 볼 수 있는 시스템을 만들어야 한다. 급속히 늘어나는 허마셴성 등 첨단 식품매장은 이런 정보가 필수이기 때문이다.

약재의 경우 더 큰 가능성이 있다. 전라남북도는 물론이고 강원도, 충청권 등은 약재 생산기지로서 가능성을 갖고 있다. 다만 중국 약재에 대한 정보나 종자에 대한 기초가 부족한 만큼 국가적인 차원에서 관리할 필요가 있다. 이 과정을 우리가 독점하기보다는 중국 측과 협업을 통해 진행할 수 있다. 앞서 소개한 중량그룹이나 통런탕同仁堂, 텐스리天士力 등과 협력할 경우 손쉽게 중국 유통망을 확보할 수 있다. 이런 과정은 농림축산식품부가 주관하되 농어촌공사, 농수산식품유통공사 등의 산화기관들과 협업이 필요하다.

매불쇼,
전문가에게 한 수 배우다

나는 팟캐스트 매불쇼의 오랜 애청자다. 기지 넘치는 진행자 최욱 씨도 매력 있지만, 이 시대에 필요한 교양을 최고의 전문가를 통해 쉽게 풀어주기 때문이다. 더욱이 우리 국민들이 나가야 할 방향을 잡아주는 데 가장 강한 역할을 하는 매체라고 생각했다. 우리나라 사람들의 중국관을 바꾸고 싶어 하는 나에게 있어서는 가장 관심이 가는 매체였다.

그간 중화TV의 '차이나피디아'나 KTV 국민방송 〈생각의 탄생 20분〉 등에 출연했지만, 내용이나 시청층에 한계가 많았다.

그런 나에게 '매불쇼'는 꿈의 매체였다. 그러던 중 매불쇼의 작가에게 전화가 왔다. 이후 7월 8일과 9월 1일에 연속으로 출연했다. 같이 했던 패널은 내가 평소에 존경하던 국제문제 전문가 김준형 의원과 〈짱깨주의의 탄생〉을 쓴 광운대 김희교 교수였다.

첫 방송은 두 가지의 큰 논쟁이 있었다. 하나는 이재명 대통령이 9월 3일 중국 전승절 80주년 행사에 참석하는 게 좋은가에 대한 논쟁과 한국의 대중국 수출에 관한 것이었다. 중국 전승절 참석에 관해서 나는 가지 않는 게 옳다는 생각이었다.

"2015년 9월 박근혜 대통령의 전승절 참석이 우리나라의 국제관계를 꼬이게 하는 시작이었다. 이 참석 이후 미국은 한국의 친중 방향을 우려하기 시작했고, 이를 포장하느라 우리나라는 사드를 도입하는 악수까지 두었다. 중국은 전승절 참여보다 한국이 차분하게 국제관계를 진행해 갈등을 만드는 것을 원할 것이다."라는 취지로 말했다. 김준형 의원은 박근혜의 전승절 방문 자체가 문제가 아니라며, 앞일을 부정하려는 게 더 잘못이라고 말했다. 아울러 전승절에 참여해, 시진핑 주석이 APEC 회의에 참석하도록 하는 게 국익에 도움이 될 거라는 입장이었다. 김희교 교수도 김 의원과 비슷한 입장을 취하면서 향후 국제관계에서 균형이 필요하다는 입장이었다.

25년 동안 중국에 집중해서 활동해 온 필자도 우리나라가 중

중국은 있다

국과 관계가 좋아지는 것을 가장 간절하게 바라는 한 사람이다. 하지만 이미 친중의 인상이 강한 이재명 정부가 제대로 된 한미 정상회담을 하기 전에 한국과 역사적 인연이 크지 않은 중국 전승절 행사에 참석하는 것은 반대급부가 상당하다. 결국 미국 정부의 타깃이 될 가능성도 적지 않기 때문이다.

중국의 외교는 상당히 체계적인 것으로 정평이 나 있다. 마오쩌둥을 이은 2인자로 알려진 저우언라이는 중국 외교의 전략을 기초한 지도자였다. 외교를 총괄하는 중국 외교부장外交部长을 대표하는 인물을 보면 그 결을 쉽게 이해할 수 있다. 저우언라이周恩来는 국무원이 생긴 후에 외교부가 만들어지자 1958년까지 외교부장을 겸하면서 터전을 만들었다. 이후 부총리인 천이陈毅가 1972년까지 외교부장을 겸했다. 이후 4대 치아오관화乔冠华, 이후 상무위원들이 대부분 외교부를 책임졌다. 천지첸钱其琛, 탕지아쉔唐家璇, 리자오싱李肇星, 양제츠杨洁篪가 맡았으며, 2013년에 왕이王毅가 외교부장을 맡았다. 10년이 부담스러웠는지 잠시 첸강秦刚이 맡았지만, 반년 만에 왕이가 다시 외교부장 역할을 맡고 있다.

왕이부장은 강한 인상만큼이나 외교 무대에서도 독보적인 존재감을 드러내는 인물이다. 2016년 6월 캐나다를 방문 당시 스테판 디옹 외교부장관과의 자리에서, 아이폴리틱스iPolitics라는 정치 전문 보도 사이트의 소속 기자가 중국의 인권 탄압에 대해 아느냐는 질문을 하자, 분노하여 "당신의 질문은 중국에 대한 편견과 오만으로 가득 차 있다. 대체 어디서 그런 말을 들었단 말인가? 납득할 수 없다."라고 기자회견 중에 대놓고 화를 내는 모습을 보여 논란이 된 것도 그 예다. 이런 모습은 시진핑의 '중국몽' 등과도 결을 같이 하고, 이 정도 존재감을 드러낼 수 있는 현직 인사를 찾기 어렵기 때문에 지속적으로 중용되는 것으로 보인다.

그날 매불쇼에서 또 다른 논제를 내가 만들었다. 큰 취지는 이렇다.

"잘 주목하지는 않았지만, 올해 5월까지 중국 수출이 미국 수출보다 줄었다. 대미 수출은 509억 달러인데, 대중 수출은 501억 달러였다. 이제 글로벌 가치사슬이 바뀌는 것을 주시해야 한다. 그간 우리나라의 수출 추이를 봐 오면서 우리가 중국에 팔 거리가 무엇인지를 고민했다. 이제 그 문제가 본격적으로 나타나기 시작했다. 화학, 철강 등의 상황이 대표적이다."

이런 상황에 대해 김준형 의원은 관세 문제 등이 불거지면 다시 대중국 수출이 늘 것으로 전망했다. 하지만 필자는 큰 변화는 없을 것으로 생각했다. 필자는 중국 관련 강의를 할 때, 대중 수출 증가율 변화를 보여주는 표를 제시하곤 했다. 10년 전 강의할 때 맥락이다.

"1992년 수교 이후 우리나라 대중국 수출 증가율은 매년 두 자릿수 이상 늘었다. 하지만 2014년 수출 증가율이 마이너스 0.4%를 기록한 이후 지속적으로 위기다. 사드 배치 이후에 증가한 것은 중국의 4차산업혁명으로 인한 반도체 수요 증가가 원인이다. 반도체가 위기를 맞는다면 우리나라 대중국 수출은 큰 문제가 생긴다."

이 문제를 파악하기 위해서는 글로벌가치사슬GVC을 이해해야 한다. 이 말은 국가 간의 역할에 따라 서로 연결되어서 경제가 돌아가고 있다는 흐름이다. 전통적으로 한국과 대만은 중국에 흑자를 보고, 중국은 미국과 일본에 흑자를 보는 구조다. 상대적으로 일본은 한국과 대만에 흑자를 봤다. 이런 이유는 한국이 일본에 있는 기초 원자재를 사 와서 중국에서 가공 후 중국으로 수출하면, 중국은 이걸 생산해 미국으로 수출해 흑자를 보는 구조라는 것이다.

그런데 전 트럼프 정부부터 미중 무역 갈등이 심해지면서 이런 구조가 균열이 나기 시작했다. 반도체나 통신, 화학 등의 장비를 중국이 국산화하면서 한국에서 중국으로 수출할 품목들이 사라지기 시작한 것이다. 결국 중국은 원부자재부터 국산화를 노력했고, 상당 부분 성공했다. 이는 한국이 일본의 반도체 원부자재 수입 제한을 이겨낸 것과 같은 상황이다. 결과적으로 현재까지 크게 작용하던 GVC의 핵심 고리가 분열되고, 지역이 뭉쳐서 같이하는 지역 가치사슬RVC이나 한 나라가 전담하는 국가가치사슬NVC로 바뀌고 있다는 것을 말한다. 결국 한국은 이런 상황에서 어떻게 자리할 것인가가 가장 중요하다.

두 번째 방송은 나와 김준형 의원 두 명만 출연했다. 전승절에는 우원식 국회의장과 같이 출연한 김준형 의원 등 의원 몇 명이 가기로 한 상황이었다. 이날 나는 우리나라 사람들이 중국을 부정적으로 보는 데 반해 중국 사람들은 한국 사람에 긍정적인 모습이라며 국가 간 감정 불균형의 문제를 이야기했다.

내가 생각하는 '선입견과 편견 없이 중국 보기'를 시작하는 의미도 가지고 있었다. 나는 공부로서 중국을 깊이 보지도 않았고, 사업으로도 깊이 중국을 보지 않았다. 하지만 30살에 인연을 가진 후 깊게 중국을 이해하려 했고, 그 과정에서 좋은 기억이 많은 사람이다.

두 번째 날, 최욱 진행자는 이런 관점이 친중이 아니라 친한이라는 말을 했다. 결국 문제를 제대로 인식해서 우리나라에 도움

중국은 있다

이 되게 하자는 의미여서 내가 생각하는 것을 그대로 대변한멘트에 고마웠다.

출연한 두 분의 전문가들과 결을 달리한 것도 있었지만 궁극적으로는 차이가 없다. 김희교 교수의 책은 내가 인상 깊게 봤던 중국 관련서였고, 김준형 의원의 활동에도 항상 지지를 보내왔기 때문이다. 내가 중국에 관해 가장 신뢰하는 전문가는 성균관대 이희옥 교수, 서울대 조영남 교수, 외대 강준형 교수, 연세대 문정인 교수 등이다. 산업은 용인대 박승찬 교수, 문화는 인천대 권기영 교수에게 많은 도움을 받는다. 이분들이 출간하는 책은 빼놓지 않고 읽으려 노력한다. 또 필자도 참여하는 중국자본시장연구회에서 인연이 된 전병서, 정유신 교수에게도 많은 도움을 받는다.

앞으로 5년간의 국제관계는 한국의 미래 명운을 좌우할 정도로 중요하다. 이미 위기를 맞은 화학이나 철강 등의 위기가 다른 분야로까지 확산되면, 한국 경제의 위기는 걷잡을 수 없이 빨라질 수 있다. 반면에 국제관계를 통해 미래 산업을 찾아내고, 농업이나 문화, 관광 등 대체 가능한 산업을 발굴하면 우리나라의 미래는 있다.

매불쇼 매불쇼에 출연하여 김준형 의원과 이야기하는 모습

　　이런 해답은 어떤 한 사람이 제시하는 것이 아니라 국내 전문
가들이 수없이 토론하고 숙의해서 답을 찾아낼 수 있다. 그래야
만 혹시나 모를 함정도 막을 수 있다. 그런 점에서 매불쇼의 출연
을 통해 다양한 방면들을 고민할 수 있었다는 점도 다행스러운
일이다.

황사, 미세먼지로
한중 미래를 읽다

우리나라 사람들에게 중국에 관해 부정적인 이미지를 갖게
된 계기를 물으면 상당수가 황사나 미세먼지를 말한다. 2002년
을 시작으로 한국을 찾아온 대형 황사는 봄철에 공포라 할 정도
로 심각했다. 2010년 이후에는 미세먼지가 찾아오면서 중국발 공
기에 대한 공포심이 일었다. 두 가지는 우리나라 사람들에게 오
감五感으로 '차이나 포비아'(중국공포증)를 만드는 계기가 됐다.

중국발 황사의 공포를 가져온 것은 2002년 3월 말이다. 그해
태양을 가릴 만큼 엄청난 황사가 찾아왔고, 해마다 그 공포는 계
속됐다. 필자는 2002년 1월경 그해 황사가 강하게 올 수 있다는
예측 기사를 쓴 인연으로 황사에 집착하기 시작했다.

황사는 땅과 바람, 강수 등 다양한 변수가 복합적으로 작용하는 만큼 인력으로 예측하는 것은 불가능에 가깝다. 이런 변수들을 잘 관찰해 추측하는 정도가 할 수 있는 유일한 방식이다. 한국에 영향을 주는 황사는 보통 3월 말부터 나타난다. 큰 영향을 주는 사막도 네이멍구 마오우스, 쿠푸치, 훈찬타커 사막 등으로 한국에서 서쪽이나 서북향으로 1,000~1,500킬로미터 거리에 있다. 필자는 황사철이 되기 전 천여 킬로미터가량을 이동하면서 황사 근원지 상태를 살폈다. 만약 앞 해 겨울에 강수가 많아서 흙이 잘 굳어 있으면 어지간한 바람에는 황사가 일어나지 않는다. 이 상태가 그해 봄 황사를 예측하는 기준이다. 물론 중국기상청 홈페이지를 통해 겨울의 강수량과 향후 장기 예보도 봐야 했다. 앞서 황사 근원지에는 3월 말에 큰 강우나 강설로 땅이 덮이는 일이 종종 있기 때문에 이 상황까지 고려해야 했다.

봄의 바람은 인력으로 예측할 수 없는 일이다. 다만 3월 초부터 4월 말까지 이 지역은 강한 편서풍이 불어서 황사를 발생하게 한다. 그런데 놀랍게도 지구온난화 등으로 이 바람도 서서히 약해지는 추세였다.

이렇게 황사가 발생하는 시기에 맞추어, 황사 근원지를 찾고, 전문가를 인터뷰해 매년 황사를 예측하는 기사를 썼다. 방송으

2010년 쿠푸치 사막 우리나라 황사의 대표적인 발원지인 네이멍구 쿠푸치 사막. 방풍림을 심기 시작했고, 지금은 많이 개선됐을 것이다.

로도 가끔 황사에 관한 브리핑을 했다. 운이 좋게 필자의 예측은 매년 거의 맞았다. 기상청에서도 인정할 정도로 정확해 '황사 전문기자'라는 별칭도 얻었다.

하지만 2008년에 귀국한 후에는 황사 예측을 하지 않았다. 우선 황사 근원지를 다녀올 수도 없었고, 황사 자체가 하나의 자연현상일 뿐 재앙으로 인식되는 것은 옳지 않다는 판단도 작용했다. 또 앞서 말했듯 편서풍이 약해지고, 중국도 엄청난 노력을 하는 만큼 개선될 것으로 봤다.

반면에 미세먼지에는 관심이 갔다. 황사가 단순한 먼지임에 반해 미세먼지는 인간에 가장 유독한 물질로 신체건강에 막심한 영향을 미치기 때문이다. '미세먼지가 황사보다 무서운 네 가지 이유'(오마이뉴스 2014년 02월 27일)는 다양하게 인용된 글이다. 이 글에서 필자가 주장한 네 가지 이유는 다음과 같다.

첫째는 미세먼지는 대기오염의 집합체라는 점이다. 두 번째는 황사처럼 짧게 지나가는 게 아니라 며칠 동안 머물 수 있다는 점이다. 세 번째는 초겨울부터 봄까지 상당히 긴 기간 동안 발생할 수 있다는 점이다. 네 번째는 당시 대기가 자정작용을 잃었다는 점에서 공포라고 말했다.

결국 국내에는 미세먼지 발원지인 중국에 대한 비난이 발생하고, 손해배상 청구까지 있었다. 이런 상황에서 필자는 몇 가지를, 기고를 통해 말했다.

우선은 우리나라의 미세먼지가 중국으로부터 온 것이 얼마나 되는지 증명해 낼 수 있는가 하는 문제였다. 중국은 미국과 더불어 세계 최대의 위성을 운용하는 국가이고, 중국대사관이 미세먼지 근원지에 대한 더 분석이 필요하다고 주장하는 것도 이런 배경에서 나왔다.

중국은 있다

두 번째는 국경을 넘는 대기 오염물질에 관한 국가 간 규제나 책임에 관해 국제법적으로 얼마나 정립되어 있는가 하는 문제였다. 이런 문제에 대한 책임을 지울 수 있을지도 의문이다. 게다가 책임 소재가 확인되었다 하더라도 결과를 놓고 감정싸움만 지속될 것이 뻔하다고 봤다.

세 번째는 중국 내부의 미세먼지에 대한 노력을 낮게만 볼 수 없다는 것이다. 중국 정부는 최근 오염물질 배출에 대한 제제는 물론이고 다양한 규제 정책을 내놓고 있다. 특히 자동차 보급에 있어서 전기자동차의 할당량을 확대하는 등 중장기적인 미세먼지 저감 정책을 끊임없이 발표하고 있다고 했다. 미세먼지는 한국에 나쁜 영향을 주듯 중국 자체적으로도 큰 문제다. 중국 스스로도 이 문제를 풀기 위한 많은 노력을 하고 있다. 시진핑 정부의 새로운 정책에서 '친환경'이나 '녹색'이 들어간 것이 많은 것도 그런 이유여서 변화될 것으로 분석했다.

이런 상황에서 중요한 것은 중국을 가해국으로 보는 마인드에서 벗어나 환경 개선의 파트너로 보는 관점을 갖는 것이다. 그런 이해가 있다면 중국과 협력을 통해 다양한 미래 가치를 만들어낼 수 있기 때문이라고 역설했다. 실제로 미세먼지는 초겨울, 봄 등 특정한 시기에는 중국발이 많았지만, 궁극적으로 한국 미세먼지의 대부분은 한국에서 발생했다는 게 통계 자료였다.

그로부터 10년 정도가 지난 지금은 어떨까. 중국은 2008년 베이징 올림픽을 계기로 맑은 공기의 맛을 알았다. 이를 위해 공장 가동 금지나 가정용 석탄 금지 등 강경한 조치를 취했다. 전기차 전환과 노후차 교체도 과감하게 추진했다. 결과적으로 베이징, 텐진, 화베이 등 징진지는 물론이고 동북 3성이나 산둥반도도 공기가 맑아졌다. 한국도 2020년 이후에는 큰 미세먼지가 발생하지 않는 상황이다.

결과적으로 중국은 필요에 따라서 대기를 맑게 했다. 황사의 근원지인 네이멍구 지역을 가면 요즘은 격세지감을 느낀다. 과거 황사의 근원지가 되던 마오우 사막이나 쿠푸치 사막, 훈찬타커 사막은 강수량이 상당히 늘고, 초목도 늘었다. 우공이산의 정신으로 황사를 막고자 했던 중국 정부의 노력과 한국 등 국제환경단체의 노력이 작용한 덕분이다.

지금까지의 사례를 보면 중국은 과감한 정책으로 일어나는 문제를 하나둘씩 풀어내고 있다. 한중은 단순한 교류관계가 아니라 국제관계로는 북한을 사이에 둔 가장 가까운 이웃이다. 바다로는 서해를 두고 서로 마주 보고 있다. 어로문제, 환경 쓰레기 문제 등도 상호 간에 영향을 미친다.

황사와 미세먼지의 해법을 보면 향후 중국이 어떤 방식으로 문제를 풀어갈지는 알 수 있다. 물론 중국이 아무리 능력을 발휘한다고 할지라도 황사 문제는 해법이 쉽지 않다. 황사는 지구온난화 등 대기 문제와 직접적인 관계가 있기 때문이다. 다만 확실한 것은 거대한 황사발원지에 엄청난 비용을 투여해 대책을 세워가고 있다는 것이다. 그것은 발생 확률을 줄이고, 발생 강도를 낮추는 확실한 대책이다.

반면에 미세먼지는 자국 산업계의 희생을 감수하고서라도 과감한 조치로 대책을 강구하고 있다. 사실 국내 미세먼지가 줄어든 것은 중국의 노력도 있지만 한국의 노력도 작용하고 있다. 국내 석탄발전을 줄이고, 저감장치를 강화하고, 자동차 매연 단속에도 신경을 썼기 때문이다.

해법은 한쪽에게 책임을 씌우기보다는 정확하게 문제의 원인을 분석하고 대책을 만드는 데 있다. 황사나 미세먼지의 악몽이 상당 부분 해소됐지만, 지금도 우리나라 사람들은 그 기억을 다시 떠올리고, 반중의 소재로 삼는다.

1970년대 한국은 일본을 따라잡기 위해, 공업화를 노력해 제조업을 키웠다. 중국은 1990년대부터 한국을 따라잡기 위해 제조업을 키웠다. 이제 한국이나 중국 모두 경중공업을 통해 부가가치를 생산하던 시기는 지났다.

우리 모두
단재 정신을 심자

우리나라 사람들과 중국 관계가 새로운 고비를 맞고 있다. 이 고비는 한중 관계의 위상 변화라는 점에서 이전의 그것과 다르다. 92년 수교 직후 한중 관계는 한 때 한국이 강자처럼 인식됐다. 그러나 최근 수년간 우리는 세계 양대 헤게모니로 성장한 중국을 만나고 있다. 사실 그간 우리는 불과 사반세기 만에 얻은 경제적 성취로 중국에 우월한 것처럼 행동했다. 이제 우리의 이런 선입견은 강력한 도전을 맞고 있다.

앞으로의 한중 관계는 어떻게 될 것이고, 중국에 있는 우리나라 사람이나 중국에 진출하는 사람들은 어떤 자세를 가져야 할 것인가. 사실 수교 이후 한중 관계는 우리가 우월한 모습이라기보다는 지나치게 비굴한 모습이었다. 한국은 지난 시간 동안 중국에 들어와 자본이나 기술은 물론이고 모든 것을 주면서도 제대로 대접받지 못했다. 스스로 존엄을 지키지 못한 민족을 어느 누가 높게 볼 것인가.

이 전환기에 주목해 볼 만한 한 분을 소개하고 싶다. 바로 단재 신채호 선생이다. 많은 사람들에게 단재 선생을 '아나키즘'이나 '고구려' 정도로 인식하고 있다. 하지만 선생은 인생의 가장 중요한 시기를 망명자의 신분으로 중국에서 보내다가 결국 중국 땅에서 숨을 거둔 애국지사다. 선생에게는 우리가 중국인을 볼 때 가져야 할 자존심과 한국인으로의 오롯한 자세 등 모든 것이 있다.

단재를 아는 사람들은 그래서 더 큰 존경과 안타까움을 가진다. 1936년 단재가 차가운 시신으로 고국에 돌아왔을 때 일제의 서슬 퍼런 눈이 있었지만 만해 한용운이 기금을 마련하고, 오세창이 비문을 썼다. 몇 년 전 단재 예술제전에 강사로 참여한 도올 김용옥이 단재의 묘 앞에서 무릎을 꿇고 통곡한 것도 단재의 사상적 깊이와 넓이에 감명받았기 때문이다.

필자는 수차례 중국 내 단재 선생의 유적을 답사했다. 답사단 일행은 먼저 단재 선생이 돌아가신 따리엔으로 향했다. 한반도를 향한 두 개의 반도 중 하나인 랴오닝반도의 최남단 도시인 따리엔은 중국 근대사의 가장 상징적인 도시다. 청일전쟁 후에는 부동항과 동아시아 야욕을 가진 러시아가 조차租借했고, 러일전쟁 이후에는 대륙에 대한 야욕을 가진 일본에게 조차당한 비극의 땅이기 때문이다. 따리엔에서 한 시간여를 달리면 뤼순旅順이 있다. 이곳은 군사도시여서 아직까지 외국인의 공식 방문을 막는 곳이다. 뤼순이 우리에게 남다른 것은 이토 히로부미를 저격한 안중근 의사가 1910년 3월26일 이곳에서 처형됐고, 그로부터 약 26년 후인 1936년 2월 21일에 이곳에서 단재 선생이 옥사했기 때문이다.

감옥 안에는 단재 선생에 대한 간단한 소개와 단재 선생이 쓴 '조선혁명선언'의 일부가 있다. "민중은 우리 혁명의 핵심 역량이다. 폭력은 우리 혁명의 유일한 무기이다. 우리는 군중 속에 들어가…"로 시작된 이 글은 의열단을 이끌던 김원봉의 부탁으로 1923년 1월에 써준 것이다. 만해 한용운韓龍雲의 '조선독립의서'와 더불어 식민지 시대 2대 명문장으로 꼽히며 아무리 힘들어도 절대로 굴하지 않아야 하는 민족의 사명을 말해준다.

단재는 베이징과 깊은 인연이 있어서 우리는 베이징에 오는 이들에게 단재를 소개한다. 단재는 이 독립운동가들의 정신적 지주였다. 많은 지식인들이 한국에 남아 몸은 물론이고 마음을 팔 때 단재는 베이징에서 뼈를 깎는 가난 속에서도 우리의 미래를 생각했다.

베이징 진스팡지에錦什坊街는 단재 선생이 1920년 박자혜 여사와 결혼해 험난한 베이징 생활 중에 가장 행복한 시간을 보냈던 곳이다. 하지만 아들 수범이 태어나고 일 년도 채우지 못해 단재는 가족을 고국으로 돌려보낸다. 군벌들의 난립으로 인해 복잡한 이곳에서 가족을 꾸릴 여력이 되지 못했기 때문이다.

진스팡지에 21호 단재 신채호 선생이 가장 행복한 시간을 보냈던 진스팡지에 21호 자리

중국은 있다

가족이 떠난 후 단재의 삶은 더욱 곤궁해졌다. 단재는 집을 차오또우-후퉁炒豆胡同에서 멀지 않은 따헤이후-후퉁大黑虎胡同으로 옮겼다. 길이 150미터의 협소한 골목으로 이 인근에서 가장 작고 초라한 곳이다. 이때 벽초 홍명희도 단재의 집에 들렀다가 기겁할 만큼 더러운 이불로 인해 잠을 자지 못하고 집을 나왔다. 사실 이 이불은 단재가 벽초가 찾아오기 얼마 전 찾은 한 노인 집에 이불이 너무 초라해 바꾸어 준 것이었다. 이때 단재는 이불의 위생으로 사람을 평가하는 벽초를 꾸짖었다고 할 정도로 세상에 막힘이 없는 인물이었다.

단재 선생은 경술국치가 벌어진 1910년 중국으로 피신해 26년여간 정치인, 언론인, 사상가, 역사가 등으로 활동을 하면서 곤궁한 처지에 얽매이지 않고 조국의 독립을 위해 정진한 순일무잡한 위대한 사상가다. 그의 사상은 어릴 적부터 배운 유학은 물론이고 사회주의, 아나키즘 등 모두를 섭렵했지만, 어느 한 사상에 치우치지 않고 조국 해방을 위한 정도를 찾는 것이었다.

단재가 1921년 1월부터 펴낸 천고天鼓는 우리 독립운동 소식은 물론이고 동서양의 모든 사상을 섭렵한 그의 광범위한 지식체계를 보여준다. 그는 중국어로 발행된 이 잡지를 통해 중국이 일본 제국주의의 마수를 방어하기 위해서는 우리 독립운동 세력과 힘을 합쳐야 한다고 역설했다. 그의 노력은 임시정부를 통해서는 물론이고 마오쩌둥 등이 이끈 홍군紅軍과의 결합세력을 통해 광범위하게 실현됐고, 결국 해방공간에서 우리 민족이 독립국가를 세우는 데 큰 역할을 했다.

내게 단재 신채호 선생과 더불어 가장 인상적인 분은 양세봉 장군이다. 2025년 여름 서간도, 백두산, 고구려 유적 답사를 안내하면서 필자는 이렇게 소개했다.

"여기 있는 분들은 대부분 양세봉 장군을 모르실 겁니다. 양세봉 장군은 우리나라에서 '건국훈장 독립장'을 수여 받았고, 평양에 있는 애국열사릉에 묻히신 분입니다. 남북에서 최고의 독립운동가로 인정받았지만, 학교에서조차 잘 배우지 않은 이분의 삶을 이해하시게 하는 것이 이번 여행에서 제 역할이라 생각합니다. 양세봉 장군과 김일성과의 인연 때문에 우리 제도권 교육에서는 의도적으로 조선혁명군 총사령인 양장군을 가르치지 않은 것으로 보입니다. 하지만 그분의 삶 자체가 인간적으로도 성숙된 것뿐만 아니라, 한중 협력의 사례이기 때문에 정말 중요한 역사 인물입니다. 또 하나는 중국에 대한 여러분의 선입견과 편견을 없애고, 중국을 제대로 이해하게 하는 것입니다. 결국 중국을 잘 알아야 한중 관계를 잘 풀어갈 수 있습니다."

중국은 있다

양세봉(梁世奉, 梁瑞凤 1896년~1934년) 장군은 평안북도 철산군 서림면 연산리에서 5남매(4남 1녀) 중 첫째로 태어났다. 철산군은 신의주에서 평양 방향으로 50킬로미터 정도 떨어진 곳에 위치해 있다. 가난한 그의 집은 양세봉이 16세가 되던 1912년에 부친이 사망하자, 가장의 역할을 해야 했고 더욱 곤궁해졌다. 20살에 윤재순과 결혼한 양세봉은 1917년 엄동설한에 가족을 데리고 압록강을 건너, 중국 관뎬寬甸, 환런桓仁을 거쳐 신빈 용링(永陵)에 도착했다.

신빈으로 이주해 살면서 양세봉은 독립 활동을 접하게 된다. 독립단도 어떤 일에도 자신감이 있는 양세봉의 입대를 권유한다. 1922년 초겨울 양세봉은 조선으로 건너가 천마산 독립군이 되었고, 다음해 일본의 토벌작전을 피해 중국 동북으로 돌아온다. 성실한 양세봉은 1923년 소대장으로 임명되었고, 1924년 여름 3중대장, 1929년 1중대장과 부대장이 된다. 성실한 자세와 인성으로 주변에 인정을 받은 것이다. 1931년 12월에 주요 지도자가 체포된 뒤인 1931년 1월 상순에는 조선혁명군 총사령으로 임명된다. 이후 영릉가 전투, 홍경성 전투 등을 성공적으로 이끌어 일본의 간담을 서늘하게 한다.

양세봉 장군은 한중연합 활동을 했다. 중국인 지도자 왕동헌과 가깝게 지냈고, 이춘윤(李春潤, 만족 1901~1933), 이홍광(李紅光, 조선인 1910~1935) 등 중국에서 활동하던 항일전사들과 협력했고, 동북항일연군의 대표적인 지도자 양징위(楊靖宇, 1905~1940)와도 깊은 교류를 했다.

수많은 업적을 세운 양세봉 장군은 이 지역에서 군신軍神이라 불릴 만큼 놀라운 전공을 세웠다. 그가 활동하던 1930년대 초반은 만보산 사건(1931년 7월 2일 중국 길림성吉林省 만보산에서 일어난 한중 농민 충돌에 대해 일제가 언론을 조작한 사건. 결과적으로 한국 내 중국인이 공격 당해 큰 피해를 입어, 양국 간 관계가 나빠졌다)으로 한중간에 감정이 좋지 않고, 1931년 9월 18일 만주사변, 1932년 3월 괴뢰정부인 만주국 건국 등 국제환경도 좋지 않았다. 이 상황에서 중국과 전면전을 벌이는 일본군 정규부대를 상대하는 일은 계란으로 바위치는 격이었지만 절대 굴하지 않고, 수백 명의 일본군을 사살했다. 일본에게 당시 양세봉은 가장 빨리 잡고 싶은 적이었다.

굴하지 않던 양세봉 장군은 1934년 9월 19일 산림대 두목 야동양에게 속아 환인현 소구항구에서 밀정 박창해에게 매수당한 야동양에 의해 암살당한다. 조선혁명군은 양세봉 장군을 고구려 산성 밑에 매장했지만, 일제는 그 시신을 찾아내어 목을 가져갔다. 양세봉 장군의 서거 이후 조선혁명군은 급속히 쇠퇴했고, 동북항일연군도 큰 성과를 내지 못했다. 안타깝게 양징위 장군도 1940년 숨을 거둔다. 이후 조선과 중국의 항일 연합은 팔로군이나 광복군 등을 통해서 이어진다.

급속히 나빠지는 국제환경 속에서 남북의 갈등 등 우리 민족이 풀어야 할 일들이 너무 많다. 하지만 지금 이 시기가 국권을 잃던 그때보다 나쁘다고 말할 수는 없을 것이다. 문제는 어느 순간에도 좌절하지 않는 것이다. 단재 선생이나 양세봉 장군은 우리에게 그런 자세를 보여준 위대한 스승이다.

한중 관계의
가장 아름다운 시절, 당唐

'선덕여왕'(재위 632~647)의 시대가 지나고 신라는 당의 힘을 빌려 삼국통일을 이룩한다. 물론 당과의 갈등이 있지만, 이 시기에는 한국과 중국의 가장 활발한 인적 교류가 이뤄진다. 7세기 중반부터 원효(元曉, 617~686), 의상(義湘, 625~702)을 비롯해 혜초(慧(惠)超, 704~787), 김운경(金雲卿, ?~? 821년 당 빈공과 합격), 최치원(崔致遠, 857 ~?) 등 수많은 유학생이 당으로 가서 유학했다.

사실 통일신라 이후, 고려나 조선 때도 유학생을 파견했지만, 정치적인 문제로 인해 이때만큼 왕성한 인적교류가 있었던 적은 없었다. 다시 인적 교류가 활발해진 것은 일제가 우리 땅을 점령한 이후부터 해방까지의 시간이었고, 이후 다시 교류가 축소되었

중국은 있다

다가 1992년 한중 국교 정상화 이후 다시 활발해졌다.

신라에서 당으로 본격적인 유학을 떠난 것이 640년 전후이니 우리의 중국 유학사는 1,370년의 역사를 가진 셈이다. 유학도 유학이지만 고려시대에는 명주(明州, 지금의 寧波)나 푸저우福州와 활발한 교류가 있었다. 또 최부(崔溥, 1454~1504)처럼 제주도에서 육지로 오다가 풍랑으로 표류해 닝보寧波까지 갔다가 돌아온 후 기록(표해록)을 남긴 이도 있고, 박제가나 박지원처럼 사절단으로 중국에 갔다가 기록을 남긴 이들도 많다.

그런데 나에게 지난 1,300여 년 동안 이루어진 우리의 중국 유학사에서 가장 위대한 인물을 꼽으라면 당연히 김교각(金喬覺, 696~794)을 꼽는다. 우선 김교각이 누군지 간단히 그의 삶을 살펴보자.

그는 선덕여왕의 시기를 지나 신라가 삼국을 통일하고 시간이 얼마 지난 후 성덕왕(聖德王, 재위 702~737)이 된 김흥광의 큰아들이었다. 즉위한 성덕왕은 714년 18세인 교각을 당나라에 숙위학생으로 보낸다. 그곳에서 교각은 현종의 부름을 받기도 하고, 대감大監직을 받는 등 두각을 나타낸다. 또 중국 최초의 사찰인 백마사白馬寺나 선종의 출발지인 소림사少林寺를 보고 불교에도 깊은 관심을 갖는다. 그렇게 4년이 지났을 때 교각은 어머니의 급전을 받고 신라에 귀국한다. 그때는 교각의 어머니 성정왕후가 폐위되고, 동생인 중경이 태자로 책봉되는 등 왕실은 갈등의 연속이었다.

번민하던 교각은 한 절에서 출가하고, 719년에는 하얀 개 체청諦聽만을 데리고 당나라행 배를 탄다. 이후 다양한 고난과 행적을 겪으면서 안후이성 북쪽에 있는 지우화산九華山에 도착한다. 그는 그곳에서 지주 민양화閔諒和가 불사에 필요한 땅을 묻자, 가사자락으로 구화산 전체를 덮어서 그 땅을 얻는다. 이후 김교각은 그곳을 터전으로 수많은 사람들을 구제하고, 아름다운 덕을 펴서 그곳을 아름다운 정신이 깃든 땅으로 만든다. 중간에 그를 찾아온 어머니(혹자는 애인)가 울다가 눈이 멀자, 눈을 뜨게 해서 봉양하고, 그를 찾아온 숙부들에게도 불법을 베푸는 등 신념을 잃지 않았다.

서기 794년 7월 30일 김교각은 대중들을 불러놓고 가부좌를 한 채로 홀연히 입적했다. 제자들은 유체를 그대로 석함에 넣었는데, 3년 후에 석함을 열자, 스님의 모습이 그대로 있었다. 제자들은 김교각이 살아온 것으로 알고 그에게 금분을 입혀 삼층석탑(육신보전)에 모셨다. 명 숭정제는 물론이고 청의 강희제, 건륭제 등도 편액을 내렸고, 시선 이백李白도 지장을 위한 시를 세 편이나 지었다.

김교각의 법명은 지장地藏이다. 불교에서 지장보살은 석가모니의 부촉을 받아, 석가모니가 입멸한 뒤 미래불인 미륵불彌勒佛이 출현하기까지의 무불無佛시대에 6도六道의 중생을 교화·구제한다는 보살이다. 지옥중생을 모두 제도하기 전까지는 성불하지 않겠다는 불이기에 대부분의 사찰에도 지장전地藏殿이 있어 돌아가신 이들을 모시고 있는데, 김교각은 이런 지장보살을 지향해서 법명도 지장으로 했다.

하지만 시간이 지나자, 중국 불교에서는 김교각 스님이 곧바로 지장보살과 동격이 되는 상황이 됐다. 중국 4대 불교 명산들은 각기 모시는 보살들이 있다. 쓰촨에 있는 어메이산峨眉山은 보현보살도장普賢菩薩道場이고, 저지앙 푸투오산普陀山은 관음보살도장觀音菩薩道場이고, 산시 우타이산五臺山은 문수보살도장文殊菩薩道場이다. 그런데 이 세 산의 보살들은 모두 인도 불교에서 따온 부처님 제자들을 모신다고 보면 된다. 그런데 지우화산에서 김교각 스님은 지장보살의 현신으로 인식되어 김교각이 곧 지장보살이 되는 구조다.

사실상 중국에 유일하게 실존하는 불교의 신이 우리 조상이라는 점이 시사하는 바는 무엇일까. 왕실의 싸움에서 뛰쳐나와 홀연히 중원을 향했던 그의 마음은 무엇이었을까. 어머니와 숙부들이 찾아와서 신라로 돌아가 왕실을 바로잡자고 간곡하게 말했을 때 거절했던 이유는 무엇일까. 만약 그를 찾아온 이들을 따라 신라로 돌아갔다면 어떻게 됐을까. 왕위에 오르든 왕위에 오르지 않든 그는 그만저만한 한 왕이 되었을 것이다.

그가 입적한 지 1,200년이 넘은 지금 우리는 김교각 스님으로부터 많은 은혜를 입는다. 개인적으로는 2004년 가을 상하이에서 우연히 말을 나눈 스님이 내가 한국 사람이라는 말에 큰 호감으로 대화를 했던 기억이 있다. 가족들과 지우화산에 들렀을 때는 산에 있는 모든 이정표에 한글 표기가 되어 있는 것을 보고 놀랐다. 난징의 한 호텔에서도 아침 시간에 말을 건 스님은 우리가 한국 사람이라는 말에 김교각 스님의 후손이라며 축복을 빌어줬다.

공자는 '덕德은 외롭지 않고 반드시 이웃이 있다子曰德不孤必有鄰'고 말했다. 김교각의 덕은 1000년을 이어서도 후손들에게 베풀어지고 있다. 아니, 한국이라는 나라가 존속하는 한 수만 년이 가도 중국 사람들에게 그렇게 인식될 것이다. 한 사람이 이룬 역사치고는 너무 위대하지 않은가.

한중 수교 이후 무역을 비롯한 한중 경제교류도 이제 33년을 넘었다. 수교 이전에도 교류가 있었으니 35년 정도의 역사라고 할 수 있다. 그 기간에 우리는 수천만 원을 투자하는 자영업에서부터 수십억 달러를 투자하는 대형 프로젝트까지 다양한 일들을 벌였다. 또 이제 증가세는 꺾였지만, 수십만 명의 사람들이 중국에서 유학하거나 중국을 겪었다.

한중 관계의 미래는 당장의 거래에서 수익을 내는 것도 중요하지만 가장 기본인 덕德을 바탕으로 한 큰 장사가 중요하다는 것은 불문가지다. 그때 김교각 스님이 포기했던 왕권은 지금 돈의 가치로 따지면 얼마나 될 것인가.

사실 목표를 김교각 스님처럼 중국 불교사의 절대적인 영웅으로 잡을 필요도 없다. 가장 중요한 것은 바른 심성을 가지고 대륙의 사람들에게 감화를 줄 수 있는 사람이 이 땅 어디에 있는가, 하는 것이다.

신라 말기에 불교가 그런 역할을 했다면 지금 그런 역할을 해줄 수 있는 것은 무엇일까. 기업은 분명히 이윤을 추구한다. 그런 점에서 중국에서 밀어닥치는 거대한 회오리는 이 땅을 살아가는 우리들에게 공포의 대상이 될 수 있다.

하지만 역사는 그리 짧은 것만이라고 할 수 없다. 당나라 장안에도 큰 부자들이 많았고, 송나라의 수도인 개봉이나 남송의 수도인 항주, 명의 수도였던 남경이나 북경에도 많은 부가 있었다. 청나라는 한때 세계 GDP의 35%(지금 미국은 20%대)를 차지한 적도 있었다. 하지만 역사의 수레바퀴는 마른 대지를 굴러가기도 하고, 젖은 웅덩이를 굴러가기도 한다. 기업은 물론이고 개인에게 있어서 김교각 스님이 가르쳐준 만고의 지혜로 뭔가를 봐야 하지 않을까? 그 덕은 외롭지도 않고, 시간이 흘러도 줄어들지 않으며, 이 땅의 후손들에게 넓게 넓게 비추기 때문이다.

중국은 있다

바람직한
한중 관계의 미래는

병자호란을 다룬 글 가운데 가장 유명한 글은 김훈의 〈남한산성〉이다. 그 참담함을 이렇게 썼다. "그 갇힌 성안에서는 삶과 죽음, 절망과 희망이 한 덩어리로 엉켜 있었고, 치욕과 자존은 다르지 않았다."

성안만 그랬을까. 군대조차 지키지 않은 도성과 주변은 성난 청군에게 상상할 수 없는 잔혹한 도륙을 당했다. 우리는 그 전쟁이 어떤 과정에서 일어났는지 알고 있다.

광해군 10년인 1619년 조선은 강홍립 장군을 도원수로 병사 13,000명을 보내어 명군과 연합전투를 치렀다. 지금의 푸순 근처에서 치러진 사르후薩爾滸전투에서 조명 연합군은 대패했고, 조선의 병사들은 2,700명만 생환했다. 이후 인조반정으로 광해군이 물러난 후 1627년(인조 5년)에 청군이 쳐들어와 명나라와 관계를 끊고, 형제 관계를 맺은 후에야 물러났다. 하지만 조선 조정은 여전히 명을 섬겼고, 1636년 12월 8일에 다시 조선을 침략한다. 삼전도의 굴욕으로 끝나는 병자호란丙子胡亂이다.

병자호란의 원인을 두고도 조선의 태도가 문제였다, 청의 자체 문제였다는 등 다양한 해석이 있다. 실제로 임진왜란 당시 병력을 보내준 명나라와의 관계를 매정하게 끊는 것도 쉬운 일이 아니었다. 조정은 청과 싸워야 한다는 주전파와 화친을 해야 한다는 주화파가 격론을 벌였다.

지금의 한국 외교가 처한 상황이 그때보다는 낫지 않다. 한국은 한국전쟁 이후 미국과 깊은 인연을 맺고 있다. 정치, 경제, 문화, 외교 등에서 중요성은 어마어마하다. 미국과의 관계는 일본 등 자유진영이라는 연결고리도 갖고 있다. 중국은 1992년 수교 이후 무역흑자의 대부분을 차지할 만큼 중요한 경제 교류국이다. 이 과정에서 안보는 미국, 경제는 중국安美經中이라는 달갑지 않은 용어도 생겼다. 외교에 깊은 통찰력을 보여준 김대중 대통령은 '소가 논두렁을 걸으면서 왼쪽 풀도 뜯어 먹고, 오른쪽 풀도 뜯어

중국은 있다

먹는 거다'라며 등거리 외교를 강조했다. 그런데 2018년 트럼프 집권 이후 두 나라가 패권경쟁을 본격화하면서 위기가 생겼다.

결과적으로 수없이 자기편에 서라는 화친의 신호와 자기편에 서지 않으면 적대할 수밖에 없다는 공격의 신호가 난무한다. 한국은 어떻게 해야 하는 것일까.

이런 상황에서 정치, 외교는 어떤 자세를 취해야 할까. 우선 잊지 않아야 할 것은 상호존중과 주권 존중이다. 현대 정치는 서로의 정치체제를 존중하고 내정 간섭을 최소화하는 원칙을 갖고 있다. 미중 갈등 속에서 한국은 일방 편향보다는 다자 협력 틀 (UN, 아세안+3, RCEP 등) 속에서 미국이나 중국과의 관계를 균형 있게 유지하는 것이 필요하다. 제조업의 기초를 잃은 미국은 동아시아의 협력 파트너로 한국의 가치를 무시할 수 없다. 주한미군 기지, 한국의 선박, 방산 기술은 미국이 함부로 거래할 수 있는 카드가 아니다. 중국도 한국이 일방적으로 자국의 편으로 돌아서기를 바라는 것은 아니다. 당장 미중 헤게모니 경쟁의 중간자 역할만 한다면 협력을 할 수밖에 없다.

경제적인 측면에서 한중은 새로운 패러다임을 만들어야 한다. 한국은 화학, 철강 등 이미 위기를 맞은 산업뿐만 아니라 주요 제조력에서 중국에게 의탁하는 경제구조를 만들면 위험하다. 구조 조정을 통해 덩치는 줄이되, 중장기적으로 유지될 수 있는 기반을 만들어줘야 한다. 또 농업, 문화, 관광 등 중국을 활용해 미래 산업이 될 수 있는 것이 무엇인지를 진지하게 숙고하고, 그 분야의 기반을 키워야 한다. 반도체나 배터리 등 조금이라도 앞설 수 있는 분야가 있다면 특화해 미래 경쟁력을 유지해 가야 한다. 백색 가전을 잃고도, 전자산업이 아직 건재한 것은 한국적 요소를 결합했기 때문이다. 디지털 경제, 친환경 에너지, 바이오헬스 분야에서 협력 플랫폼을 만드는 등 미래지향적인 협력 분야를 만드는 것도 방법이다. 국내 우수 인재가 가장 많이 몰리는 분야가 의료 분야라면 이곳에서 한중 협력을 시작해 보는 것도 필요하다. 현재 우리나라는 경제 발전의 단계로 보면 일본이 겪었던 장기불황의 초입에 있는 상황이다. 더욱이 한국은 세계 최고의 저출산, 지방소멸, 고령화 등 다양한 악재를 갖고 있다.

중국도 한국에 못지않게 저출산과 고령화라는 악재를 갖고 있는 나라다. 중국은 고령화로 인한 문제를 인공지능이나 로봇 등으로 극복하기 위해 노력할 정도로 심각하게 생각하고 있다. 하지만 사람을 케어하는 일은 사람의 가장 마지막 일이 될 수도 있다. 특히 의료, 식음, 주택 등을 결합해 고령화 시대를 대비하는 일은 두 나라가 가진 공통의 문제다. 한중은 일본처럼 실버주택 등의 방식으로 이 문제를 풀기에는 문제가 많은 만큼 다양한 방식을 같이 고민할 수도 있다. 이런 분야에서 미래 먹거리가 나올 수 있다.

두 나라 사람들의 마음을 잇는 것도 중요하다. 필자는 2005년부터 국내 중국어 학습지의 중국언어문화캠프를 진행했던 것에 좋은 기억이 있다. 많을 때는 한 방학에 300명이 이 캠프에 참여했다. 오전에는 중국어를 오후에는 중국 문화를 경험하게 하면서 왜 중국을 알아야 하는지를 교육했다. 결국 중국을 아는 인재가 많아야만 나중에도 교류의 균형을 찾을 수 있다. 이런 점에서 청년, 학술, 문화 분야에서 교류는 아무리 늘려도 아깝지 않다. 두 나라 청소년들이 만나면서 서로를 알아가는 과정을 보는 것은 정말 의미 있는 일이었다.

2024년 봄에는 강화군 청소년들과 중국 저우산^{舟山}시 청소년 교류를 진행했다. 강화군에서 선발된 10여 명의 학생들이 저우산시 학교 학생들의 집에서 이틀밤을 같이 보내면서 다양한 활동을 하는 프로그램이었다. 중고등학생들로 구성된 이들이 3일 교류하고 헤어질 때 눈물을 글썽이는 것을 보면서 두 나라는 만나는 게 좋겠다는 생각을 했다.

한중의 긍정적인 역사 교류를 콘텐츠로 만들어서 느끼게 하는 것도 의미가 있다. 서복, 중국 불교의 신이 된 김교각 스님, 최치원 등 견당사, 〈고려도경〉을 쓴 서긍, 중국 친구의 도움을 받아 화약을 발명한 최무선, 조명연합군을 완성한 이순신과 진린, 한락연 정율성 등 항일운동의 스토리도 엄청난 잠재력을 갖고 있다. 한국은 세계적인 콘텐츠를 만들 수 있는 능력을 갖고 있다. 중국은 월트디즈니가 자국의 전설 '목란' 스토리로 '뮬란' 등 다양한 콘텐츠를 만드는 것을 봤다.

기후변화나 보건 분야의 협력 가치는 갈수록 중요하고 두 나라가 협력할 부분이 많다. 코로나 팬데믹을 겪으면서 감염병 대응이 얼마나 중요한지 두 나라는 깨달았다. 미세먼지와 황사 분야의 교류는 대표적인 성공 사례다. 정부간의 교류뿐만 아니라 중국 황사 근원지인 네이멍구 사막에 조림사업에 참여한 '한중미래숲' 같은 민간단체의 노력도 좋은 인상을 주었다. 이런 노력이 다양한 위기를 막는 막강한 범퍼 역할을 하기도 한다.

중국을
어떻게 알아 갈 것인가

중국에 대한 우리나라 내부 관심은 중국으로 유학 가는 학생의 숫자를 보면 느낄 수 있다. 수교 33년 동안 중국 유학생 숫자는 큰 변화를 보였다.

1992년 수교 이후 중국 유학생 숫자는 급속히 상승했다. 초반기 유학생은 중국어를 배우는 학생과 중의학을 배우는 학생들로 크게 구분할 수 있다. 필자의 아내도 직장 생활을 하다가 1997년 톈진 중의대로 유학을 떠났다. 당시 이 학교에 한국 유학생 숫자는 100명이 넘었다. 상대적으로 인원이 많은 베이징 중의대나 상하이 중의학대는 더 많았으니 중국 전역을 합치면 1천 명 이상의 중의대 유학생이 있었다.

2001년 중국의 WTO 가입에 따른 폭발적인 경제성장, 중국 내 한국기업의 호황으로 유학생 수요가 늘면서 유학생도 지속적으로 늘었다. 이 숫자는 사드 배치 전인 2017년에 약 73,240명으로 최고치를 기록했다. 사드 이후 급감하기 시작한 중국 내 한국 유학생 숫자는 3년 만인 2020년 약 47,146명으로 줄었다. 여기에 2000년부터 코로나 팬데믹이 더해 2022년 약 16,968명으로, 2023년에는 약 15,857명으로 최고치에 비해 21.65%로 감소했다.

결국 중국을 알아가는 한국 사람의 숫자가 그만큼 줄어든다는 의미다. 반면에 한국에서 공부하는 중국 유학생의 숫자는 지난 10년 동안 8~9만 명 정도로 큰 변화가 없다.

이런 변화가 어떤 결과를 만들어낼까. 우선 한중 교류의 현장에서 한국 청년들이 줄어들 수밖에 없다. 더욱이 한국 청년층의 반중 정서까지 감안하면 이 감정 불균형은 더 커질 수밖에 없다. 결국 한중 교류의 중심에는 한국에서 공부한 중국 유학생들이 중심을 이루게 된다.

이런 상황이 만들어낼 수 있는 결과는 참담할 수밖에 없다. 이런 문제를 막기 위해서는 다양한 차원에서 중국을 알고, 적극적으로 대비할 수 있게 해야 한다. 하지만 국가가 중국 유학을 더 가라고 종용할 수는 없다. 결국 가정이나 개인이 선택할 수밖에 없는데, 이 모두는 한중 관계는 물론이고 개인의 중국을 보는 관점 등까지 다양한 요소가 필요하다.

우선 가족 안에서도 미래에 대한 다양한 고민이 필요하다. 아이들이 미래에 무슨 일을 하고, 어디랑 소통할 것인가를 고민해야 한다. 물론 지금까지 한국에 자유 우방인 미국이나 일본의 중요성이 컸기 때문에 이에 따른 교육이 중요했다.

10년 후, 20년 후 우리 아이들은 어떤 나라랑 더 많은 교류를 해야 할까. 다른 것은 모르지만 지금과 같은 추세로 중국의 국력이 늘어난다면 중국을 상대로 할 일이 더 많다는 것은 물어볼 필요가 없다.

물론 이런 상황을 부모 등 어른들이 독단적으로 판단하는 것은 맞지 않다. 오히려 부작용만 만들어낼 수 있다. 이럴 때 가장 권유하는 게 중국을 체험해 보라는 것이다. 중국이 무비자 정책을 시행하면서 마음만 먹으면 손쉽게 중국을 방문할 수 있다. 가장 편하게 갈 수 있는 도시가 베이징, 상하이, 선전 등 대도시다. 베이징 상하이는 항공권도 1인당 20만 원대면 갈 수 있고, 호텔도 5만 원대면 좋은 스탠다드룸을 구할 수 있다.

또 이런 도시는 교통 인프라도 좋아서 공항서 시내까지도 지하철, 공항버스 등 다양하고 편리한 이동수단이 있다.

여행의 기획도 간단하다. 챗GPT나 제미나이 등 인공지능에, 취향에 맞게 여행을 짜달라고 하면 된다. "우리 가족은 역사와 쇼핑에 관심이 많은 데 상하이 3일 여행할 수 있는 코스를 짜줘. 지하철로 움직일 수 있게." 이런 식으로 질문하면 코스, 준비물, 비용, 교통수단까지 쉽게 제시해 준다.

이렇게 여행을 다녀오면 아이들이 중국에 대한 선입견과 편견을 조금씩 벗어날 수 있게 된다. 물론 이런 경험을 통해서 중국이 맞지 않다고 한다면 과감하게, 다른 지역으로 바꾸는 것도 한 방법이다. 필자의 경험상 한번 중국에 대해서 부정적 감정을 가지면, 쉽게 달라지지 않는다. 중국인들은 상대방의 호불호에 대한 자신들의 대처법이 명확한 만큼 일찍 판단하는 게 진로에 도움이 된다.

이런 과정을 통해서 중국에 호감을 갖는다고 하더라고 너무 일찍 중국으로 유학 보내는 것은 권하지 않는 편이다. 가능하면

고등학교까지는 한국에서 다니고, 대학을 중국으로 진학하거나, 중국 관련 학과를 입학 후 중국으로 언어연수나 유학을 하는 것이 아이들의 정서상 낫다.

물론 확고한 신념이 있는 아이들은 조기유학을 보내도 적응하는 경우가 많았다. 하지만 부모의 의지로 아이를 조기유학 보냈는데, 나타나는 폐해를 많이 봤기 때문에 권하지 않는다. 더욱이 중국 유학 비용이 과거처럼 낮지 않은 만큼 경제적 이점도 많이 사라졌다.

어른들도 중국에 관해 관심이 생기는 이들이 있을 것이다. 역시 필자는 천천히 중국을 알아갈 것을 권한다. 이제 중국 큰 도시는 워낙에 투자규모가 커지면서 한국 사람들도 소자본으로 할 수 있는 일이 거의 없다. 만약 소자본으로 할 것을 찾고 싶다면 한국인의 진출이 많지 않고, 인구가 많은 도시를 권유한다. 2선 도시 중 한국인 인구가 많은 도시나 3선 도시들이 이 그룹에 들어간다. 상대적으로 외지인이 적응하기 쉽지 않은 도시도 있는 만큼 피하는 것이 좋다.

필자에게 추천을 권한다면 2선 도시 가운데는 웨이팡潍坊, 린이临沂, 쉬저우徐州, 난통南通, 우시无锡, 바오딩保定, 타위위앤太原 정도다. 한국 사람에게는 익숙지 않은 지명이지만, 상당히 도시 규모가 크고, 인프라도 좋다. 3선 도시에서는 즈보淄博, 동잉东营, 옌청盐城, 탕산唐山, 구이린桂林 등 인구가 많고, 접근성도 나쁘지 않은 곳을 권한다.

만약 도시를 선택했다면 그곳에 한 달 살기처럼 장시간 머물면서 도시를 돌아보는 것도 좋다. 중국어를 못하는 사람이라면 대학을 선택해 언어연수를 하는 것도 가장 권하는 방법이다. 중국 사람들은 아직 한국에 호감이 많은 만큼 의외의 인연을 만날 수 있다.

더 중요한 것은 한국 사람이 앞으로 중국에서 어떤 일을 할 수 있는가일 것이다. 가장 쉬우면서 가능성이 높은 것은 음식점이다. 수많은 종류의 음식 중에서 중국 사람들에게 한국 요리는 선택할 수 있는 가장 인기 있는 것 중 하나다. 과거 불고기, 돌솥밥, 치킨 등으로 많은 한국 사람들이 중국에서 음식점을 잘 꾸렸다. 물론 이들 중 한중 관계의 악화, 한국 교민사회의 붕괴, 급속히 올라간 임대료 등으로 쓴잔을 마신 사람들도 많다. 하지만 서비스업의 자세를 유지하고, 그 맛을 지켜왔다면 한국 음식점은 망하기 어려운 사업이다. 더욱이 한국 사람이 하는 한국 음식점은 그 자체로 가치를 지닌다.

하지만 낯선 외국에서 어렵게 식재료 공급망을 찾아서, 한국 음식점을 차리는 것은 그 자체로 적지 않은 곤란이 따른다.

뷰티·헤어살롱도 상당히 유망한 업종이었지만, 이제는 변별력을 갖기가 쉽지 않게 됐다. 다만 한류 등 한국 문화가 지속적으로 영향력을 가진다면 한국식 뷰티샵이라는 명목으로 자리를 잡을 수 있는 업종이다. 한가지 업종보다는 화장품, 식품(특히 건강식품, 유기농·웰빙 식품) 등과 연계해 사업 모델을 짜는 것도 위험을 줄이는 방법 중 하나다.

지역에 따라 사업을 할 수 있는 모델도 다르다. 따라서 반년 정도는 언어연수 등을 하면서 시장조사와 사업 분석을 한다면 위험을 최대한 줄일 수 있다.

생각해 보면 중국에서 버티는 한국 사람들의 상당수는 한중 간 국제결혼 커플이 많다. 이들 가족들은 자연스럽게 언어 문제가 해결되고, 자식들의 교육 문제도 상당히 유연하다. 중국에서 거주한 자녀의 경우 특례입학을 통해 한국 대학의 입학이 쉽기 때문이다.

1992년 한중 수교 이후에 중국과 인연을 맺은 사람들은 역대급 롤러코스터를 타고 살았다고 해도 과언이 아니다. IMF 관리체제가 들어가기 2년 전인 1995년 한국 사람들은 100달러를 77,000원에 사서, 중국에서 이 돈을 환전하면 835위안 정도로 환전이 됐다. 즉 1위안당 92원 정도였다. 하지만 지금은 1위안당 195원 정도로 2배가 올랐다. 물론 상황에 따라 3~4배가 된 적도 있었다. 수출기업은 괜찮았지만, 일반인들에게는 적지 않은 위기였다.

2008년 금융위기도 휘청하는 계기가 됐다. 사스, 메르스 등 질병들도 간담을 서늘하게 하다가 2020년 코로나 팬데믹으로 그 공포를 증명했다. 또 2016~2017년 벌어진 사드 도입처럼 정치, 군사적 갈등도 예측할 수 없는 최악의 변수였다. 수많은 한국 사람들이 울면서 중국을 떠나야 했다.

이미 많은 것이 좌초된 한중 관계는 보편적으로는 더 어려운 상황이겠지만, 어떤 이들에게는 새로운 기회가 될 수 있다. 더욱이 한국 자체에 먹거리를 찾을 수 없다면 중국을 상대로 한 방법을 고려하는 것도 묘안이 될 수 있다. 이런 관심이 있는 이들이라면 누구보다 더 깊이 중국을 알기 위해 노력해야 한다.

4부

소설로 읽는 중국 현대사

중국, 소설로 읽으면
진심이 보인다

2024년 한국의 작가 한강이 노벨문학상을 수상했다. 그녀는 〈소년이 온다〉를 통해 80년 광주의 아픔을 절절히 풀어냈다. 이 소설을 비롯해 세계인들은 한국의 민주화 과정을 이해했고, 공감했다. 그리고 군부가 민주주의를 어떻게 짓밟았는지 알았다.

좋은 문학작품은 지역, 나라를 구분하지 않고 감동을 준다. 아울러 한 나라에 대한 깊은 공감을 주는 역할을 한다. 10년간 문화대혁명이라는 험난한 역사를 겪었지만, 중국의 인문 유산도 만만치 않다. 중국 당대 소설을 읽으면 그 느낌이 더욱 강하다.

2012년에는 중국 작가 모옌莫言이 〈개구리〉로 노벨문학상을 수상했다. 〈개구리〉는 중국의 산아 제한 정책인 '계획생육'을 정면으로 다룬 소설이다. 화자인 커더우의 고모인 산부인과 의사 '완신'은 까오미 둥베이향에서 오십 년 동안 1만 명이 넘는 아이를 받은 전설적인 인물이다. 그러나 공군 조종사였던 약혼자가 타이완으로 망명하자 앞날에 어두운 그림자가 드리운다. 설상가상으로 정부에서 계획생육을 강압적으로 실시하면서 고모는 정관수술과 임신 중절 수술에 나서게 되고, '살아 있는 염라대왕'이라는 별명과 함께 사람들의 비난과 저주에 시달린다.

이 소설을 읽으면 중국의 인구 구조를 알 수 있다. 이 소설에서 다룬 '계획생육'은 말 그대로 아이 낳는 것을 계획적으로 한다는 것이다. 급속히 늘어나는 인구를 제어하기 시작한 것으로, 이 정책은 독생자녀 제도로 이어진다. 결국 한국과 마찬가지로 급속한 인구 감소가 이뤄지고, 2024년출산율은 1.09를 기록했다. 2024년 한 해 출생아 수도 1,000만 명이 깨진 954만 명이었다. 사망자 수는 1,093만 명을 기록해 139만 명의 자연감소가 이뤄졌다.

이렇듯 소설은 사람들의 다양한 이야기를 다루지만, 사회적인 문제를 내면에 깊게 담는다. 사회주의라는 체제로 인해 노골적으로 국가에 대한 비판을 하기 힘들지만, 문학 속에서는 이런 부분을 어느 정도 허용하는 문학적 관용이 있다. 우리나라 사람들도 중국 소설을 읽으면 이런 중국인들의 깊은 고뇌를 드물게 볼 수 있다.

만약 한국을 방문한 외국인이 조정래, 황석영, 공지영, 김영하, 성석제, 김연수, 신경숙, 이문열, 김영하, 은희경 등 당대 우리 작가의 소설을 읽고 말을 걸어온다면 얼마나 반가운 일이겠는가.

이런 측면을 중국에 대입해도 마찬가지다. 우리가 중국 당대 작가의 소설을 읽는다면 그들의 정서나 습관을 더 깊고 정확하게 읽어낼 수 있을 것이다. 우리나라에서 지명도가 높은 중국 작가는 〈허삼관 매혈기〉로 잘 알려진 위화 정도라서 '중국 소설'하면 공감의 폭이 그리 넓지 않다. 하지만 요즘은 출판사의 노력 덕분에 중국 내에서 유명한 작가 작품은 상당수 번역되어 있다. 또 번역 수준도 나쁘지 않아 큰 곤란 없이 그들 작품 속으로 빠져들 수 있다.

문학작품을 통해 중국을 알아간다면 얻는 수확은 생각보다 많다. 중국 사람의 가장 깊은 곳에 있지만 일상적인 만남에서 못 느끼는 애환과 유머를 소설에서는 쉽게 만날 수 있기 때문이다. 익히 알려진 〈허삼관 매혈기〉에서 허삼관이 가정을 지키기 위해 온갖 모욕과 비난을 참아내는 모습이나 차오원쉬엔曹文軒의 소설 〈야풍차〉에 나오는 아버지 모습에는 온갖 시련을 견디며 근대를 넘어가는 중국 사람의 정서가 잘 나타나 있다.

당대 소설 속에서 만나는 또 다른 재미는 역사이다. 1911년 신해혁명으로 청나라가 망한 후 군벌 시대, 일본 침략, 공산화, 대약진운동, 문화대혁명, 개혁개방 시대, 천민자본주의의 태동 등 복잡다단한 시대에 경험한 사건이 소설 속에 잘 녹아 있기 때문이다. 이런 경험을 영화를 통해 만나는 이들도 있겠으나 더 내밀한 이야기는 소설을 통해야 제대로 느낄 수 있다.

소설의 또 다른 매력은 중국 각 지역 사람의 성격과 문화를 다양하게 만날 수 있다는 점이다. 위화에게서는 고향 저지앙 사람의 정서를 느낄 수 있고, 차오원쉬엔에게는 지앙쑤 사람을, 모옌의 소설에서는 산동 사람의 정서를 느낄 수 있다. 중국의 호남으로 불리는 허난 사람의 정서는 류전윈劉震雲이나 옌롄커閻連科 소설에 잘 드러나 있고, 판샤오칭範小靑에게서는 베이징 사람의 정서가 잘 녹아 있으며, 쟈핑야오賈平凹의 소설에는 샨시 사람이 가진 천양천색의 정서가 잘 담겨 있다.

또 다른 하나는 당대 역사의 곡절 때문에 미국이나 영국, 프랑스 등으로 흩어진 중국인의 국제 감각을 느낄 수 있다는 점이다. 프랑스로 건너간 다이시지에戴思杰, 영국에서 유학한 장리지아張麗佳, 천안문사건 이후 미국으로 건너간 다이앤 웨이 량Diane Wei Liang 등 이들의 문학적 정서를 보면 중국인의 국제 감각이 만만치 않음을 알 수 있다.

이렇듯 당대 중국 소설 읽기는 독자들에게 문학적 느낌과 더불어 중국을 느낄 수 있는 수단도 된다. 〈삼국지〉나 〈논어〉 같은 중국 고전도 중국인과 소통할 수 있는 좋은 수단이지만 당대 중국 작가를 안다면 또 다른 차원의 중국인을 느낄 수 있다.

이번에 소개하는 작가나 소설은 당대 중국을 대표하는 작가들이다. 물론 중국은 상당한 소설가 풀을 갖고 있다. 중국에는 우리의 이상문학상에 해당하는 루쉰문학상을 비롯해 4대 문학상이 있다. 라오셔문학상老舍文学奖, 마오둔문학상茅盾文学奖, 루쉰문학상鲁迅文学奖, 차오위희극문학상曹禺戏剧文学奖이 이 상들이다. 우리나라에 많은 소설이 번역된 츠쯔젠迟子建이나 옌롄커, 둥시, 팡팡, 쑤퉁 등도 이 상을 수상했다.

이 공간에는 지면상 위화, 팡팡, 펑지차이, 모옌, 다이시지에, 츠쯔젠, 둥시, 옌롄커, 류츠신 등 9명 작가의 대표작을 중심으로 중국 당대사를 다룬다.

이 작가들 외에도 꼭 읽었으면 하는 작품의 작가들도 있다. 1958년 허난성 옌진延津에서 태어난 류전윈은 입시 경쟁이 가장 치열한 북경대학 중문과에 입학했으니 천재라는 호칭이 아깝지 않을 것이다. 하지만 그의 문학은 그런 여유를 허락하지 않고 중국이 가진 어두운 면에 관심을 쏟고 있다. 중국의 공무원 세계를 다룬 〈단위單位〉, 〈관장官场〉 같은 소설은 심상치 않은 그의 작품 세계를 잘 말해주고 있다. 그의 작품 가운데 〈나는 유약진이다〉는 소설적 흥미가 가장 돋보이는 작품이다. 북경에서 일하는 농민공 유약진은 돈을 부치러 갔다가 잃어버리고, 그 대신 이상한 USB 하나를 얻는다. 이 USB는 북경 건설계의 거물 엄격嚴格의 것으로 그는 권력자 가賈 주임에게 접대하던 동영상을 이곳에 담아 놓고 있었다. 그래서 이 사건에 휘말리는 권력층의 살인 등 추악한 모습을 묘사하고 있다.

차오원쉬엔曹文轩은 현재 중국인에게 가장 인기 있는 작가 가운데 하나로 1954년 지앙쑤성 옌청 농촌에서 태어났다. 1974년에 북경대학 중문과에 입학해 현재 모교에서 교수직을 맡고 있고, 중국 당대에서 가장 빼어난 문학가 두뇌를 갖고 있다. 그의 소설은 쉽게 접근할 수 있으나 중국인의 깊은 정서가 잘 나타나

중국은 있다

있어 결코 가볍지 않은 소설이다. 국내에도 〈새를 찾아서〉, 〈란란의 아름다운 날〉 등이 번역되어 있는데, 청소년들을 위한 작품들이 많다.

장리지아는 1964년 강소성 남경 태생으로 그녀가 쓴 〈중국만세〉는 자전적 이야기를 바탕으로 한 소설이다. 소설 속 주인공은 고등학교 때 어머니가 하던 일을 이어받아 공장 생활을 하는 등 나름대로 흥미로운 주인공이다. 이 소설에서 재미있는 점은 공장 안에서 일어나는 남녀 간의 만남과 헤어짐, 성에 대한 정서 등으로 사회주의국가라서 사고가 경직되었을 거라는 우리의 선입견을 무너뜨리고 있다. 작가는 소설에서처럼 영국으로 건너가 유학하고, 북경으로 돌아와서는 서구 유명 저널에 중국 관련 글을 기고하고 있다.

다이앤 웨이량은 1989년 천안문사건 때 북경대학 심리학과 학생으로 학생 운동에 적극적으로 참여하다가 미국으로 건너가 중국으로 돌아오지 못한 마지막 인물이다. 그녀의 소설 〈비취의 눈〉은 한국에도 출간되어 눈썰미 좋은 독자에게 많이 읽혔으나 개인사로 인해 중국에서는 출판 금지되어 있다. 이런 역사의 곡절이 있지만 그녀의 소설은 필연적으로 중국을 배경으로 하고 있다. 삼국지 속 인물 조조의 옥인이 하남성 박물관에 있다가 누군가에 의해 사라졌다는 것이 배경인 이 소설은 중국에서 뭔가를 하기 위해서는 힘이 필요하다고 역설하며 그 힘의 역학 관계를 재미있게 풀어내고 있다.

〈원청〉
1900년 무렵 중국,
혼돈 속에 선함을 찾아

위화(余華, 1960년 浙江省 杭州市 출생)는 한국에서 가장 사랑받는 중국 작가다. 일단 판매 부수가 말해준다. 1999년 국내에 출간된 〈허삼관 매혈기〉는 다양한 방송에 소개되고, 영화로 만들어지면서 20만 부가량 팔렸다. 우리 국민들은 이 소설과 전작 〈살아간다는 것〉(한국명 '인생')을 통해 국공내전과 대약진운동, 문화대혁명 같은 중국 근대사를 쉽게 이해하는 재미를 느꼈다. 2권으로 출간된 〈형제〉는 개혁개방 이후 갑작스럽게 찾아온 부로 인해 혼동하는 중국인들을 보여주었고, 〈제7일〉에서는 철거 지역에서 살아가는 중국 서민들의 애환을 잘 보여준다.

2022년 출간된 부제 '잃어버린 도시' 〈원청文城〉은 그의 문학적 매력을 모두 담은 소설이다. 그간 항저우 등 저장 지역을 주 배경으로 하던 위화가 이번에 시작하는 소설의 시작점은 황허 북쪽 산동성 한 마을이다. 작가의 조적祖籍도 산동성 까오탕高唐 이니, 어찌 보면 가족사를 생각하면서 쓴 소설인데, 다음 배경은 창지앙 아래 항저우나 쑤저우 인근 한 마을이다.

이 소설의 배경인 시진溪镇이 실제 지명은 아니니 굳이 상상 한다면 쿤산 옆에 수향水鄉인 진시전锦溪镇 정도로 생각하면 맞을 것 같다. 소설 속 다른 인근 도시인 선덴沈店도 저우주왕周庄이니 공간적으로도 맞는 느낌이다. 나는 소설을 읽으면서 쑤저우, 저 우주왕이나 통리, 우전, 시탕, 샤오싱 등 수향이 주는 공간적 느 낌을 되살렸다.

시기적으로 본다면 이 소설의 배경은 위화의 소설 가운데 가 장 멀리 갔다. '살아간다는 것'과 '허삼관 매혈기'가 국공내전 시 기부터 문화대혁명까지를, '형제'가 개혁개방 이후를, '제7일'은 최 근 부동산 개발 열기를 담고 있기 때문이다.

이 소설의 배경이 되는 시기는 청말민국 시대다. 시기로 본다 면 중국 역사에서 어느 시기보다 피가 난무하던 시기다. 태평천 국의 난이 지난 후 피폐해진 지역은 의화단 운동(1900년 전후)으로

중국은 있다

인해 혼돈에 들어가고 지역의 치안은 엉망이 된다. 수호지의 시대가 된 듯 토비土匪들이 날뛰고, 사람들은 정처를 찾지 못한다. 명분을 가지면 혁명군이지만, 이들 역시 토비와 크게 다르지 않다.

소설은 이 시대를 살았던 린샹푸의 삶을 중심으로 구이민, 천융량, 샤오메이의 삶을 배치하면서 펼쳐진다. 린샹푸는 황허 북쪽의 농촌에서 살아가는 선량한 지식인이자 지주다. 일찍 부모님이 돌아가셨지만 400무의 전답이 있는 부자고, 가구를 만드는 재주가 있다. 하지만 여복은 없어서 스물네 살까지 혼자로 지내는데, 어느 날 아창과 샤오메이라는 젊은 남녀가 찾아오면서 그의 삶은 바뀐다. 오빠라고 자신을 소개한 아창은 샤오메이를 린샹푸에게 맡기고 떠나는데, 젊은 남녀는 시간이 지나면서 정을 나누게 된다. 하지만 사랑의 즐거움도 잠시, 어느 날 샤오메이는 자기 집 보물인 17개의 큰 금덩이 가운데 7개를 갖고 사라진다.

린샹푸는 절망에 빠져서 자책한다. 그런데 그녀를 조금 잊을 무렵 샤오메이가 출산을 앞둔 모습으로 다시 돌아온다. 금덩이는 가지고 오지 않았는데, 린샹푸의 아이를 가져왔다는 것이다. 심성이 착한 린샹푸는 그녀를 다시 받아들이고, 혼례까지 올리지만, 아이를 낳고 한 달여가 더 지난 어느 날 다시 샤오메이는 사라진다. 린은 결국 재산을 정리해 종이 어음인 은표로 바꾸고, 형제처럼 지내던 톈씨 형제들에게 집을 맡긴 채, 젖먹이 딸을 안고 샤오메이의 고향을 찾아 나선다.

아창이 말한 그들의 고향은 원청文城이다. 처음 듣는 지명이지만 글자 조합이 뻔해서 다분히 있는 도시로 생각했지만, 원청은 바이두에서 검색해도 나오지 않는 지명이었다. 린샹푸가 기댈 수 있는 것은 남매가 쓰던 어투와 배가 주요 교통수단이었다는 지리적 특성이다.

황허를 건너는 배에 태울 수 없어, 가족 같은 당나귀마저 팔고, 린샹푸는 드디어 남매의 어투와 비슷한 시진에 도착한다. 거기에 돌풍까지 만난 린샹푸는 아이 우는 집을 찾아 딸에게 동냥젖을 먹이며 곡절 끝에 이곳에 정착한다. 다행히 어떤 사연인지 고향 인근에서 내려온 천융량과 목공소를 차리고, 가져온 은표를 바탕으로 이 근방에서 1,000무의 땅을 가진 지주이자 목공소 사장이 된다. 그렇지만 린샹푸의 모든 촉각은 딸의 엄마인 샤오메이의 행방이다. 하지만 남매인지 부부인지 모를 두 사람은 흔적을 찾을 수 없고, 딸 린바이자는 서서히 엄마를 닮은 아름다운 소녀로 성장해 간다.

위화 소설의 대부분이 그렇듯 소설 속 인물들은 각각의 생명력을 갖고 있다. 좀 허당인 듯한 시진의 중심인물 구이민은 물론이고 바이자와 정혼하는 큰아들 구퉁렌은 물론 천융량의 아내와 자식, 고향에 남기고 온 톈씨 집안도 마찬가지다. 심지어는 토비가 된 스님도 그렇다. 이들을 둘러싼 가장 큰 이미지는 선함이다. 자신을 아껴준 사람을 절대 배신하지 않고, 신뢰를 지켜가는 모습이 인상적이다.

모든 이가 그런 것이 아니다. 토비의 우두머리 장도끼는 자신의 욕심을 채우기 위해 잔악하게 마을을 파괴하고, 사람을 납치해 몸값을 받아내기 위해 할 수 있는 것은 다 한다. 이에 비해 선량한 사람들은 힘은 없지만 때로 뭉치면서 그들을 대항한다.

책의 후반에는 외전으로 아창과 샤오메이의 삶에 관해 쓴다. 역시 근대를 살아가는 부부로 전통적인 가족관계와 변화하는 도시의 흐름 속을 잠시 경험한 이 부부는 혹시나 하는 마음으로 경성으로 향하던 길에 린샹푸와 얽히는 인연을 맺게 된 것이다. 물론 이 얽힘에는 큰 사악함도 배신도 있지 않다. 어찌어찌하다 보니 그렇게 얽혔고, 피치 못한 관계들을 맺게 된 것으로 보인다.

소설을 읽으면서 나는 반가운 문구 하나를 발견했다. "털끝 같은 오차가 엄청난 차이를 만들지요"(385페이지)라는 문구다. '毫

裏有差 天地懸隔'이라는 송나라 시인이자 스님인 석변釋辯의 게偈인 이 말을 나는 우리가 중국을 잘못 이해하는 순간 적지 않은 실수를 범할 수 있다는데 쓴다. 이 소설에서는 장도끼와 천융량의 대화에서 사용했다. 아마도 성인과 야차의 차이도 작은 곳에서 시작했다는 은유를 담고 있는 듯하다.

개인적으로 이 소설을 읽으면서 때로는 가슴이 메고, 쓸어내리는 일이 많았다. 소설은 가슴 아프게 작지 않은 죽음으로 끝을 맺는다. 다만 작가는 다음을 생각하면서 쓴 듯도 하다. 린샹푸의 딸 린바이자나 구이민의 아들, 딸들, 천융량의 아들, 딸들을 상하이나 셴뎬 등으로 배치해 놓았기 때문이다. 물론 결과적으로는 이들이 '살아간다는 것'의 부꾸이富貴가 되고, 허삼관이 되기 때문이다. 책을 읽는 내내 위화다움을 느끼는 행복한 시간이었다.

이 소설은 청말민초清末民初 시대의 중국을 볼 수 있는 소설이다. 청말민초는 통상 중원의 마지막 왕조 청나라가 위기를 겪은 아편전쟁 시기(1840~1860)부터 중국사 최초의 공화국인 중화민국으로 교체되고 북벌에 성공한 1928년 정도까지를 말한다. 이 시기 중국은 봉건 제도에서 공화제로 전환하여 반식민지화 정서가 일어나고, 민족 자본주의나 공산주의가 탄생했다. 캉유웨이(康有為, 1858~1927년), 량치차오(梁啓超, 1873~1929년) 등 사상가와 루쉰 등

문인 등이 다양한 사상 변화를 이끌었다.

아편전쟁의 결과로 서구 문화가 급속히 중국을 점령했고, '태평천국의 난'(1850년)까지 겸해서 혼란이 심했다. 하지만 우리나라 고종과 비슷한 처지의 광서제(光緒帝, 1875~1908년)가 서태후 등과 내부 힘겨루기를 하면서 내부를 정비하기가 힘들었다. 중국서 갑오전쟁(甲午战争 1895년)으로 불리는 청일전쟁이 나면서 더 추락했다. 1898년 무술변법戊戌变法을 시행했지만, 내부에서 난 '의화단운동义和团运动'으로 혼란이 가중됐다.

1911년 우창 봉기는 신해혁명辛亥革命으로 이어져, 쑨원이 임시 대총통으로 취임하며 공화정 시대를 열었다. 하지만 위안스카이(袁世凱, 1859~1966년)가 다시 권력을 잡으며 혼란이 시작됐고, 그가 죽으면서 군벌시대가 열렸다. 15개의 군벌이 각 지역을 군웅할거하니 정치적 혼란은 더해졌고, 힘만이 절대원칙이었다. 1928년 장제스(蔣介石, 1887~1975년)가 국민정부國民政府를 세우면서 군벌이 정리되고, 국민당과 공산당이 대결하는 국공시대로 전환한다. 물론 중국을 침략하는 일본과 싸우는 항일전쟁 시기이기도 하다.

이 시기에 일반 사람들은 어느 곳도 기댈 수 없는 공포의 시기일 수밖에 없다. 외세뿐만 아니라 이웃이 군인이나 마적이 되어서 칼을 들이대는 일이 일상이었다. 위화의 '원청'은 이 시기에 산둥이나 화둥지방을 배경으로 그들의 삶을 적나라하게 보여주는 소설이다. 역사의 수레바퀴 아래서 험난했던 민중의 삶이 한눈에 들어온다.

⟨연매장⟩
중국 해방기 토지개혁의 뒷면 만나기

한국에 번역된 소설 가운데 아편전쟁(1839~1860) 후부터 신해혁명(1911)까지를 볼 수 있는 중국 소설은 많지 않다. 그래서 나는 태평천국이나 의화단 등은 증국번이나 량치차오 등의 전기를 통해 만났다. 국공내전이나 중일전쟁까지의 소설도 많지 않은데, 그 기간은 ⟨중국의 붉은 별⟩ 등 마오쩌둥이나 저우언라이, 덩샤오핑의 전기로 읽어냈다.

하지만 국공내전 이후 시간은 소설로 만나기 시작했다. 1937년 중일전쟁부터는 중국 현대소설의 소재가 되기 시작했다. 팔로군 등의 스토리도 소설에 담기기 시작했다. 그리고 1949년 중국 해방이 왔다. 본격적으로 소설에 시대적 배경이 나왔다. 우리나라에서도 인기를 끈 위화의 소설 〈살아간다는 것〉의 주인공 푸구이富貴는 40년대 2차 국공합작이 한창이던 민국시대 후반부터 해방, 대약진, 문혁까지를 광범위하게 다루고 있는데, 당대 작가들 상당수가 그런 시대적 배경을 취사선택해서 썼다.

그런데 내가 까먹은 한 단계가 있었다. 중국 토지개혁의 시간이었다. 중국공산당은 해방 이전부터 토지개혁을 시도했다. 사실 공산주의를 상징하는 가장 기본적인 개혁이기 때문이다. 첫 토지개혁은 1946년 5월 5.4 지시로 온건노선으로 시작됐다. 하지만 이 흐름은 1947년 시행된 토지법 대강을 통해 급진노선으로 수정되었고, 이후 1950년 6월 토지 개혁법을 통해 온건노선으로 마무리됐다. 그런데 공산주의의 안착을 위해서 토지개혁은 가장 기본적인 배경인 만큼 그 과정에서 나온 문제를 다루기는 쉽지 않았다.

이번에 읽은 팡팡(方方 1955년, 지앙쑤 南京 출생)의 소설 〈연매장〉(軟埋 2016년 출간)은 무상으로 지주의 토지를 몰수하던 1947년 급진노선을 배경으로 하고 있다. 출간 후 2017년 루야오문학상을 수상할 만큼 문학성으로 인정받았지만, 금방 금기인 토지개혁을 다루었다는 이유로 금서가 됐다. 바이두 등 중국에 있는 작가 소개에 '연매장軟埋'은 사라졌다. 루야오문학상을 수상했음에도 중국 정부가

중국은 있다

정식 출간은 물론이고, 다루는 것 자체를 금지했기 때문이다.

소설의 배경은 쓰촨과 후난의 경계인 언스恩施 부근과 후베이 성의 성도 우한武漢이다. 북으로는 창지앙 산샤가 있고, 남으로는 한국인이 많이 가는 장자지에(장가계)가 있다. 1998년 처음 중국을 방문해 취재한 곳이 대홍수 중간의 우한이었다.

2000년을 전후로 필자는 산샤댐 취재를 위해 그곳을 많이 다녔기에 그 동네가 너무도 익숙하다. 때문에 소설을 읽으면서 그 공간들이 자연스럽게 연결됐다. 소설에 등장하는 펑지에나 완저우 등은 수차례 방문했다. 이번 소설의 배경으로 생각되는 다수이징打水井 등은 해발 1,400미터의 고지에 마치 봉분 같은 산들로 이뤄진 지역이다. 완저우 쪽은 고도가 낮지만 산지로 이어져 교통 발달이 더뎠다.

소설 〈연매장〉은 딩쯔타오와 칭링 모자母子를 바탕으로 전개되는 소설이다. 당쯔타오는 1952년 촨동의 강가에서 거의 죽은 채로 발견되어 살아난 여인이다. 기억상실로 인해 지난 일은 기억하지 못하는데, 그녀를 구해준 의사 우자밍은 이름을 '딩쯔타오丁子桃'로 적어서 호적을 만든다. 그녀가 정신을 차리자마자 외친 것이 '딩쯔'였고, 그때 병원 앞에 핀 꽃이 복숭아桃여서 작명했다.

우자밍은 혼란한 시대라 그녀가 구설수에 휘말리지 않기 위해 군인인 류진위안 집에 가정부를 권유한다. 시간이 흘러 우자밍은 아내와 사별한 후 우한에 돌아와 가정부로 있는 그녀를 다시 만난다. 류진위안도 그녀와의 재혼을 권유해 둘은 1963년 결혼한다. 다음 해 봄 임신 사실을 알고, 1963년 말 아들 칭린이 태어난다.

지극히 평온하던 이 가정은 칭린이 학교에 들어갈 무렵 우자밍이 탄 버스가 기차와 부딪혀 우자밍이 사망하면서 비극적인 상황을 맞는다. 다행히 딩쯔타오는 냉정을 찾고, 아들을 키우는 데만 치중한다. 잘 자란 칭린도 대학에서 건축을 전공하고, 선전의 건설회사에 취직해 승승장구를 거듭해, 우한에 돌아와 딩쯔타오에게 아름다운 전원주택을 선물한다.

이제 어머니를 편하게 모시겠다는 칭린의 노력이 실현된 다음 날, 딩쯔타오는 모든 정신을 놓아버린 사람처럼 일체의 생각과 행동을 잃어버린다. 억지로 잊으려 했던 잠재된 기억이 서서히 꿈으로 재현되고, 칭린도 아버지가 남긴 일기장을 통해 아버지의 슬픈 가정사뿐만 아니라 어머니를 만났던 복잡스러운 상황도 대면해야 한다.

그 시간 칭린은 대학 친구 룽중융의 요청으로 찬둥에 숨어있던 거대한 저택을 답사하게 되고, 그곳에서 어머니가 말했던 낯설은 단어들을 직면한다. 그리고 그 장소가 어머니의 개인사는 물론이고, 지금 보스인 류샤오촨을 비롯한 부친 류진위안과 깊은 인연이 있다는 것을 안다.

작가는 한 권짜리 소설이지만 지금 시간인 2015년과 1950년 토지개혁의 시간을 교차하면서 이야기를 풀어가는 실력이 보통이 아니다. 독자들은 그 가족의 비극적인 역사를 자신의 삶으로 받아들이면서 연매장까지 이어지는 지독한 역사 체험을 하게 된다. '연매장'은 스스로 관에 들어가지 않고 목숨을 끊음으로써, 환생을 거부하고 타인들로 하여금 자신의 시신을 범접하지 못하게 하는 극단적인 죽음의 방식이다.

딩쯔다오가 기억을 잃기 전인 다이원의 집안이나 시댁 모두 민국 시절을 거치면서 거부가 된 가문이다. 이들은 각자의 방식으로 거대한 성채 같은 집에서 살았지만, 악독한 지주의 삶을 살지 않고, 공생관계를 유지하면서 살았다. 하지만 토지개혁의 시간이 오자, 사람들은 거칠어졌고 사감이 더해가면서 잔인하게 기존 지주 가문을 파멸시킨다. 자신의 성을 버린 우자밍이나 딩쯔타오은 살아서 힘든 자였고, 많은 가족은 연매장을 선택해 유령의 집에 묻혔다.

　작가가 이런 소재를 선택한 과정도 책의 에필로그에 담겨 있다. 그렇다고 이 소설의 전반이 사실적 기반에 있다고 할 수 없지만, 상당히 취재를 통해 진실에 가까운 모습으로 그렸으리라는 게 내 판단이다.

　소설에는 다양한 기억의 상실이 나온다. 우자밍은 집안이 멸문한 뒤 성까지 바꾸어 과거를 잊고, 딩쯔타오도 물에 빠진 후 살기 위해 기억상실을 택했을 수도 있다. 살아남은 루씨 집안의 둘째와 막내 아들 역시 뒤늦게 찾아와 통한의 울음을 짓지만 결국 그들은 고향을 잊는 걸 택한다.

　결국 그들은 아내 다이원이나 아들 딩쯔를 찾는 것보다 이제는 더 이상 이곳과 인연을 잊겠다며 결연하게 미국으로 떠나간다. 칭링 역시 마찬가지다. 아버지나 어머니 삶의 실체가 보이지만 더 이상 그 인연을 유지하지 않으려 한다. 이들은 능동적이든, 수동적이든 망각을 선택한다. 과거 루씨 집안의 사람들이 선택했던 잊혀지고자 했던 의지를 존중하는 것일 수도 있다.
　중국과 인연이 사반세기가 넘으니, 나는 다양한 이들을 통해 중국 현대를 지나왔던 이들의 기억을 공유하게 된 경우도 있다.

　　　　　　　　　　　　　　　중국은 있다

그리고 기억은 끝난 것이 아니라 지금도 새로운 모습으로 변형되면서 만들어지고 있다는 것도 안다. 지도자의 부침에 따라서 적지 않은 사람들이 이유를 불문하고, 과거와 함께 매장당하는 경우도 있다. 그들도 외치고 싶을 것이다. "우리는 연매장 당하고 싶지 않다我们不要软埋"라고.

역사의 수레바퀴 아래 깔릴 수밖에 없었던 슬픈 가문들의 역사 앞에 애도하지 않게 만드는 깊은 터널을 지나온 느낌이다. 문학은 사람들 간의 공감을 만들고, 인류애를 만든다. 한국 현대사도 별반 다르지 않았다. 이 땅에도 수많은 연매장이 이뤄졌기 때문이다.

작가 팡팡의 소설은 국내에 많이 번역 출간되지 않았다. 작가가 알려진 것은 2020년 12월 '코로나19로 봉쇄된 도시의 기록'을 부제로 한 〈우한일기〉가 출간되면서다. 작가는 자신이 살던 우한이 신종 코로나바이러스로 도시가 봉쇄된 지 사흘째부터 인구 1천만의 대도시가 하루아침에 멈춰버린 후 나타나는 참상과 생존기를 웨이보에 써나가기 시작했다. 중국 네티즌들은 '살아 있는 중국의 양심', '우울한 중국의 산소호흡기'라며 극찬했고, 책으로 출간되어 그해 말에 한국에도 출간되었다.

〈백 사람의 십년〉
민초가 몸으로 겪어낸 문화대혁명

중국 현대사에서 가장 큰 사건을 꼽으라면, 1949년 중국공산
당의 통일과 문화대혁명이다. 1958년부터 4년간 3,000만~4,500
만 명을 굶어 죽게 한 대약진운동이 진행됐다. 결국 1959년에 주
석직이 마오쩌둥에서 류샤오치에 넘어간다. 1961년 현장에서 굶
어 죽는 현실을 본 류샤오치는 1962년 1월 보고에서 '천재가 3할
이면 인재가 7할이다.'라고 발언했다. 이런 평가에 마오쩌둥은 심
기가 좋을 리 없었다.

마오쩌둥의 부인인 장칭과 야오원위안이 1965년 연극 「해서
파관海瑞罷官」에 관해 『문회보文汇报』에 "이거 마오쩌둥 동지를 돌
려 까는 내용 아닌가?"라는 내용의 칼럼을 발표하면서 문제가

생기기 시작했다. 여기에 린뱌오가 "우리 마오님은 천재! 마오님 말씀이 무조건 다 옳아요!" 식의 일장 연설을 했고, 7월 27일 홍위병 대표단들이 "사회와 정치를 뒤집어엎자!"라는 편지를 마오쩌둥에게 보냈다. 이를 '조반유리(造反有理 반란이 일어나는 것에는 이유가 있다)'라 하는데, 이후 홍위병의 무자비한 전횡이 시작된다. 이 문화대혁명文化大革命은 중국 현대사에 큰 파고다. 파사구破四舊라는 명목으로 낡은 사상旧思想, 낡은 문화旧文化, 낡은 풍속旧风俗, 낡은 관습旧习惯을 타도하기 시작한다. 지식계층이나 유교문화 등 사상은 엄청난 탄압이 시작되고, 관련자들은 소, 돼지랑 같이 생활하는 처지가 된다.

문학에도 수많은 흔적을 남겼다. 위화의 '살아간다는 것活着'이나 '형제兄弟', 다이시지에戴思杰의 '발자크와 바느질하는 중국 소녀' 등 많은 소설이나 영화가 문혁을 배경으로 하고 있다.

그중 펑지차이馮驥才 작가의 〈백 사람의 십 년一百個人的十年〉은 문혁 시기를 살아낸 평범한 사람들의 고통과 상처를 생생하게 기록한 구술 역사서다. 작가는 1942년 톈진天津에서 태어났기 때문에 20대 중반에 문혁 시기를 건너야 했다. 문혁 당시 박해를 받은 경험을 바탕으로 글을 썼기 때문에 1985년 이후 '문화반사소설文化反思小說'의 주요 작가로 알려졌다.

이 소설은 단일한 서사를 따르는 소설이 아니라, 작가가 신문 공모와 직접 인터뷰를 통해 수집한 100여 명의 구술 증언을 엮어낸 모음집에서 17명의 이야기를 실었다. 따라서 책은 특정 인물의 이야기가 아닌, 문화대혁명이라는 거대한 광풍 속에서 개인이 어떻게 파괴되고 인성이 말살되었는지를 보여주는 수많은 보통 사람의 목소리 그 자체라고 할 수 있다.

책에 담긴 이야기들은 지식인, 노동자, 학생, 농민, 당 간부 등 다양한 계층의 사람들이 겪은 비극을 담담하게 그려낸다. 그들은 사소한 말실수, 과거의 행적, 심지어는 아무런 이유도 없이 '반혁명분자', '우파', '주자파'로 낙인찍혀 잔혹한 비판과 폭력에 시달렸다.

가해자와 피해자의 사이도 구분이 쉽지 않다.

"가끔은 모든 진실이 밝혀졌으면 해요. 모든 걸 명백하게 알고 나면 여한 없이 죽을 수 있을 것 같아요. 누가 나를 그렇게 만들었는지만 알면 됩니다. 하지만 다른 한편으로는 진실을 아는 것이 두렵기도 합니다. 내 추측이 맞는다면 나는 그저 남들 권력 투쟁의 희생양이었다는 이야기 아닙니까? 사람은 한 번밖에 살 수 없는데, 내 인생이라는 게 남들 싸울 때 아무렇게나 더러운 물웅덩이에 던져진 돌멩이와 뭐가 다르겠어요."

사랑과 믿음, 가족애와 같은 인간의 기본적인 가치들은 '계급 투쟁'과 '혁명'이라는 거대한 이데올로기 아래 무참히 짓밟혔다. 아들이 아버지를 고발하고, 아내가 남편을 비판하는 일이 '혁명적'인 행동으로 칭송받는 비극적인 상황이 일상적으로 벌어졌다. 〈백 사람의 십 년〉은 이처럼 이념의 광기가 어떻게 한 사회와 개인의 삶을 송두리째 파괴하는지를 수많은 개인의 목소리를 통해 고발한다.

그 중 비극적인 이야기들이 많지만, '여덟 살짜리 사형수'도 그 중 하나다. 광기 어린 시대, 여덟 살 소년 '샤오메이'는 어른들의 정치적 모함에 휘말려 '반혁명 분자'로 낙인찍힌다. 억울한 누명을 쓴 샤오메이는 결국 사형을 선고받고, 교도소에서 두 명의 사형수와 함께 생활하게 된다. 어른 사형수들은 순진무구한 샤오메이를 보살피며 따뜻한 인간애를 보여준다. 그들은 자신들의 마지막을 예감하면서도 어린 샤오메이에게 희망을 주려 애쓰지만, 결국 모두 형장의 이슬로 사라지는 이야기다.

결론적으로 이 책은 '백 사람'으로 대변되는 수많은 중국 민중이 온몸으로 겪어낸 '십 년'의 참혹한 역사이다. 독자들은 각각의 증언을 따라가며, 거대한 역사의 소용돌이 속에서 신념과 인간성을 지키고자 했던 이들의 처절한 몸부림과 좌절, 그리고 그 시대를 관통하며 남겨진 깊은 상흔을 마주하게 된다. 이는 단순히 과거의 기록을 넘어, 인간 존엄성의 가치와 역사의 비극을 되풀이하지 않아야 한다는 묵직한 교훈을 우리에게 던져준다.

이 책『백 사람의 십 년』은, 이들 구체적인 '인민'의 생명과 감정과 개성을 신고 있는 구술문학 작품이다. 또한 어떤 '관점'이나 '입장'에서 문혁을 분석하고 평가하기보다, '전체 인류를 해방하기 위해' 분투했으나 가해자로서든 피해자로서든 역사의 수레바퀴에 깔렸던, 1960년대 문혁 시기의 '독특한 인간 유형'이자 '비극적 인간상'에 관한 종합적 기록이다.

문혁에 대한 평가는 부정적일 수밖에 없다. 수많은 문인과 과학자들이 처벌을 받았다. 중국 근대를 상징하는 작가 중의 하나인 라오서(老舍, 1899~1966)는 1966년 8월 23일, 병원을 다녀오며 사무실에 잠깐 들렀던 시간에 홍위병들에 발각된다. 홍위병들은 라오서를 '제1의 반동적인 학술 권위자'라고 비판하며, 공묘孔庙 계단 앞에서 머리를 강제로 밀고 먹물로 얼굴을 칠한 뒤 쇠버클이 달린 혁대로 심한 구타와 조리돌림, 모욕을 가하였다. 다음날 반동 혐의에 관한 경찰 조사를 받으라는 통보를 받은 뒤, 다음날 밤 타이핑 호수 근처에서 의문사한 시체로 발견되었는데, 라오서가 평생에 걸쳐 쌓아 올린 업적이 한순간에 모두 무시당한 것에 대한 모욕감에 분을 못 이겨 자살했다는 설이 지배적이다. 류츠신의 소설 〈삼체〉에도 예원제의 부친인 물리학자 예저타이가 비판 단상에서 소녀 홍위병의 혁대에 맞아서 사망하는데, 라오서의 사례에서 따온 듯 하다.

사람에 대한 탄압만이 아니었다. 문혁은 비공비림(批孔批林 공자와 린비야오 비판)을 겪으면서 취푸曲阜에 있는 공자 유적지는 심한 훼손을 당했다. 특히 원元, 청淸 등 변방민족 출신 황제들이 남긴 물건은 더 심하게 파괴됐다.

그리고 1976년 9월9일 마오쩌둥이 사망하고, 원로들의 주도로 4인방이 척결되면서 중국은 정상으로 되돌아온다.

〈개구리〉
1970년대 계획생육으로 시작된
인구감소

모옌(莫言, 1955년 산둥성 까오미高密)은 2012년 노벨문학상을 수상하면서 중화권 대표작가의 반열에 올랐다. 중국인으로는 가오싱젠이 먼저 수상했지만, 프랑스로 국적을 옮긴 상태여서 또 다른 특징이 있다.

그가 태어난 곳은 고량주로 유명한 산둥성 까오미다. 가난한 집에서 태어난 그는 초등학교 5학년 때 학교를 그만둔다. 학교를 그만둔 모옌은 인민공사에 들어가 농촌 노동을 시작했다. 21살인 1976년에 운 좋게 인민해방군에 입대했는데, 2년 후부터는 글을 쓰는 일을 맡으면서 문학 창작을 시작했다. 1981년에 데뷔작 단편 소설 〈봄밤 비가 내리고春夜雨霏霏〉와 1982년에 〈추한 병사兵〉를 발표하면서, 주목을 받았다. 1984년 9월, 전 해방군 예술학원 문학과에 입학해 본격적인 문인의 길을 걸었다. 1986년, 중편소설 '붉은 수수밭'을 발표하여 문단에 큰 반향을 일으켰다. 2009년에는 장편소설 〈개구리〉를 출판했고, 2012년 10월, 중국 국적의 첫 번째 노벨문학상 수상자가 되었다.

모옌의 소설 〈개구리〉의 스토리는 내 고향에서 시작된다. 내 고향에는 오래된 풍습이 있다. 아이를 낳으면 몸의 특정 부분이나 기관을 따서 이름을 짓는다. 아이가 자라면서 이름을 바꾸기도 하지만 어떤 사람은 바꾸지 않는다. 그런데 내 고모의 이름은 '완신万心'이다. 할아버지는 팔로군 지하 병원의 의사이자 혁명 열사였는데, 신중국 성립 후, 고모는 할아버지의 사업을 이어받아 산부인과 의사가 됐다. 고모의 손이 임산부의 뱃살을 만지기만 하면 임산부가 힘을 느끼고 믿음이 생기는 능력을 갖고 있었다. 50년대 초부터 고모는 만 명이 넘는 아이의 출산을 도왔다. 고모는 젊은 시절 공군 조종사와 연애를 했는데, 이 공군 조종사가 비행기를 타고 대만으로 도망치면서 고모는 큰 충격을 받았다. 60년대 초가 되자, 막 3년간의 큰 기아를 겪은 농촌에서 출산 붐이 일었고, 고모도 바빠져서 까오미 동북향에서 유명한 산부인과 명의가 되었다.

그런데 1965년부터 첫 번째 계획생육计划生育이 시작됐다. 공사 위생원 산부인과 주임이 된 고모는 정관수술男扎을 시작했고, 사람들의 원망도 시작됐다. 문화대혁명이 시작된 후, 고모는 '악인牛鬼蛇神'으로 여겨져 비판을 받았다. 현 위원회 서기를 비판할 때, 고모는 끌려가 현 위원회 서기와 나란히 서 있었고, 목에는 여성 홍위병의 낡은 신발 한 짝이 걸려 있었다. 그러나 고모는 고개를 들고 굴복하지 않았다.

70년대 말, '계획생육'의 두 번째 절정이 왔다. 한 번은 세 딸을 낳고 네 번째 아이를 임신한 여성을 보건소에서 인공 유산을 시키기 위해 동원했을 때, 그녀는 그 여자의 남편에 의해 머리가 깨지고 피를 흘렸다. 결국 여자는 큰 출혈로 목숨을 잃었다.

군대에서 3등 공을 세운 '나'는 두 개의 학처럼 긴 다리를 가진 왕런메이王仁美를 좋아하게 되었다. 이미 군 정협 상무위원이 된 고모가 결혼식에 참석하자, 왕런메이는 고모에게 쌍둥이를 낳을 수 있는 만병통치약을 달라고 요청하여 고모의 심한 비판을 받았다. 고모는 왕런메이에게 가족계획이 기본 국책이라는 것을 우리 부부에게 주지시켰다. 2년 후, 나의 딸이 태어났지만, 한 자녀만 낳는 것을 달가워하지 않았던 왕런메이는 다시 임신했다. 아내는 강제 유산을 피하기 위해 친정에 숨었다. 고모는 대규모 가

중국은 있다

족계획 작업팀을 이끌고 마을로 들어와 중절수술을 요청해 진행했는데, 왕런메이는 불행하게도 큰 출혈로 수술대에서 사망했다.

　그 당시 국가 시장 경제가 활성화되면서 나의 초등학교 동창인 천비陈鼻는 마을에서 유명한 수익 만위안 가구가 되었다. 그런데 그의 아내인 왕단王胆이 둘째 아이를 임신했다. 왕단은 계속 숨어있다가 출산이 임박했을 때, 대나무 뗏목을 타고 외지로 도망쳐 뱃속의 태아를 낳으려 했다. 추격 끝에 고모의 계획출산 팀은 강에서 도망친 왕단을 따라잡았다. 왕단의 양수가 터지자, 고모는 대나무 뗏목에서 여자 아기를 받아주었지만, 왕단은 불행히도 죽었다.

　왕런메이가 사망한 후, 고모가 중매를 서서 나는 고모의 조수인 샤오스즈小狮子와 결혼했지만 더 이상 출산을 하지는 않았다. 20년 후 나와 아내는 은퇴하고 고향으로 돌아갔다. 이 시기의 고향은 천지개벽과 도시화로 향하는 거대한 변화를 겪고 있었으며, 까오미 동북향 자오허 양안에서는 전례 없는 큰 개발이 진행되고 있었다. 정원, 크고 작은 슈퍼마켓, 시각장애인 안마시술소, 미용실, 쇼핑몰, 농산물 시장, 중미 합작 모자 병원 등. 나의 초등학교 동창인 위안이袁腮는 황소개구리 양식장을 열었고, 왕단의 형인 왕간王肝은 진흙 조각가 친허의 조수가 되었다.

고모도 또 다른 성실한 진흙 조각가 하오다수郝大手와 결혼했다. 왕간이 나에게 《고밀동북향기인 시리즈》DVD 세트를 선물했는데, 이 DVD를 통해 고모가 하오다수와 결혼한 이유를 알게 되었다. 고모가 은퇴를 선언한 그날 밤, 고모는 술에 취해 비틀거리며 돌아가다가 결국 움푹 들어간 곳에 이르렀다. 달빛 아래에서 두꺼비와 개구리가 개굴개굴 울고 있다. 고모는 그 개구리 울음소리를 피하고 싶었지만, 개구리 소리가 그녀를 쫓았다. 그녀는 울부짖으면서 달리다가 결국 하오다수를 만났다. 은퇴 후, 고모는 생명, 특히 아기와 태아의 생명에 대한 관념도 변화하고 있었다. 만년의 고모는 생명에 대해 중국 전통 어머니 같은 큰 애도를 표하며, 신비로운 생명에 대한 한 시골 의사의 무거운 사고를 보여주었다. 그녀는 상상 속의 아기들의 모습을 남편에게 묘사했다. 한 민간 진흙 조각가는 남편의 손을 통해 진흙 인형으로 만들어졌으며, 이러한 방식으로 세상에 나오지 못한 아기들에 대한 미안함을 달래주기를 원했다. 하지만 동시에 고모는 그녀의 능숙한 손길로 다양한 출산에 참여하고 있다.

급변하는 고향에서 나는 초라한 천비를 만났다. 잘생긴 천비는 이제 머리가 벗겨지고 옷차림이 괴팍했으며, 세르반테스의 슬픈 얼굴의 기사 돈키호테로 분장했다. 연극배우의 말투로 레스토랑에서 손님을 끌어모았다.

천비의 두 딸인 천이陈耳와 천메이陈眉는 한때 까오미 동북향에서 가장 아름다운 자매였다. 그녀들은 남쪽의 한 봉제 장난감 공장에서 일하다가 전국을 충격에 빠뜨린 화재로 인해 얼굴에 화상을 입었다. 사람들의 생활 조건이 변화하고, 상품 경제가 비약적으로 발전함에 따라 일부 초과 출산 방식도 '시대에 발맞춰' 점점 더 늘었다. 까오미 동북향에서 원얼이는 황소개구리 사육 회사를 빙자하여, 아들을 낳고 싶어 하는 사람들을 위해 대리모를 조직했다. 오십이 넘은 아내는 속임수를 써서 나의 정액을 '대리모'의 몸에 주입하고 임신시켰다. 이 대리모가 천메이였다. 나는 갑자기 전례 없는 갈등에 빠졌다. 55세의 나는 어리둥절하게 다시 아버지가 되었다. 나는 임신 몇 달 된 천메이에게 분만을 유도할 방법을 찾고 싶었지만, 첫 부인 왕런메이가 생각났다.

소설은 중국 농촌의 한 촌락을 배경으로, 낙후된 위생환경과 가족계획 정책을 중심으로 벌어지는 사회적, 인간적 갈등을 그리고 있다. 소설 제목인 '개구리'는 고모 완신의 별명에서 비롯된다. 산파로서 완신이 아이를 돌볼 때, 마을 주변에서 들리는 개구리 울음소리가 그녀를 떠올리게 했고, 그 별명이 붙었다. 이 개구리는 자연의 생명력과 끈질긴 생존 의지를 상징한다.

하지만 소설에서 개구리는 단순한 생명의 상징을 넘어, 인간의 삶이 국가 정책과 사회구조 속에서 어떻게 억압받고 왜곡되는지를 은유한다. 개구리의 울음소리는 한편으로 자연의 순리와 생명의 존엄을 상기시키지만, 다른 한편으로는 인간 존재가 체제와 권력에 의해 얼마나 무력해질 수 있는지를 나타낸다.

중국은 이 당시 지독하게 진행했던 계획생육과 독생자녀 제도로 인해 빠르게 고령화가 진행됐다. 결국 2015년 10월 중국 공산당 18기 5중 전회에서 '한 자녀 정책' 종료를 공식 선언하고, 2016년부터 모든 가구가 두 자녀를 가질 수 있도록 허용했다. 하지만 더 이상 아이를 낳으려는 사람은 없었다. 2021년 5월에는 세 자녀까지 허용하는 정책으로 확대했고, 이후에는 국가 차원에서 출산 장려 정책과 함께 육아 지원, 출산 휴가 확대, 보육 서비스 개선 등을 추진하고 있다. 중국의 합계 출산율은 2023년 1명 정도였고, 1년 출생아 수도 1,000만 명 아래로 떨어졌다. 이제는 사망자 수가 많기 때문에 자연감소 상태다. 특히 상하이 등 대도시는 출산율이 0.6명까지 떨어졌다.

농업사회였던 중국에서 아이는 곧 부의 상징처럼 느껴졌지만 더 이상 아이를 원하지 않는 사회가 됐다. 모옌의 소설 〈개구리〉는 그런 측면에서 깊은 아픔을 주는 소설이다.

모옌이 이 소설에서 다룬 시기는 중국이 계획생육을 시작한 시기다. 중국에서는 1965년부터 첫 번째 계획생육计划生育이 시작됐다. 과도한 인구에 대한 부담 때문이다. 1971년 7월에는 국무원이 '가족계획 업무에 관한 보고서关于做好计划生育工作的报告'를 발표했다. 1969년과 1970년에 각각 1,000명 당 26.1과 25.8이었던 인구 자연 증가율을, 제4차 5개년 계획 기간에 맞춰 1975년까지 일반 도시를 약 1,000명당 10으로, 농촌을 1,000명당 15 이하로 낮추겠다는 것이었다.

　　'계획생육'은 덩샤오핑이 실권을 장악하던 1980년부터 '독생자녀'제도로 더 뚜렷해진다. 1980년 9월 중국공산당은 인구문제에 대한 공개문을 발표하는데, 이 안에는 '한 부부는 오직 한 명의 자녀를 낳기提倡一对夫妇只生育一个孩子'가 들어있었다. 이것이 '독생자녀獨生子女'제도다. 농촌, 소수민족은 예외 조항이 있지만, 이 원칙은 금과옥조金科玉條였다.

　　하지만 출생아 수 감소가 눈에 띄자, 2011년 11월에는 부부 독생자녀는 두 아이가 가능하게 했고双独二孩政策, 2013년에는 한 명만 독생자녀여도 두 아이가 가능하게 풀었다. 하지만 출산율 감소는 더욱 심각해졌다. 결국 2016년부터 두 아이를 가능하게 했고, 2021년부터는 세 자녀까지 가능하게 해, 사실상 '계획생육'

을 해제했다. 현재는 출산 지원금 등 오히려 아이를 낳게 하는 정책으로 바뀐 상황이다.

중국의 출생아 수는 해방 직후인 1950년 2,013만 명 정도였다. 우리 베이비붐 세대처럼 늘어나 1963년 2,975만 명을 기록해 최고치를 찍었다. 이후 감소해 1979년에는 1,726만 명까지 떨어진 후 다시 상승해 1987년 2,529만 명을 기록한 후 다시 감소세로 돌아섰다. 2010년부터 2016년까지는 베이비부머 세대가 출산을 시작하면서 출생자 수가 1,800만 명 전후까지 늘었지만, 이후에는 급감하기 시작했다. 2022년에 956만 명으로 처음으로 1,000만 명 아래로 떨어졌고, 2024년 954만 명이 출산했다.

중국 출산율 저하의 가장 큰 이유는 교육비의 증가도 있지만, 더 이상 '자식이 복'이라는 가치관이 아니라는 관념의 변화가 크게 작용했다. 모옌의 〈개구리〉는 그 시대에 대한 서사이며, 출산이 어떤 의미라는 것을 다시금 깨닫게 한 소설로 기억된다.

〈세 중국인의 삶〉
1980년, 힘겨운 현대로 건너오기

다이시지에(戴思杰, 1954년, 쓰촨성 청두成都 출생)는 중국에서 태어나, 프랑스에 정착한 중국 노마드 예술인의 상징이다.

많은 중국인이 그렇듯 그에게도 10대 중반에 문화대혁명이 왔다. 17살인 1971년 다이시지에는 지식 청년으로 야안시 잉징현榮经县 산골 마을에서 재교육을 받았다. 다행히 1974년에는 지식청년 생활을 마치고, 문혁이 끝나던 1977년에 쓰촨대 사학과에 입학한다. 1982년에는 국가에서 실시한 시험을 통과해 프랑스 유학생이 된 후 난카이대학에서 언어와 석사 과정을 마치고 1984년 프랑스로 건너간다. 1984년에 파리 제1대학교 예술대학에 영화감독 과정으로 박사학위를 받고, 프랑스 국립 고등 영화

아카데미로 전환하여 3년 동안 영화를 공부했다. 졸업 후 프랑스에 정착하여, 드라마와 영화를 촬영하기 시작했다. 1985년 첫 영화《고산묘高山庙》를 연출해 베네치아 영화제 청년 감독 단편상을 수상했다.

2000년에는 첫 소설 〈발자크와 바느질하는 중국소녀巴尔扎克与中国小裁缝〉를 프랑스에서 출간했고, 이 작품은 영화로 만들어져 55회 깐느 영화제 개봉작이 되었으며, 다양한 영화제에서 수상한다. 이 책은 2003년 중국에서 출판되어 100만 부를 넘긴다. 2006년에는 〈식물학자의 딸植物学家的女儿〉로 몬트리올 영화제에서 수상하는 등 영화와 작가의 세계를 주유한다.

다이시지에 작품들은 문혁 기간에 그가 겪었던 일들과 고향 쓰촨에서의 이야기가 많다. 다이시지에 역시 당대 역사로부터 자유로울 수 없었다. 홍위병에게 반사회주의 인물로 찍힐 경우 축사에서 살아야 했던 비참한 삶을 다룬 '소 우리牛棚'를 통해 문혁 시기의 야만을 표현했다. 중국 문학에서 루쉰의 영향은 큰데, 당연히 다이시지에도 그렇다. 루쉰이 그려낸 아큐나 '광인', 〈고향〉의 '나'는 수많은 새로운 인물로 바뀌었다.

다이시지에의 〈세 중국인의 삶〉에 나오는 인물들은 그런 느

중국은 있다

낌이 더 하는 것 같다. 첫 소설의 인물 호찌민이나 〈산을 뚫는 갑옷〉의 두 형제와 어머니도 루쉰 소설에서 본 느낌이 난다. 문제는 인물의 중첩성이 아니다. 중국인들이 당대를 지나올 때 느꼈던 현실과의 비극적인 접속은 사람들에게 쉽지 않음을 짐작하게 한다는 점에서 그렇다.

중국에서 평민을 말할 때 가진 적합한 호칭은 '라오바이싱老百姓'이다. 친근하면서도 가난하고, 절망적이기 때문이다. 강옹건 시대(1662~1795)라는 엄청나게 부유한 시절을 보낸 중국 당대인들은 이 땅에서 정조가 승하한 후 찾아온 위기처럼 비극적 사건의 연속이었다.

아편전쟁 등 외세가 쳐들어왔고, 의화단, 태평천국 등 내부에서의 살육도 시작됐다. 군벌시대나 중일전쟁, 국공내전에서 사람의 목숨은 헌신짝처럼 여겨졌다. 1949년 이후에도 대약진, 문화대혁명 등 고통스럽긴 마찬가지였다. 물론 우리라고 해서 별다르게 좋은 것은 없었다.

〈세 중국인의 삶〉은 2011년에 프랑스에서 출간된 책을 번역한 것이다. 그의 대부분 작품이 그렇듯, 문화대혁명 등 중국의 야만시대를 바탕으로 그려진 소설이다.

세 소설 모두 문혁 시대 중국 산업화 과정의 비극을 담고 있다. '저수지의 보가트'에서는 어머니가 납중독으로, '산을 뚫는 갑옷'에서는 치명적인 병에 걸린다. '호찌민'에서는 조로증에 걸린 소년이 권력에 의해 당서기 대신에 사형당하는 길을 걸어야 한다.

개인적으로는 '산을 뚫는 갑옷'이 가장 강렬했다. 누구나 마찬가지였을 것이다. 자식을 구하기 위해 자신을 던져야 했던 어머니의 처절한 싸움은 인간이나 천산갑이나 같기 때문이다.

개인적으로 천산갑이라는 동물을 알게 된 것은 사스 때다. 2002년 11월 내가 중국에 있을 때, 사스가 찾아왔다. 이때부터 코로나바이러스를 옮기는 중간 숙주가 이야기됐고, 그중에 천산갑이 가장 부각됐기 때문이다. 작가가 천산갑을 소재로 한 것도 그런 흐름 속에서 읽어낸 것으로 보인다.

그러는 사이 중국의 자본주의는 가장 낮은 단계를 건너가게 됐다. 폐가전을 수입하던 중국은 이제 그 역할을 인도나 동남아 저개발국으로 넘기고, 다음 단계를 향하고 있다. 사실 이 흐름은 과거 일본에서 시작되어 한국을 거치고 중국으로 넘어간 것이다.

정치적 격변의 시간인 문혁 기간을 겪은 후 프랑스로 넘어간

다이시지에에게 중국의 그런 모습은 가장 가슴 아픈 일이었을 것이다. 그리고 그런 거대한 흐름 속에 희생되는 사람들의 모습이 가장 들어올 것도 당연하다.

디이시지에 소설의 또 다른 힘은 시각적 상상력을 불러온다는 점이다. 미술사를 공부했고, 영화를 제작하는 습성이 글에도 자연스럽게 녹아난 것으로 보인다. 독자들은 소설을 읽을 때, 영화처럼 영상이 떠오르는 경험을 할 수 있다.

〈가장 짧은 밤〉
성장기에 북방 민족의 정을 보다

내가 츠쯔젠(迟子建, 1964년 헤이룽지앙성 모허시漠河市 베이지춘北极村 생)
에 매료된 것은 아시아 청년 작가들의 작품을 모아놓은 〈물결의
비밀〉을 읽고서이다. 이 속에는 츠쯔젠의 단편 '돼지기름 한 항
아리'가 수록되어 있다. 소설을 읽으면 겨울이면 영하 30도가 넘
는 동토가 스르르 느껴졌고, 그 땅에서 살아가는 가족들의 숨결
이 느껴졌다. 소설에는 어릴 적 7남매가 같이 했던 내 어릴 적 기
억과 더불어 고향 마을의 다양한 정서가 고스란히 녹아 있다. 특
히 돼지기름을 이고 가는 엄마의 모습은 내 어머니의 고된 젊은
날과 비슷해 감정이 더 짙어질 수밖에 없었다.

이후 이런 감동은 장편 〈어얼구나강의 오른쪽〉이나 〈뭇 산들

　　　　　　　　　　　　　　　　　　중국은 있다

의 꼭대기〉로도 그대로 이어졌다. 그러니 작가의 단편 모음집 〈가장 짧은 낮〉이 나온다니, 가장 먼저 주문을 누를 수밖에 없었다.

책을 받아 들고 나는 너무 빨리 읽기가 싫어서, 맛있는 과자를 먹듯이 천천히 한편 한편 읽어갔다. 다행히 '돼지기름 한 항아리'도 수록되어 있었다.

이번에 수록된 단편은 표제작을 비롯해 16편이다. 단편의 생명력은 소재에서 나온다. 장편처럼 스토리텔링이 쉽지 않기 때문이다. 흥미로운 것은 츠쯔젠의 단편은 소재나 스토리텔링 모두가 인상적이라는 것이다. 아울러 '라이프 에로티즘'이라 불릴 정도로 범인들의 성적 느낌도 외면하지 않는다는 것이다. 이것은 위화, 쑤퉁 등 대부분의 중국 작가들도 그런데 츠쯔젠 역시 크게 다르지 않다. 7남매가 함께 살았던 만큼 나 역시 어릴 적부터 관련 호기심을 안고 살았다. 아이들이라 해서 그 분야에 관심이 없을 리 만무한데, 츠쯔젠은 그런 시각으로도 성적 묘사를 잘 해낸다.

첫 소설 '깨끗한 물'은 설날을 앞두고, 가족이 소년 톈두의 방에 만든 목욕대야에서 차례대로 목욕하는 춘지에 전날의 모습을 담고 있다. 우리 집 역시 명절 전이면 식구들이 이런 방식으로 목욕했기 때문에 어떤 소재보다 사실적인 느낌이다. 이제 어린애

처럼 되어가는 할머니부터 무슨 일을 벌일지 모르는 엄마, 아빠의 목욕까지. 소년의 눈에 뿌연 수증기로 가득 찬 목욕은 정겨운 소재다.

'해빙'은 문혁의 트라우마를 안고 살아가는 지역 사람들의 애환을 잘 묘사한 소설이다. 학교 교장을 지내던 쑤저광은 문혁 때 하방된 경험을 가지고 있다. 그런 어느 날 지역의 대도시 정부가 그를 부른다. 문혁 때를 생각하면 다시 올 수 있으리라는 보장이 쉽지 않다. 쑤교장은 그 집안의 안부를 한때 자신의 아내를 흠모했던 도살업자 왕통량에게 부탁한다. 이윽고 그가 떠난다. 이 이야기도 남의 이야기 같지 않았다. 대학 때부터 친하게 지내던 한 친구는 두 번의 교통사고를 겪자, 앞날을 보장하지 못하겠다며, 나에게 자기 가족의 뒤를 부탁하는 모습을 보인 적이 있었다. 때로 앞날이 예측되지 않을 때, 사람들은 그런 부탁을 하나 보다. 지금은 어느 학교서 교감을 하고 있는 그 친구는 이제 소식마저 끊겨 버렸다. 이 소설의 결말도 나와 친구처럼 데면데면하게 끝난다.

표제작 '가장 짧은 낮'은 인상적인 작품이다. 내가 가장 가고 싶어 하는 북방은 겨울 낮이 상대적으로 짧을 수밖에 없다. 그리고 그 낮이 가장 짧고, 밤이 가장 긴 날, 즉 동짓날은 자오즈(만두)

를 먹는 등 수많은 관습을 만들어낼 수밖에 없다. 주인공은 아들이 마약으로 인해 감호시설로 들어간 후 더 많은 돈을 벌어야 해 가방 의사를 하는 사람이다. 동북3성(헤이롱지앙성,지린성,랴오닝성)을 주유하며 수술하는 그는 다롄 근처의 시골에서 항문수술을 하고, 집이 있는 하얼빈으로 향하는 고속철도를 탄다. 흔히 문혁 기간의 묘사로 익숙한 중국 소설이 아니라 고속철도를 소재로 한다는 점에서 재밌다. 환자의 배려로 고속열차의 특등칸에 탄 나는 철도 기술자를 하는 청년과의 대화 속에 자연스럽게 중국 청년들의 애환을 담는다. 삼포세대가 결코 한국 이야기만은 아니라는 것을 알면서 웃픈 표정을 지을 수밖에 없다. 나는 과연 무사히 그날 안에 집에 도착할 수 있을까.

보하의 강가에서 오리를 키우고, 만두를 만들어 파는 루쉐는 강가 중간에 들어선 모래채취선이 눈에 거슬릴 수밖에 없다. 우선은 기계음이 시끄럽고, 어디서 온 줄 모르는 이들이 부담스럽다. 그러던 어느 날, 살찐 암오리 한 마리가 없어진다. 당연히 모래채취선의 남자들을 의심한 채 찾아간다. 그리고 얼마 후 시장에서 만두를 파는 루쉐를 찾아온 덩치 큰 남자는 그녀에게 오리 값을 치른다. 그런데 얼마 지나지 않아 자신의 오리를 잡아먹은 것은 사람이 아니라 매라는 것을 깨닫는다. 루쉐와 거한은 어떻게 될까. 소설을 읽으면 찾아오는 남자에게 생니를 뽑아서 모았다는 배비장전의 고사도 떠오른다. 물론 루쉐는 이가 아닌 남자들의 손톱을 뽑았다.

항일전쟁 당시 할아버지의 일본군과 치열한 대결을 다룬 '말 장화를 삶다'나 계부와 갈등으로 외양간에 사는 소년의 흥미로운 세상사 이야기인 '무월霧月의 외양간'도 재밌다.

'돼지기름 한 항아리'는 다시 읽어도 츠쯔젠의 탁월함이 다시 느껴지는 소설이다. 샤오차이허 벌목장에서 일하는 남편 라오판의 편지를 받고, 세 아이와 그곳을 향하기 위해 집을 정리하는 나는 집을 정리하는 방법을 찾는다. 도살업자 훠다옌은 집 대신에 자신이 새로 만든 돼지기름 한 항아리와 바꾸자 하고 고민 끝에 승낙한다. 아이도 벅찬데 나는 기름이 든 항아리를 안고, 샤오차이허로 긴 길을 떠난다. 목적지에 도착 전 남편을 대신해 마중 나온 추이다린과 함께 말을 얻어 타고 가다가 그 이쁜 항아리는 깨지고, 결국 흩어진 돼지기름을 수습해 남편의 임지에 도착한다. 돼지기름을 먹은 검은 개미 덕분인지 다시 아들 마이를 얻는 이들 가족의 주변에는 다양한 사건들이 펼쳐진다.

침대열차 안의 하룻밤을 배경으로 한 '눈 커튼'은 중국인들의 타인을 보는 시선을 흥미롭게 묘사한 글이다. 침대칸을 처음 타본 할머니가 표를 바꾸지 못해 발생하는 사고를 두고 벌이는 에피소드다. 이 소설에서 나오는 기차는 잉워硬卧칸으로 루완워软卧보다는 등급이 낮은 침대칸 열차. 1998년 9월 여행으로 만난 중국을 시작으로 중국에 거주하면서 수없이 중국 열차를 탔기 때문에 거의 모든 수준의 중국 열차를 타본 나로서는 너무 재밌는 기억을 다시 생각할 수 있었다. 아울러 기차에서 만났던 수많은 중국 사람들의 인상도 다시 생각났다.

'말 한 필, 두 사람'은 노부부와 가족처럼 살아가는 말 한 마리의 생에 대한 이야기다. 부부의 정과 중국인들이 말이나 소 같은 가축을 어떻게 보는지 알 수 있다. 나 역시 시골집에서 소들과 어린 시절을 같이 했기에 그런 정서들이 적지 않다. 때로는 형제 같고, 자식 같은 역할을 하는 가축의 모습이 정감있게 다가왔다.

'꽃잎 죽'은 왈자배기 아들이 문혁기간에 벌어지는 가족 간 에피소드를 그려낸다. 교장선생님인 아버지는 당연히 지식분자이기 때문에 수없이 수난을 겪을 수밖에 없다. 큰 딸은 아버지를 멀리하겠다는 맹세의 글을 쓰고, 아들이 아빠를 무시해야 하는 현실 속에 어른들은 그 시기를 어떻게 겪어가는지를 볼 수 있다.

'가는 비 내리는 그리그해의 황혼'은 작가가 방문한 음악가 그

리그의 고향 노르웨이 베르겐을 방문하는 여정과 작가가 장편소
설을 쓰기 위해 잠시 머물던 모나진의 기억을 겹치면서 한 지역
이 갖는 정서를 잘 풀어낸다. 소설을 읽으면서 나도 오랜만에 유
튜브에서 그리그의 음악을 찾아서 들으며 그 정서를 만나봤다.
개인적으로 중국을 여행할 때, 작가들의 고향에 가면 그 정서가
남달랐다. 위화의 소설적 배경인 항저우나 하이옌, 쟈핑야오의
고향 산시, 루쉰의 고향 샤오싱, 장리자나 장자자의 고향 난징, 모
옌의 고향 산둥, 쑤퉁의 고향 지앙쑤, 옌롄커의 고향 허난, 다이시
지에의 고향 쓰촨 등에 가면 나는 그들의 소설을 생각한다. 물론
헤이룽지앙 성 북방 지역에 가면 츠쯔젠을 생각할 텐데, 나는 하
얼빈 북쪽을 아직 가보지 못한 게 아쉬울 따름이다.

'친구들아, 눈 보러 와'나 '백설의 묘원'은 북방의 상징인 눈을
배경으로 한다. 내 고향 영광도 유난히 눈이 많은 곳이기에 눈이
주는 감정은 남다르다. 다만 우리 고향의 눈은 많이 와도 지나치
게 오래 남아있지는 않는다. 비교적 남방이기 때문이다. 하지만
아내가 어릴 적 살았던 강원도 인제나 그 북쪽은 눈이 터널을
만들 만큼 긴 시간 남아있는데, 하얼빈은 이것을 관광자원으로
만드는 빙등축제를 하기도 한다.

소설 전체에 대해 나는 옮긴이가 쓴 말도 깊이 공감한다. "츠

쯔젠 소설의 가장 큰 특징 가운데 하나는 하층 서민들의 삶 깊숙한 곳에 녹아 있는 따스한 정과 인성의 원초적인 아름다움을 처연한 서정으로 그려내고 있다는 점이다. 그는 들판에 핀 꽃 한 송이, 길가에 구르는 돌 하나에도 영혼이 있다고 믿는다. 만물의 영혼이 자신의 영혼과 서로 작용하고 자기 삶 속 깊숙이 들어와 있다고 믿는다…. 이 소설집에는 중국 북방 서민들의 강인한 삶의 에너지와 소박하고 순수한 심성, 온갖 재난과 곤경을 관통하는 인성의 에너지, 외부 세계의 냉혹함과 극단적으로 대비되는 인간 내면세계의 온기, 그리고 가장 중요한 요소로 생명에 대한 존중이 가득 담겨 있다."

문학을 하는 이들이 있다면 나는 이 소설을 꼭 권하고 싶다. 가장 큰 이유는 문체다. "오리는 살이 찌고 강물은 야위었다. 풀잎은 누렇게 변하고 바람이 차가워졌다."라는 문장 등 내가 감탄할 수밖에 없는 수많은 묘사들이 좋았다. 지난해 노벨문학상 후보에 찬쉐가 올랐지만, 나는 중국 작가에서 노벨문학상 수상자가 있다면 찬쉐나 위화보다는 츠쯔젠이 더 가깝다고 생각한다. 물론 그녀의 소설이 얼마나 영문화 되었는지는 모르겠지만. 물론 이 상이 놀라운 문학적 성취에 대한 보상이라고도 생각하지 않는다.

아시아 작가의 소설을 묶은 《물결의 비밀》에 실린 중편소설 〈돼지기름 한 항아리〉를 읽고 나는 그녀의 팬이 되기로 했다. 그런데 여러 경로로 그녀의 소설 〈어얼구나강의 오른쪽〉을 찾아보려 했지만 구하기는 어려웠다. 그런데 그녀의 신작 《뭇 산들의 꼭대기》가 드디어 출간되어, 한숨에 읽었다. 역시 내 선택이 틀리지 않음을 실감한 시간이었다.

이 책은 두툼한 소설인 것을 넘어 대하소설 하나를 읽은 만큼의 중량감으로 다가온다. 우리 작가에 비견하자면 박경리의 《토지》를 읽은 후의 느낌이다. 그도 그럴 것이, 책의 앞에 등장인물의 가계도를 그려두어 만만치 않은 사람의 계보를 알아야 한다는 것을 말해준다. 실제로 좀 혼돈스럽기도 하지만 소설은 그와 상관없이 한 흐름에 따라 자연스럽게 읽힌다.

1964년 태어난 작가는 중국 개혁개방 시대에 성장한다. 여전히 문혁의 상처가 여전한 시기지만 중국인들은 순식간에 '상인종商人種'으로 불릴 만큼 강한 상업 근성을 살린다. 어느 지역이든 부자 될 기회가 있었고, 돈을 벌기 위한 이동의 행렬은 끊이지 않았다.

이 소설집은 지난 30년간 작가가 쓴 단편 중에서 고른 만큼 시간적 간극도 크다. '가장 짧은 낮'은 동북 지방에 고속철도가 생긴 시기이니 오래된 이야기는 아니다. 주인공은 기차를 타고 다니면서 수술을 해서 돈을 버는 의사다. 사실 중국에서 의사의 수익이 높아진 것은 오래전 이야기가 아니고, 지금도 자본주의 국가에 비해서는 낮은 임금을 받는다. 다만 2000년대 이후 의사들은 과다한 처방전 등의 방식으로 수익을 높이는데 관심을 갖기 시작했다.

지금도 의사들의 임금은 월 5,000~10,000위안이고, 주임급들이 15,000~20,000위안 정도다. 앞서 말한 다양한 방편으로 수익을 올릴 경우 30~50만 위안(한화 6,000~1억 원가량)까지 올라갈 수 있고, 월 100만 위안 이상의 초고소득 의사들도 있다. 주로 성형외과 등에서 나온다. 의사들의 월급이 올라감에 따라 대학입학에서도 의예과의 입학 점수가 올라가는 추세다.

〈녹색모자 좀 벗겨줘〉
1980년대, 역경을 걷는 게 선이다

    본명이 톈다이린田代琳인 작가 둥시(東西, 1966년, 광시성 톈어天峨 생)
는 요즘 눈에 띄는 인물이다. 둥시라는 뜻이 우리말로는 '물건'이
라는 뜻인데, 중국에서는 욕설로 '놈, 자식, 새끼'라는 뜻으로 많
이 쓰인다. 즉 스스로의 필명을 낮추려는 작가의 의도가 보인다.
작가는 그의 소설 배경에도 많이 나오는 중국 광시성 서북 톈허
현의 산촌 태생이다. 다행히 공부에 소질이 있어 1985년에 사범
학교를 졸업하고, 고향 중학교에서 교편을 잡는다. 하지만 학교에
머무르지 않고 현 선전부 직원, 비서, 농민을 거친 후 1995년부
터는 광시일보 기자를 거쳐서 작가로의 길에 접어든다. 작가로서
그는 데뷔 이후 상당히 주목을 받았다. 〈언어없는 생활没有语言的生
活〉로 루쉰문학상 중편문학상 수상을 시작으로 다수의 상을 받

                        중국은 있다

왔다. 특히 그의 소설은 이야기 구조가 독특해 영화나 드라마로 20여 편이 제작될 만큼 주목받고 있다.

국내에는 2008년 〈언어없는 생활〉과 〈미스터 후회남〉(원제: 后悔 录, 2005년 출간) 등이 번역되어 주목을 끌었는데, 이후 다른 작품이 소개되지 않았다. 그러다가 2021년 2월에 14년의 공백을 깨고, 〈녹색모자 좀 벗겨줘〉(원제: 篡改的命, 2015년 5월 출간)가 번역 출간됐다.

원제는 〈운명 바꾸기〉인데, 제목을 〈녹색모자 좀 벗겨줘〉라고 한 것은 중국에서 '녹색모자'가 낮은 계급, 하층민을 뜻하는 색으로 일반인들이 터부시하는 데서 따왔다고 한다.

〈녹색모자 좀 벗겨줘〉의 가장 큰 매력은 술술 편하게 읽힌다는 점이다. 〈미스터 후회남〉만 해도 인물을 따라가다 보면 혼란스러워 책장이 쉽게 넘겨지지 않는다. 반면에 이번 소설은 한 가족에게 펼쳐지는 3대의 가족사를 연차적으로 다루고, 이야기 전개도 빠르기 때문에 금방 책장이 넘어간다. 10부작 정도로 방송되는 드라마처럼 빠른 이야기 전개가 특징적이라, 450페이지에 달하는 소설이지만 하루면 충분히 읽을 수 있다.

소설은 주인공 왕창즈가 대학에 떨어지고, 시장대교 중간에서 떨어질 것을 고심하면서 시작된다. 교육 당국은 그가 베이징대나 칭화대 등에 먼저 지원하는 바람에 지역 대학에 입학할 기회를 놓쳤다고 한다. 커트라인을 20점 넘는 점수를 얻고도 대학에 입학하지 못한 것이다. 그런데 이 상황이 소설 마지막에서 가장 쓰라린 결론으로 연결된다.

고심 끝에 죽지 않고 집에 돌아가자, 아버지 왕화이는 탄원을 위해 교육국에 찾아가 항의를 시작한다. 그런데 교육당국은 아무런 조치를 취하지 않는다. 결국 왕하이는 건물 가장자리에서 목숨 걸고 항의를 하다가, 떨어져 반신불수가 되고 만다. 고향 집에 돌아온 왕하이는 자신의 힘든 삶이 자식에게 다시 연결되지 않기를 바라기 때문에 왕창즈를 현으로 보내면서 말한다. "자식이 출세만 할 수 있다면 부모가 겪는 고통은 다 훈장이다."

그런데 왕하이가 시위할 때, 재수할 돈을 주겠다는 교육국장의 말은 허언이었다. 죽기 살기로 학원을 들어보려 하지만 일하는 몸으로 수업을 감당할 수 없었다. 왕창즈는 서서히 현에서 일하는 농민공으로 적응해 간다. 더욱이 작업반장인 허구이의 장난에 속아 임금마저 떼이자, 결국 부동산회사 사장 린쟈보를 대신해 감옥살이를 하기도 한다.

그 시간 고향 마을에는 이웃의 중매로 허샤오윈이 민며느리로 들어와 창즈의 부모와 생활한다. 몇 번의 곡절이 지나고 둘은 현으로 나와 신혼 생활을 시작한다. 하지만 살림은 조금도 나아지지 않는데, 아이까지 생긴다. 그때 왕창즈의 고향 친구인 마사지샵 주인 장후이가 허샤오윈에게 같이 일할 것을 제안한다. 마사지 일은 자연스럽게 매춘으로 연결된다. 서서히 왕창즈도 그 현실을 알지만 매춘 한 번으로 자신의 월급 300위안을 버는 것을 알기에 애매모호한 자세를 취한다.

아들 부부와 손자의 탄생이 걱정되는 왕하이 부부는 결국 현으로 나와서 구걸 생활을 한다. 거기에 왕창즈는 건설 현장에서 떨어져 피투성이가 된다. 다행히 회사는 그에게 위로금 2만 위안을 준다. 왕창즈로는 신비한 경험이었다. 그런데 친구 류젠핑의 제안으로 이미 힘을 잃은 남성 기능도 피해보상을 받기 위해 작전을 시작한다. 그런데 현에서 한 DNA 검사에서 아들 왕다즈가 자신의 아이가 아니라는 결과를 받는다.

이제 수많은 고민들의 연속이다. 성으로 가서 다시 큰돈을 들여서 다시 검사를 받는 것도 방법이다. 하지만 이 모든 것이 여의치 않자, 왕창즈는 자기 아들을 부유한 집에 입양 보내는 방법을 고민한다. 그리고 그 대상이 나오고, 어렵사리 그 일을 시작한다.

중간까지만 들어도 우리는 왕하이, 왕창즈 부자의 지긋지긋한 가난에 동정이 간다. 그들에게 가난은 벗어날 수 없는 거대한 굴레로, 부자가 교육국이나 법원에 항의를 갈 때 들고 가는 작은 걸상만큼이나 처량하기도 하다.

결국 부자집에 보낸 3대인 왕다즈는 그런 굴레를 벗어날 수 있을까. 그리고 아들을 보낸 후 아내 허샤오원마저 떠난 왕창즈의 인생은 어떻게 될까.

소설을 읽으면 자연스럽게 〈허삼관 매혈기〉에 나오는 지긋지긋한 빈민들의 삶이 기억난다. 또 옌롄커와 류전윈 소설에 등장하는 농민공들의 애환도 떠오른다.

그런데 나는 이런 소설 속 주인공들의 모습이 결과적으로 중국을 버티는 힘이라는 생각을 하곤 한다. 개인적으로 사람들에게 중국 소설을 읽으라는 말을 많이 한다. 우선 자연스럽게 다가오는 페이소스와 유머를 이해할 수 있다는 것이다. 이 소설 역시 왕하이와 왕창즈 부자가 삶을 견뎌 나가는 비장미를 느낄 수 있다. 위화의 추천사가 앞에 있는데, 그도 "해바라기 껍질을 밟았을 때 들었던 생기발랄한 소리를 떠올리며 작품의 어휘에 맞는 적절한 어휘를 찾아내고 싶었다. 생기발랄, 그래 생기발랄이 딱 어울린다"며 이 작품이 가진 특징을 짚어냈다. 두 번째는 자연스럽게 녹아 있는 역사를 알 수 있다는 것이다. 이 소설에는 역사랄 것은 없지만 중국의 도시화에 대한 도시민과 농민들의 변화를 느낄 수 있다. 세 번째는 중국인의 천성을 알 수 있다는 것인데, 이 소설 속 주인공이야말로 그런 가장 좋은 예다. 또 작가에 따라 지역별 사람들의 습관과 문화를 알 수 있는데, 이 소설은 광시성의 낙후된 현(한국의 군 단위)의 문화를 잘 알 수 있게 해준다.

앞서 말했듯이 중국은 미국과 피 터지는 헤게모니 쟁탈전을 할 것이다. 그런데 나는 그들의 힘이 어디에 있는가를 가끔씩 고민한다. 그런데 그 힘이 이렇게 가난에 쩔고, 권력에 짓밟히고, 억울한 민중에게서 나온 것이 아닐까하는 생각을 한다. 니체가 "역경을 걷는 것이 선이다"라고 말한 것도 그런 의도가 아닐까 싶다.

⟨딩씨 마을의 꿈⟩
2002년 에이즈 마을,
지방의 고통을 보다

중국 문학에서 내게 가장 강렬한 피는 루쉰에서 시작했다. 루쉰의 단편 ⟨약⟩에는 폐병에 걸린 아들을 살리기 위해 처형된 혁명가의 피를 만두에 묻혀와 자식에 먹이는 아버지가 나온다. 루쉰 스스로가 몸을 살리는 의사醫師가 아닌 마음을 살리는 의사義士가 되기 위한 길을 선택했지만 스스로는 일반인들이 얼마나 몽매한가를 보여주는 사례였을 것이다. 다음에 만난 피는 우리나라에서도 많이 읽힌 위화의 ⟨허삼관 매혈기⟩ 속의 피다. 인생의 고비마다 피를 팔아서 위기를 넘기는 아버지의 삶을 그린 이 소설은 지극히 중국인다운 심성을 보여주었다.

옌롄커(閻連科, 1958년 허난성 양송현阳嵩县 생)의 소설 '딩씨마을의

중국은 있다

꿈'(도서출판 아시아 간)도 그에 못지않은 강한 피의 내음이 있다. 사실 중간중간에 중복된 이야기로 인해 읽기에 피곤한 면도 있지만, 이 소설은 작가의 치열함과 더불어 내가 알아야 할 중국 저변의 문화가 깊게 느껴졌다.

이 소설이 다루는 허난성의 에이즈로 인한 상황은 나 역시 중국에 있을 때 경험했던 사건이기도 하다. 2002년이 시작되자마자 내가 살던 톈진에는 에이즈 집단 감염지역인 허난 상차이셴 주민이 에이즈가 담긴 주사기로 무차별 가해를 한다고 해서 불안한 사건이 있었다. 사실 중국의 호남으로 불릴 만큼 지역적 선입견이 강한 허난河南 사람들은 이 사건으로 더 큰 상처를 받았다. 사실 이건 바깥사람들 이야기고 내부에서 천형이라는 병을 가진 이들의 고통과 아픔이 얼마나 심각했을지는 사실 가늠하기 어렵다.

옌롄커의 소설은 그 사건의 중심에 있었던 한 마을을 집중적으로 다룬다. 이 소설을 끌어가는 중심인물은 시골 학교의 소사 같은 편한 노인 딩수이양이지만, 사건의 중심인물은 소설 속 화자의 큰아들인 딩후이다. 딩수이양 노인의 큰아들 딩후이는 처음에 마을에서 매혈을 주도하는데, 특히 비위생적 매혈로 인해 에이즈에 걸리게 하는 결정적 역할을 한다. 이후 딩후이는 에이즈 사망자들에게 지급되는 관을 팔아서 부를 얻고, 나중에는 죽은 이들의 영혼결혼식까지 팔아먹는 사업수완을 가졌다. 물론 그에게는 현의 에이즈협회 부주임이라는 관리가 되는 수완도 있다.

마을 사람 태반이 에이즈에 걸려 죽음을 앞두고 있는 상황에서 이들이 벌리는 삶은 그냥 평범한 삶과 별반 차이가 없다. 딩수이양이 마을을 배려했던 책임감과 아들로 인한 부채의식으로 다양한 활동을 벌이지만 그 상황 속에서 벌어지는 권력욕과 이런저런 갈등과 욕심은 극히 평범하다. 또한 욕망이라는 것도 별반 차이가 없어 에이즈에 걸린 둘째 아들 딩량과 사촌 제수씨 링링 간의 비윤리적일 수 있지만 지극히 인간적인 욕망도 그려진다.

소설의 전체 어조처럼 결말도 비극적이다. 역자도 밝히지만, 중국문학에서는 어떠한 상황에서도 비극적 결말을 맺지 않는 게 문학적 특징인데, 이 소설의 결말은 비극이다.

작가는 후기에서 토로하듯 지금 중국이 가진 처절한 아노미 상황을 설명하는데 많은 용기가 필요했을 것이다. 실제로 이 소설은 중국에서 판금되었다고 한다. 하지만 교훈을 얻지 못한다면 이런 어처구니없는 일들은 여전히 되풀이될 수 있다는 점에서 작가에 대한 억압은 미봉책에 지나지 않는다.

중국은 있다

인구 9,400만 명을 가진 허난성은 사실 한마디로 규정할 수 없는 복잡한 곳이다. 비교적 좋은 환경을 가졌음에도 불구하고 가장 못 사는 동네로 낙인찍힌 도시지만 역으로 최근 가장 경제 발전이 빠른 동네다. 하지만 에이즈 사건 같은 일이 그냥 벌어진 것은 아니다. 호화청사로 인한 문제 등 소설 속에 벌어지는 것 처럼 비상식적 일이 여전히 벌어지고 있는 곳이기도 하다.

한 나라의 성장은 자신들의 치부라 할지라도 그것을 풀어내고 공론의 장으로 끌어내 모두에게 교훈이 되게 하는 용기가 동반되어야 한다. 사실 에이즈 사건 이후에도 분유 파동이니 하는 어처구니없는 일이 벌어지는데 이런 작업을 하지 못한 영향이 크다.

그런 점에서 작가의 용기는 소중하다. 아울러 그가 베이징 칭허에 사는 것 같은데, 내가 살던 왕징과는 멀지 않다는 점에서 이웃을 만난 것 같은 반가움이 있었다.

〈삼체〉
상처를 딛고 우주를 향하다

    강옹건 시대에 세계적인 부국에서 '종이호랑이'로 전락한 중국이 다시 부강해지기 위해 가장 전제되어야 하는 것은 과학기술의 발전이다. 산업혁명 후 급성장한 서구에 비해 중국은 정체되어 있었고, 서양의 먹잇감이 된다.

    결국 그들은 살아남기 위해 핵폭탄과 수소폭탄을 각각 1964년과 1967년 성공했다. 대약진운동과 문화대혁명의 혼란 속에 저비용 고효율이 자국을 지키는 것이라는 그들의 판단이 작용한 것이다. 이후 중국은 기초과학 육성에 힘을 썼다. 1949년 11월 지금은 세계적인 과학 싱크탱크가 된 중국과학원中国科学院이 만들어졌는데, 미국 일리노이대에서 교수생활을 하던 수학자 화루오

껑(华罗庚, 1910~1985년) 등의 귀국이 큰 힘이 됐다. 1955년에는 미국 캘리포니아 공과대 교수였던 천쉐선(钱学森, 1911~2009)이 귀국해 핵-수소폭탄을 만드는데 절대적인 공헌을 했다. 문혁 시기에 과학자들도 탄압의 대상이 됐지만, 저우언라이가 최대한 보호하면서 그런대로 피해를 면했다. 최근에는 14차 5개년 계획(2021-2025)에 따라 인공지능AI, 양자정보, 집적회로(반도체), 뇌과학, 유전자·바이오 기술, 임상의학·헬스케어, 우주·심해·지구탐사 등 7대 과학기술 분야를 집중 육성 대상으로 지정했다. KBS 다큐 인사이트('의대보다 공대'-중국 천재들이 공대에 몰리는 이유, 25.07.10 방송)에서 볼 수 있듯이 이런 흐름은 대세가 됐다.

중국에서 이공계에 대한 꿈을 만드는 과정은 SF분야의 발전도 한몫했다. 1970년대 후반에 과학 전문잡지가 생기면서 생태계를 키웠다. 예융례叶永烈의 '소영통만류미래小灵通漫游未来'는 150만 부가 넘는 판매고를 올렸다. 1979년 창간된 잡지 '과환세계科幻世界'는 창간 44주년이 지났지만, 현재까지 중국에서 가장 영향력 있는 SF 잡지로 유명 작가들을 배출하고 있다. 이런 조류 속에 1980년대 상하이에 중국 최초의 SF 팬덤이 형성됐고, 많은 SF 소설 작가들은 팬덤에서 활동하며 중국 과학 소설 작가의 꿈을 키우기 시작했다. 이런 영향으로 중국 SF의 천황으로 불리는 류츠신刘慈欣, 하오징팡郝景芳, 한쑹韩松, 왕진캉王晋康, 허시何夕 등이 탄생했다.

1963년 베이징에서 태어난 류츠신은 고급 엔지니어 출신으로 SF분야에서 세계적인 열풍을 불러온 작가다. 어릴 적 산시성 양취안에서 자란 그는 화북수리학원 수력발전학과를 졸업한 후 냥쯔관 발전소에서 컴퓨터 엔지니어로 일했다. 이후 1990년대에 공상 과학 작품을 발표하기 시작했고, 1999년부터 2006년까지 중국 SF 소설 은하상을 연속 수상했으며, 2011년, '삼체'시리즈를 완성했다.

'삼체'는 중국의 격동기인 문화대혁명에서부터 시작하여 외계 문명과의 첫 접촉, 그리고 인류가 마주하게 된 거대한 위기를 장대한 서사로 그려낸다. 이야기는 1960년대 중국의 문화대혁명 시대와 현대를 교차하면서 펼쳐진다. 저명한 물리학자였던 아버지가 홍위병에게 무참히 살해당하는 모습을 눈앞에서 목격한 천재 물리학도 예원제는 인간이라는 존재 자체에 깊은 환멸과 증오를 품게 된다. 벌목 노동을 하던 그녀는 태양에 관한 논문으로 국가의 비밀 프로젝트인 거대한 전파망원경 기지 '홍안'으로 보내진다. 그곳에서 예원제는 외계 문명을 탐사하고 그들과 소통하는 임무를 맡게 되는데, 이는 그녀의 삶과 인류의 운명을 송두리째 바꾸는 계기가 된다.

중국은 있다

인간에 대한 희망을 완전히 상실한 예원제는 어느 날, 태양을 증폭 삼아 우주를 향해 메시지를 보낸다. "이 세계는 더 이상 스스로의 문제를 해결할 수 없습니다. 만약 이 메시지를 받는다면, 당신들의 힘으로 이 세계를 정복해 주십시오." 이 절망적인 메시지는 우주를 떠돌다 마침내 '삼체 문명'이라 불리는 외계 존재에게 수신된다.

세 개의 태양이 불규칙하게 공전해 불안정하게 살던 삼체 문명에게 예원제의 메시지는 '안정적인 낙원'으로 가는 열쇠였고, 침략의 명분이었다. 그들은 도착까지 필요한 400년 동안 인류의 과학기술 발전을 막기 위해 '지자智子 Sophon'라는 양성자 크기의 슈퍼컴퓨터를 지구로 보내 기초과학을 교란시키고, 지구인들의 눈과 귀를 멀게 한다.

삼체의 활동에는 지구에 환멸을 느낀 모임 '삼체'조직ETO의 도움이 있었다. 이 조직은 생명학자였다가 아버지로부터 부를 물려받은 마이크 에번스와 예원제 등이 주도하고, 다양한 분파로 이루어졌다. 이들은 인류의 부패와 이기심에 환멸을 느끼고, 더 고등한 문명인 삼체인들이 인류를 구원하고 지구를 재창조해 줄 것이라 굳게 믿는다.

이런 상황에서 나노 기술 전문가 왕먀오는 저명한 과학자들이 연이어 자살하는 기이한 현상을 마주하게 된다. 이들의 죽음 뒤에는 '과학의 경계'라는 학술 단체와 '삼체'라는 미스터리한 가상현실 게임이 존재한다는 사실을 알게 된다. 왕먀오는 이 게임에 접속하여 세 개의 태양이 뜨고 지는 예측 불가능한 세계를 경험하며, 삼체 문명이 겪어온 처절한 역사와 그들이 지구를 향해 오고 있다는 충격적인 진실을 깨닫게 된다.

왕먀오와 거친 성격의 형사 스창은 ETO의 실체에 접근하며 그들의 음모를 파헤치기 시작한다. 그 과정에서 인류가 직면한 위협의 거대함과, 같은 인간이면서도 인류를 배신하고 외계 문명에 동조하는 이들의 존재에 경악한다. 이후 삼체 함대가 450년 후 지구에 도착할 것이라는 사실이 전 세계에 공표되며, 인류가 전례 없는 공포와 혼란 속에서 미래를 준비해야 하는 상황에 놓인다.

삼체의 도착까지는 400년이라는 시간이 남아있었지만, 삼체인들이 보낸 '지자Sophon'로 전 세계의 과학 연구가 마비되면서 인류는 절망적인 상황에 빠지고, 사회는 크게 동요한다. 삼체 문제를 해결하려던 유엔 산하 조직 '행성 방위위원회'는 결국 새로운 전략을 고안한다. 바로 '면벽자面壁者'제도다. '면벽자'는 전 세

　　　　　　　　　　　　　　　　중국은 있다

계가 공식적으로 인정한 네 명의 전략가로, 그들은 아무 제약 없이 거대한 자원을 사용해 삼체 문명에 대항할 계획을 세울 수 있다. 중요한 점은, 그들의 계획은 철저히 비밀로 유지되며 설령 비논리적이고 허무맹랑해 보여도 누구도 간섭할 수 없다. 이는 삼체인들이 '지자Sophon'를 통해 모든 정보를 감시할 수 있기 때문에, '속임수'를 전략적 무기로 삼기 위함이었다. 동시에 삼체인들은 '지자Sophon'로 이들을 견제하기 위해 인간 사회에 '파벽자破壁人'를 배치해 면벽자의 숨은 의도를 폭로하려 한다.

네 명의 면벽자 가운데 주인공은 중국의 사회학자 뤄지羅輯다. 그는 처음에는 인류의 운명에 무관심하고, 오히려 강제로 면벽자로 지명된 것을 불행으로 여긴다. 하지만 그에게는 특이한 점이 있었는데, 바로 전작에서 삼체 문명을 지구에 알린 예원제葉文潔가 과거에 선택해 놓은 '예비 구원자'라는 사실이다. 다른 면벽자들이 거대한 군사 프로젝트나 우주 방어체계를 준비하는 동안, 뤄지는 겉으로는 아무 의미 없는 연구와 생활만 이어간다. 그는 '우주 사회학'이라는 개념을 제시하며 우주의 본질을 '암흑의 숲'으로 설명한다. 즉, 우주는 무수한 문명들이 숲속의 사냥꾼처럼 서로를 감시하고 있으며, 상대 문명의 위치가 드러나는 순간 곧바로 파멸로 이어진다는 것이다. 생존을 위해서는 은폐가 최우선이며, 상대의 존재를 알게 되면 선제공격이 불가피하다. 이 발상은 이후 인류가 삼체 문명에 대항할 수 있는 결정적 사상이 된다. 뤄지는 별다른 행동을 보이지 않는 듯했지만, 실제로는 천문학과 통신 기술을 이용해 지구의 위치를 은하계 전체에 드러내려는 계획을 세운다. 이른바 '별자리 좌표 방송'전략이다. 이는 인류 스스로 위험에 처하게 만드는 자폭에 가까운 수단이지만, 동시에 삼체 문명에게는 치명적인 위협이었다. 만약 지구가 은하계에 좌표를 발신한다면, 지구와 삼체성 모두 곧바로 다른 고등 문명들의 타격 대상이 될 것이기 때문이다.

삼체 함대는 뤄지의 계획을 간파하고, 그를 암살하려 하지만 실패한다. 결국 뤄지는 '암흑의 숲 억지력'이라는 개념을 공식화한다. 이는 인류가 언제든 삼체성의 좌표를 은하계에 발신할 수 있다는 사실을 공개 선언하고, 이를 통해 삼체 문명을 억제하는 전략이었다. 이 순간부터 뤄지는 사실상 인류 문명의 구세주로 떠오른다. 삼체 함대는 지구로 향하는 항해를 계속하지만, 인류는 암흑의 숲이라는 우주의 본질을 깨달았고, 삼체인들조차 함부로 공격하지 못하게 된다.

뤄지가 제시한 '암흑의 숲 억지력'은 인류와 삼체 문명 사이의 미묘한 균형을 만들었다. 지구 문명은 삼체 함대의 침공을 억제하고 잠시나마 평화를 유지했지만, 불안정한 균형은 오래가지 못했다. 억지력의 핵심인 뤄지가 고령으로 쇠약해지자, 인류는 새로운 억지자_{Deterrence Holder}를 선출한다. 과학자이자 외교관으로 성장한 여성 '청신程心'이 그 주인공이다.

뤄지는 암흑 숲의 본질, 즉 "우주는 숲이고 모든 문명은 총을 든 사냥꾼"이라는 사실을 명확히 이해하고 있었다. 삼체와 지구 사이에 긴장은 고조되고, 결국 삼체 문명이 다시금 공세를 취하자, 인류는 절체절명의 선택 앞에 놓인다. 하지만 결정적 순간에 청신은 발포를 주저하고, 억지력이 무너진다. 이로 인해 지구 문명은 삼체의 제압을 받게 되고, 인류는 사실상 삼체의 통제하에 놓인다. 많은 이들이 청신의 선택을 '인류 최대의 배신'이라 규탄한다.

삼체의 지배는 냉혹했다. 지구의 과학과 군사 발전은 다시 봉쇄되었고, 인류는 제한된 자원 속에서 연명한다. 그러나 이 와중에도 일부 과학자와 전략가들은 새로운 활로를 모색한다. 대표적으로 우주로 탈출해 '별의 바다'속에 인류의 씨앗을 뿌리려는 계획(스타쉽 프로젝트)이 추진된다. 일부 함선은 은하 저편으로 향하지만, 대부분은 실패하거나 삼체의 감시망에 걸려 소멸한다.

이후 우주의 거대한 본질이 드러나기 시작한다. '차원 축소 무기'라는 상상조차 어려운 무기가 등장하면서, 고등 문명들은 상대 문명을 완전히 제거하기 위해 3차원 세계를 2차원으로 압축시켜 버린다. 이는 곧 우주적 대멸종을 의미했다. 지구와 삼체 문명은 자신들이 은하의 하층부에 불과하다는 사실, 즉 언제든 더 고차원의 존재에 의해 소멸할 수 있다는 현실을 직면한다.

결국 인류는 다시 선택을 강요받는다. 청신은 인간성을 지키려 했으나, 그녀의 선택은 연속적인 파멸을 불러왔다. 한편, 뤄지의 암흑 숲 논리를 계승한 전략가들은 차가운 우주 질서 속에서 생존만이 최우선임을 재확인한다. 이 과정에서 인류 문명은 대폭축소되고, 일부는 우주의 외곽으로 추방되거나 도망친다.

후반부에서는 인류가 은하의 '최후의 피난처'를 찾아 떠나는 과정이 묘사된다. 남은 사람들은 차원 붕괴가 몰고 온 파국 속에서 생존을 위해 몸부림친다. 일부는 극소한 인류의 씨앗을 지키려 희생하고, 일부는 새로운 은하적 질서에 적응하려 한다. 소설은 인류가 결국 '영원한 생존'을 추구하지만, 그것이 개인의 행복이나 문명의 존엄과는 완전히 다른 차원의 과제임을 암시하며 마무리된다. 인류는 결국 미약한 존재임을 인정할 수밖에 없지만, 동시에 끝없이 생존을 모색하는 종으로서 우주에 흔적을 남긴다.

삼체를 읽은 전 미 대통령 버락 오바마는 백악관의 일상사가 사소하게 느껴졌다고 말하면서 '삼체'는 더 주목을 받았다. 스토리 구조가 차이는 나지만 넷플릭스가 서구 버전으로 드라마를 만들어 많은 주목을 받았다.

나가며

　서른에 중국을 알기 시작했다. 첫 길에서 만난 중국 사람들이 나에게 준 시선이 따뜻하다고 느꼈고, 거대한 땅이 가진 잠재력을 봤기 때문이다. 곧바로 중국으로 건너가 10년을 중국에서 살면서 가능하면 많은 곳을 다녔다. 움직이는 버스나 기차에서도 가능하면 자지 않고 밖을 응시했다. 이 큰 땅을 느끼기 위해 땅과 나무를 보고 싶었기 때문이다.

　마흔에 다시 한국으로 돌아와 중국과 관련된 일을 했다. 중국 매체와 인터뷰에서 나는 그 역할을 '한중문화하이웨이'를 만드는 일이라 말했다. 그런 길이 놓아지면 더 많은 사람과 물자가 편하게 왕래할 수 있다고 생각했기 때문이다. 나름대로 의미 있는 일들을 했고, 좋은 중국 친구들도 많이 알게 됐다.

　오십이 얼마 남지 않은 2016년 7월 사드 배치 결정이 나면서 나는 가능하면 중국과 거리를 두려고 했다. 거기에 코로나 팬데믹까지 일어나면서 모든 것이 엉망이 됐다. 공직생활이든 민간기업이든 일도 중국과 대부분 무관한 일이었다.

내 관심도처럼 한중 관계는 서서히 소원해져 갔다. 내가 중요하게 봤던 대중 수출증가율, 문화교류, 중국 속 한국인 사회도 그랬다. 겨울 맞는 담쟁이처럼 하나하나씩 잎을 떨구고 앙상해져 가는 느낌이었다.

그런 나의 중국에 대한 관심을 다시 깨운 것은 중국이었다. 2024년 여름, 일이 있어서 장춘長春을 방문했다. 자동차 도시나 교육 도시로 유명한 장춘의 공무원들은 여전히 한국과 할 것을 찾고 있었지만, 유학생 사회는 최소 5분의 1토막이 났고, 교민사회도 거의 존재가 없었다. 나는 창춘시가 한국 합작을 위해 만든 '한중도시관'이나 바이오, 제약 산업 단지들을 보면서 너무 안타까웠다. 농업과 관광, 문화에서 대중국 먹거리를 찾아야 한다는 생각도 굳히게 됐다.

2024년 가을에는 군대를 제대한 아이를 장춘 지린대에 언어연수를 보냈고, 나도 중국에 관한 일을 가다듬기 시작했다. 다시 중국 전문가로 내 역할이 필요하다고 생각했다.

중국 전문 여행사도 재개하고, 양국 교류 활동도 참여하면서 다시 시작했다. 이러면서 다시 우리나라 사람들의 중국에 대한 생각을 정리하지 않으면 안 되겠다는 생각을 했다. '매불쇼' 등 내 생각을 이야기할 수 있는 곳에도 적극적으로 출연했다.

　그간에 쓴 수많은 중국과 관련한 글과 말이 있지만 내 예측은 거의 맞았다. 대중국 수출증가율의 둔화, 동아시아 글로벌가치사슬GVC은 물론이고, 황사나 미세먼지 등 환경 문제도 내가 예측한 방향으로 흘러왔다.

　난 자신감을 갖고 다시 중국 활동을 시작했고 틈나는 대로 중국을 찾아서 생각을 정리했다. 그리고 이 책이 그 결과물이다.

　일단 틈이 벌어진 두 나라 사람들의 상대에 대한 감정을 잘 추스르고, 신뢰를 회복하지 않으면 아무것도 할 수 없다고 생각했다.

　한중 관계에서 그사이 가장 중요한 변수인 미중 패권 경쟁이 더욱 심해졌고, 곳곳에서 현실화 되고 있다. 하지만 더 중요한 것은 우리나라가 자체적으로 이 거대한 세계 질서에서 우위를 지속할 수 있는 미래 먹거리를 찾을 수 있는 것인가다.

국제 관계에서 여전히 통하는 말은 손자병법 모공편에 나오는 '적을 알고 나를 알면 백 번 싸워도 위태롭지 않다知彼知己 百戰不殆'는 말이다. 중국을 상대할 때, 중국을 알고 있는가? 우리는 잘 파악하고 있는가가 그만큼 중요하다는 말이다. 그리고 이 책에서 그 기본을 정리하고자 했다.

이 책에서 개인적으로 가장 중요한 것은 3부 우리나라가 중국과 어떻게 관계를 맺을까에 대한 이야기다. 필자가 다시 중국에 관심을 가진 것은 중국인들이 아직 한국인에 대한 호감이 많다는 것을 느낀 것도 큰 배경이다. 사람 관계처럼 국가 관계도 서로에 대한 호감이 있어야만 뭔가 이루어질 수 있다. 중국인들이 여전히 한국에 관심이 있다는 것은 긍정적인 면이다. 하지만 지금처럼 우리나라 사람들이 중국 사람을 경계한다면 그 관계는 금방 식을 것이다. 또 그들이 역린逆鱗으로 생각하는 지도자나 양안문제 등을 건드린다면 그 부정적 영향은 걷잡을 수 없이 커질 것이다. 난 이 책이 그것을 개선하는 역할을 할 것이라 믿는다.

필자의 대학 전공은 국문학이다. 어지간한 한국 소설을 읽어보려 했고, 우리 문학에 깊은 애정을 갖고 있다. 난 중국이 문화대혁명이라는 인문에 대한 무덤기를 겪어서 그런 문학적 깊이가 없을 것으로 생각했다. 하지만 모옌, 위화, 츠쯔젠 등 중국 작가들의 작품을 읽으면서 더 중국을 깊게 생각했다.

문학은 한 나라의 작품이기도 하지만 인류가 가질 수 있는 사유의 깊이를 성숙하게 하는 국제자산이다. 그래서 4장 중국 소설 이야기도 나에게는 더없이 소중하다. 이 책을 통해 중국 현대 소설에 대한 관심도 커졌으면 하는 바람도 크다.

중국은 있다

초판 1쇄 인쇄 2025년 12월 24일
초판 1쇄 발행 2026년 1월 2일

지은이 조창완
발행인 전익균

이사 정정오, 윤종옥, 김기충
기획 조양제, 김영진
편집 김혜선, 전민서, 백서연
디자인 페이지제로
관리 이지현, 김영진
마케팅 (주)새빛컴즈
유통 새빛북스

펴낸곳 에이원북스
전화 (02) 2203-1996, (031) 427-4399 **팩스** (050) 4328-4393
출판문의 및 원고투고 이메일 svcoms@naver.com
등록번호 제215-92-61832호 **등록일자** 2010. 7. 12

값 22,000원
ISBN 979-11-94885-26-9 03340